中央高校基本科研业务费专项资金资助（项目编号：3072022CFJ1201）

場と言語・コミュニケーション

“场”语用学：理论与应用

〔日〕岡智之（Oka Tomoyuki）
〔日〕井出祥子（Ide Sachiko）
〔日〕大塚正之（Otsuka Masayuki）
〔日〕櫻井千佳子（Sakurai Chikako）
编

曾曾 孙晨 毛延生 译

哈爾濱工程大学出版社
Harbin Engineering University Press

黑版贸登字 08-2023-046 号

場と言語・コミュニケーション
岡智之・井出祥子・大塚正之・櫻井千佳子編

图书在版编目（CIP）数据

“场”语用学 ： 理论与应用 / （日） 岡智之等编 ； 曾曾， 孙晨， 毛延生译． — 哈尔滨 ： 哈尔滨工程大学出版社， 2023.6

ISBN 978-7-5661-3969-6

Ⅰ．①场… Ⅱ．①岡… ②曾… ③孙… ④毛… Ⅲ．①日语－语用学 Ⅳ．① H363

中国国家版本馆 CIP 数据核字 (2023) 第 101257 号

“场”语用学：理论与应用
“CHANG” YUYONGXUE：LILUN YU YINGYONG

选题策划 石 岭
责任编辑 张 彦 田雨虹
封面设计 李海波

出版发行 哈尔滨工程大学出版社
社　　址 哈尔滨市南岗区南通大街 145 号
邮政编码 150001
发行电话 0451-82519328
传　　真 0451-82519699
经　　销 新华书店
印　　刷 哈尔滨午阳印刷有限公司
开　　本 787 mm×1 092 mm 1/16
印　　张 17
字　　数 288 千字
版　　次 2023 年 6 月第 1 版
印　　次 2023 年 6 月第 1 次印刷
定　　价 78.00 元
http：//www.hrbeupress.com
E-mail：heupress@hrbeu.edu.cn

译 者 序

2019 年 9 月 19—21 日，“首届东亚语用学研讨会”在大连外国语大学举行。在本次研讨会上，前任国际语用学协会主席井出祥子教授做了和“场”语用学相关的主旨报告。在会议当天的晚宴上，我向井出祥子教授请教了有关“场”语用学的相关问题，井出祥子教授非常耐心地予以回答，并热情地把自己的邮件留给了我，嘱咐我未来一定保持联系。就这样，自 2019 年至今，我们一致保持密切的邮件往来。2022 年，井出祥子教授在《場と言語・コミュニケーション》出版的当月就通过联邦快递给我寄来了？“场”语用学三卷本专著——哈尔滨工程大学语用学团队成为国内唯一拥有这三卷本学术专著的研究队伍，同时也拉开了三卷本翻译的学术之旅。

为了保证译文质量，我们邀请了从日本东北大学毕业的曾曾博士担任首席译者，同时请语用学团队中的孙晨同学（2023 年考取同济大学翻译学方向博士研究生）担任曾博士的助手，我则借助英语文献对全书的译文进行校对。考虑到“场”语用学的原创性和适用性，我们相信相关译著肯定会成为语用学界关注的重要话题，因为前任与现任中国逻辑学会语用学专业委员会的会长何自然教授与陈新仁教授对“场”语用学都给予了高度评价，并认为其对中国语用学的本土化思考与探索会有一定的促进作用。

《“场”语用学：理论与应用》作为《場と言語・コミュニケーション》的中文译著，其翻译与出版得到了原作者以及日本 Hituzi Syobo Publishing Company 的授权与信任，在此深表感谢。本书为“文化与语言运用”系列丛书之一，主要介绍了国际解放语用学团队的最新研究成果——“场”语用学的相关理论与实际应用。

纵观国际语用学的发展与现状，不难发现目前的主流经典理论均源自西方语言事实，如何把基于非西方语言事实的语用学研究从西方经典理论中解放出来，成为21世纪国际语用学界倍加关注的前沿课题。以加州大学的威廉·F.汉克斯教授与日本女子大学的井出祥子荣誉教授为首的国际解放语用学团队十分关注这一课题，不断开展国际合作与跨语言研究，旨在寻找从西方经典理论解放出来的新式语用学研究范式，开展基于非西方语言的本土化语用研究，树立一个更为包容、公平的国际语用学研究视野。“场”语用学相关理论与框架在这一背景下应运而生，为国际语用学研究提供了全新视角与研究范式。“场”语用学已经被诸多非西方语言研究所论证，其研究对象不仅涉及经典语用学话题，还涵盖了层次丰富的界面语用话题。作为一种全新的文化语用学研究视角，“场”语用学愈发受到国际学界的重视，然而国内学界对“场”语用学还处于较为陌生的阶段。希望本书的出版可以成为国内学者了解“场”语用学的窗口，为立足于中国本土文化的汉语研究提供参照。

18世纪末、19世纪初的英国诗人威廉·布莱克（William Blake）曾有过这样的四句小诗，可以看作“场”语用学的注脚：

To see a world in a grain of sand （一沙一世界）
and a heaven in a wild flower, （一花一天国，）
hold infinity in the palm of your hand ? （有掌纳无限）
and eternity in an hour. （须臾含永恒。）

目前，我们也已经完成了“场”语用学三卷本的第二本《动态交际：基于自然话语的“场”语用学研究》翻译工作。虽然困难重重，但我们还是要砥砺前行，推有价值的学术，做有追求的学人。本书的翻译与出版得到了中央高校基本科研业务费专项资金资助（项目编号：3072022CFJ1201），因此对哈尔滨工程大学科研院致以由衷的感谢。同时，特别感谢南京大学陈新仁教授对于本书翻译的关心与提醒，感谢井出祥子教授所率领的国际解放语用学团队对于本书翻译工作的支持，感谢哈尔滨工程大学出版社石岭副总经理对于本书译著选题的认可与鼓励，感谢责任编辑田雨虹老师的诸多帮助。

本书的分工情况如下：孙晨负责翻译第1章至第3章，曾曾负责翻译第4至第9章，毛延生负责全书的审核工作。在翻译过程中，译者们力求最大限度地还原日语原著的原貌，但由于译者水平有限，书中难免会存在疏漏之处，还望学界同人批评指正。

毛延生

哈尔滨

2023 年 3 月 18 日

“文化与语言运用”系列丛书出版前言

如今，21 世纪虽然已经过去了很长一段时间，而我们却史无前例地迎来了一个缺乏条理与包容的世界格局。美国政治学家亨廷顿曾预测：在冷战结束的 20 年后，人类又将迎来新一轮的“文明冲突”。亨廷顿的预言可谓是一语成谶。当今世界追求的并非是不同文明、文化间的对立，而是引导各种文明、文化共存的“共生原理”。因此，推动并加深跨文化理解是当下的重要课题。

拥有不同价值观、世界观的人们构筑起了各自的文化，语言则作为文化的基石而存在。语言反映了使用者们的集体认知及文化涵养，正如三善晃所言：“所有的文化都建立在各民族母语体系的基础之上。”语言与文化处于相互影响的关系之中。此处言及的文化是一种思维方式，以人们在日常生活中所共有的价值观及行动方式为基础。

迄今为止，对作为文化基石的语言所进行的探究活动并不彻底。一方面，以欧美语言文化为基础、以欧美语言事实为标杆而构筑起来的语言学、语用学研究大行其道；另一方面，在一些以“和为贵”的文化中，语言与文化的直接关系愈发受到重视，“如一些学者开始关注日语“あいづち”（随声附和）频发的现象等。但是，上述研究始终处在一个封闭的循环之中，难以成为沟通不同文化的桥梁。

为了增进跨文化理解，我们不能将目光仅仅停留在语言运用中反映出的某种文化特有现象，而是应该将其抽象化，凝练出上位概念。“わきまえ”（wakimae，思维滤网）作为一种上位概念，对摩洛哥、韩国等社会文化中的语言现象进行了合理说明。"わきまえ"有效地对以西方语言事实为依据的语用学理论进行了补充和完善，在增进跨文化理解方面迈出了重要的一步。

以日语为例，日语中存在着包含敬语及终助词在内的情态表现、复杂的称谓词、无主语的发话、频繁的附和与话语重复等现象，这些都反映了日语特有的文化特征。同时，通过目前的普遍理论难以对这些语言现象做出合理说明。我们亟须一种可以阐释日本文化的理论框架。当下，正是我们追寻近代科学的脚步，以更加开放的视野探究研究方法的时代。打破西方理论桎梏，导入以非西方语言事实为依据的思维方式，才能不失公允地看待不同文化，增进跨文化理解。

在脑科学、生物学、生理学等尖端科学领域里，总会涌现出颠覆近代科学常识的新发现。鉴于这一时代背景，语言研究也需要引入更为广阔的文化视角，摆脱迄今为止被当作常识的普遍理论带来的束缚，探寻语言现象的真谛。

"文化与语言运用"系列丛书在该愿景下应运而生，旨在为当代语言学研究打开新思路。本系列丛书的考证及论述并未止步于语言现象形成的记录与分析，而是更进一步地归纳各种复杂因素，从而综合地对语言现象产生的原因进行深刻剖析，并将研究成果应用于英语、日语教学以及跨文化交际实践等领域。

本系列丛书面向研究人员、教育工作者，以及对文化与语言感兴趣的读者。在同一个地球之上，不同的文明、文化被同一片天空相连，人们为了更好地了解彼此，从而踏上了寻找共生之道的旅途。本系列丛书的问世或许可以成为导标，为旅人们指引前行的方向。

井出祥子

2016 年 2 月

序

能够见证本书的问世，令我倍感喜悦。本书发展并推广了“场”理论，同时将该理论应用到了人类的相互关系与语言研究之中。2013 年，在井出祥子老师的介绍下，我有幸结识了大塚正之老师，随即便与大塚正之老师就“场”理论展开了书信邮件往来。井出祥子老师一直友好、慷慨地促进我们之间的交流，如果没有井出祥子老师的辛勤付出，想必我们也不会有后续的各种联系与邮件往来。大塚正之老师与我进行了一年多的深入交流，我们共同探寻“场”（ba）及“场所”（field, place, locus）概念。在大塚正之老师与井出祥子老师不遗余力的帮助下，我意识到了与“场”有关的众多观点有助于我们重新审视“相互作用下的语境”。在词汇层面上，“场”是一个十分普遍的日语表达，在日语里具有众多含义，其中就包含了“场所”之意。在“场”的语义中，核心部分虽与“空间”（发生场所，locus）相关，然而“场”一词同样还被运用在了（行为、戏剧、电影中的）场面、社会状况中的气氛以及人的相互行为（“場を読む”、察言观色）之中。大塚正之老师与我共同探索着“场”概念与莫里斯・梅洛 - 庞蒂的现象学、乔治・赫伯特・米德的实用主义、铃木大拙以及井筒俊彦的相关研究之间具有哪些关联。哲学意义上的“场”可以追溯至欧洲思想的起点，然而最根本的源流则来自日本思想中的缘起、不分，以及对立统一等佛教概念。因此，“场”最深层的含义即为 the Real 的原理，不同于实际的语言、认知表象，在它们出现以前“场”就已经存在了。

井出祥子老师计划为我与大塚正之老师搭建对话的桥梁，然后在公开场合借助专业口译人员的帮助进行直接对话。这一计划最终在 2014 年 3 月于东京女子大学实现。当时，我们进行了将近 3 小时的对谈，彼此交换了意见。于是大塚正之老师成了我的老师，从那时开始，我便从大塚正之老师、井出祥子老师那里学习了诸多内容，收获颇丰。

对"场所"进行分析与思考，需要追溯至西田幾太郎的思想。西田幾太郎对"场所"（place,field）这一普通词汇赋予了新的含义。西田幾太郎所谓的"场所"，是一种作为地点（location）的空间，抑或是思考以及相互行为等过程所发生的场所（locus）。西田幾太郎对"场所"的定义是极为抽象的，很多哲学家都对其进行了钻研。以西田幾太郎为开端，随后又经历了历届京都学派的哲学家们对其框架不断发展、完善。但是，直至上田閑照的研究，几乎仍未出现触及语言的内容。围绕着"场所"的研究历史不禁耐人寻味，本书收录的论文尝试将"场"的思维带入实际应用领域。

对于从经验描写的立场上对语言以及其形式、运用和实践进行分析的过程中，本书所收录的论文通过"场"理论进行了纷繁多样的实践。就我本身来讲，从哲学到经验的转换既是基本又是挑战。然而，从具有场所性的哲学存在观转为社会语言学框架下的对比语用学研究，对我来说则是一种前所未有的大胆尝试。作为"场所"（locus）的发话空间在特征上十分稠密，并呈现出高度的结构化。毋庸置疑的是，在复杂系统科学中的信息生成领域、神经科学领域以及人类学等领域中，对于"场"的研究以及应用正在逐渐增加，本书中的各个章节亦是如此。然而考虑到"场"理论的应用范围，当焦点聚集在语言上时，或许会发生一些特殊的问题。

所有的语言表达、具有各种指示意义的肢体动作、投向特定对象的目光、"内心独白"般的语言思考、个别化的语言及与描写行为——这一切都被称作"分节"（articulation）。该术语是我从上田閑照以及井筒俊彦的研究中借鉴而来的。分节是一个十分抽象的概念，具体是指产出发话的载体即声音时，明确地对语言进行发音的物理过程。分节也像"河水流过桥下"一样，是一种对对象进行言及与描写的发话行为。这种简单的陈述可以使人联想到与桥的走向形成90°直角的水面；还可以让这一场景像嵌入画框中的照片一样"冻结"起来；将内心与注意力的焦点投向某一对象，是一种心理行为，也是一种思考与回忆。以上都是分节的事例。据此，对象被个别化、形象化。这种变化是一种将对象焦点化的分节结果。这一结果仿佛是将激光笔或投影照明照射到语言上，使其变得十分显著。

就分节来讲，人类的语言是最强有力的资源。但是这里存在着一个问题："场所"的传统释义受到了禅的影响。如果将分节视为"真如"（Reality in its suchness）的相对概念，那么分节将彻底成为一个扭曲的概念。我们经常冒险将虚幻语言的对象与现实世界混为一谈。对于学习语言的人来说，这种危险是由于我们已经习惯了在语言相对论的框架下进行思考，换言之，我们习惯在母语的范畴内感知世界。其中最为典型的例子便是我们透过母语的过滤去"听"，进而会造成我们对外语发音的错误认知。这一结果会源源不断地从现实的语义分节中产生。于是，如果将"场"的内部视作一种相互作用产生的（抽象意义上的）空间，同时在理论上（以及存在观上）将"纯粹的场"视为一种产生主客分离以及各种扭曲之前的事物，那么语言又将被置于何处呢?

本书所收录的论文将有助于解决上述疑问。论文内容涉及了多模态分析、基于"场"的言语及发话分析、"场"理论与认知语言学的关系、翻译、跨语言比较、指示与称谓在相互行为过程中的变化与推移等。毋庸置疑的是，在分析动词的复合化直至句式结构中，将"场"的作用视为一种指标来关注语言的语法层面是十分必要的。

涉身性、无时不在的相互行为也扮演着极为重要的角色，其中也包含了多人会话时的间接涉身性，以及间接涉身性在相互行为发生的空间（locus）——"场所"中的体现。本书所收录的论文探讨了"场"的思维与应用，有助于我们更深入地分析语言以及人类社会存在的方式。

威廉 · F. 汉克斯

加州大学伯克利分校人类学教授

伯克利语言人类学卓越教授

语言学客座教授

加州大学伯克利分校社会科学研究所第一任所长（2013—2019 年）

Preface

It is a pleasure to see this book take shape and make another substantial contribution to the growing literature on ba theory, as applied to human interaction and language. In 2003 Professor Ide Sachiko introduced me to Professor Otsuka Masayuki and proposed that he and I correspond in order to exchange ideas about ba theory. Ide sensei generously mediated our dialogue, without which it would have been impossible for us to communicate, especially over email. Over more than a year, we exchanged long letters exploring the concept of ba and the related concept basho "field, place, locus" . With his help and ever assisted by Ide sensei, I came to see in ba a rich concept with which to rethink my own understanding of interactive context. Obviously the morpheme ba enters into a large lexicon of ordinary Japanese terms and expressions, of which basho is one. Part of the semantic range of the term is spatial (hence "locus") , but ba is applied to scenes (of action, in theater and cinema) , to the atmosphere in a social setting, and to what is called for in an interaction ("to read ba") .Otsuka sensei and I explored the relation between this idea and the phenomenology of Maurice Mealeau Ponty, the pragmatism of George Herbert Mead, but also the work of Suzuki Daisetsu and Izutsu Toshihiko. In its philosophical sense, ba has sources in European thought but even more centrally in Japanese thought rooted in Buddhist concepts of co-dependent origination, non-separation and the union of contraries. In its most basic sense, it is a doctrine of the Real, apart from and prior to our linguistic and cognitive representations of the Real.

Ide's plan was that Otsuka and I establish a baseline dialogue in order then to meet face to face, in a public setting, with professional interpreters. This event, conceptualized and brought to fruition by Ide, took place at Japan Women's University in March of 2014. We conversed for three hours. In truth Otsuka became my teacher through this dialogue, and I have learned a great deal both from him and from Ide Sachiko.

The analytic concept of basho was first developed by Nishida Kitaro, for whom the ordinary term "basho" "place, field" would be given a new meaning. It would stand for space as location, or locus, as in the basho of a thought or a process, such as interpersonal interaction. Nishida's usage is very abstract and has been analyzed in a large philosophical literature. Several generations of Kyoto School philosophers after Nishida further developed and altered the framework, although until the work of Ueda Shizuteru, there was little engagement with language as such. This history is fascinating and important for the present, but the point I wish to underscore is that the papers in the present volume are attempting a bold and new application of ba thinking.

They are using the logic of ba in its multiple senses as an analytic framework for empirical description of language—its forms, usages, practices. The shift from philosophical to empirical seems to me basic, and challenging. But the shift from a philosophical ontology of locatedness, to a sociolinguistic approach to comparative pragmatics is especially bold. As a locus, utterance space is symbolically dense and highly structured. To be sure there is a growing literature applying and developing ba logic to a variety of topics, including information generation in complex systems, neuroscience, and the anthropology of performance and performativity. All of these have empirical bases, as do the chapters in this work. Yet even taking into account a range of contemporary empirical applications of ba theories, language as a focus poses special problems.

All verbal expression, communicative gestures like pointing and showing, directed gaze on an object, "inner speech" and linguistically attuned thought, any act of individuated referring, or of describing—all of these are varieties of what we can call "articulation", a term I borrow from Ueda Shizuteru

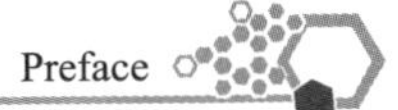

and Izutsu Toshihiko. As I use it, "articulation" is relatively abstract. It can designate the physical process of articulating speech, producing the stream of sounds that carry utterances. But it also designates the speech act of referring to and describing an object, as in "The river flows beneath the bridge". This simple statement conjures a moving body of water passing under a bridge perpendicular to the water flow. Yet simultaneously, the statement separates and "freezes" the scene in a skeletal snapshot. Or again, the mental act of focusing one's mind and attention on an object, which might itself be a thought or a memory, is a case of articulating. Directed attention individuates and figuralizes its object, and these transformations are the effect of articulating the objects, spotlighting them with attention. This effect is especially obvious in the case of deixis, the laser-pointer and floodlight of attention in language.

Clearly, human language is among our most powerful resources for articulation. The problem is that the classic understandings of basho are inflected by Zen. When opposed to Reality in its suchness, articulation appears to be sheer distortion. We constantly run the risk of confusing the objects of our words, which are phantoms, with the actual world. For a student of language this danger is familiar from the relativity thesis that we tend to apperceive the world through the categories of our own language. Classic examples involve misperceiving speech sounds in a foreign language by "hearing" through the filter of the perceiver's native language. This effect can play all the way through the semantic articulation of reality. Thus if ba is a space (in the abstract sense) inside which, say an interaction occurs, and if "pure" ba is logically (and ontologically) prior to the subject-object division and all disfiguring articulation, then where do we locate language?

The papers in this volume help us with this question and help us understand multimodal articulation, the development of ba-based analysis of language and speech, the relation between ba theory and cognitive linguistics, translation and cross-linguistic comparison, even in the same setting. We must surely also attend to grammatical aspects of human language that are indicators of ba effects, from verb compounding to phrase structures.

Corporeality is also an essential dimension of all co-present interaction. This includes the intercorporeality of multi-party talk, and its embeddedness in the larger basho locus of the interaction. In these several ways, this thoughtful collection of papers advances the project of bringing ba thought to bear on language, and with it the conditions of human social being.

William F. Hanks
Professor of Anthropology
Berkeley Distinguished Chair in Linguistic Anthropology
Affiliated Professor of Linguistics
Director, Social Science Matrix （Founding: 2013-2019）
University of California, Berkeley

中文出版序

致广大中文读者：

应毛延生教授的诚邀，本人十分有幸能为《“场”语用学：理论与应用》这一中文译著题序。

初识毛教授是在 2019 年大连外国语大学主办的“首届东亚语用学研讨会”上，彼时毛教授对于解放语用学项目的真知灼见令我深深折服。解放语用学项目在 21 世纪之初发起于日本，启动该项目的初衷在于，对主流语言研究未能详细阐述的一些语言和文化现象展开进一步的分析。这些语言包括尤卡坦玛雅语、日语以及许多其他非西方语言。对于语言和文化的本土视角缺失所带来的各种问题，加州大学伯克利分校的著名语言人类学教授威廉·F. 汉克斯（William F. Hanks）和我已经开始关注。汉克斯教授以及解放语用学项目团队成员就语言理论从欧美向世界其他地区的单向流动提出了质疑。吸纳新的理论来源从而打破既定范式的束缚是十分有必要的。对此，《语用学杂志》（*Journal of Pragmatics*）2009 年、2012 年及 2014 年的三期特刊“走向解放语用学”已经取得了初步成效。

我们一致认为，构建适合非西方语言和文化研究的新方法乃当务之急。究其原因，语言是其母语使用者所在社会的基本架构之一。我们同住地球村，同饮江河水，同仰碧蓝天。为了和谐共存，我们既需要认识到人们的生活方式千姿百态，还需要意识到语言和文化所体现出的多样性。因此我们必须充分理解不同的语言和文化，进而实现相互尊重。然而从学术界的现实情况来看，学术研究主要基于欧美文化背景而展开。在承认欧美学界对学术研究做出的重要贡献外，还要认识到其存在的不足之处。汉克斯教授和我们正是秉持着这种信念，才决定启动解放语用学项目。该项目如此

命名，顾名思义，我们需要将自身研究从以往的主流语用学理论当中解放出来。

《"场"语用学：理论与应用》即解放语用学项目的代表作品之一。欧美语用学的学术研究均基于发话者个人而展开，相对地，基于"场"理论的语用学研究则围绕"场"来进行。"场"在英文中可以译为"field"（场地）、"space"（空间）或"locus"（地点）。"场"包含了发话者、受话者、旁观者、事件状况以及所有其他相关因素。发话者融入语境当中，并只作为"场"的组成部分而存在。基于个人的语用学研究和基于"场"的语用学研究之间的显著差异在于：前者立足于发话者作为行为主体的主观意图；后者立足于"场"，并且综合分析发话者、受话者、旁观者以及所有其他相关因素，其中发话者仅为构成"场"的一部分。

自 2019 年 9 月以来，毛教授和我一直通过邮件交流各自观点，我也由此了解到中国哲学典籍《易经》的传统渊源。儒家、道家以及所有其他汇聚中国人民智慧的基础哲学思维都建立在相互联系的基础之上。这一点与基于个人的欧美研究范式大相径庭。

依我之见，所有人都应努力理解其他文化并相互尊重。当前阶段冲突在所难免，且世界上的人形形色色，其思考方式和所使用的语言也千差万别。因此，我们需要研究语言与文化差异如何存在以及为何存在，从而更好地理解其他文化。

本译著共包括 9 个章节，每个章节均围绕"场"理论展开论述。第 1 章内容为"场"理论的介绍，第 2 章内容是"场"语言学和语用学对语言和文化的关联机制进行的探索，第 3 章内容主要围绕着从认知语言学到"场"语言学的研究范式转换展开论述，第 4、第 5、第 6 章内容为日语和英语对比的理论与实证研究，第 7、第 8 章内容为基于"场"理论的日语语言现象分析，第 9 章内容为基于"场"理论的非语言交际研究方法。

衷心希望广大读者可以从本书中汲取灵感，并基于中国传统文化构建自身独特视角，发展出区别于欧美学术视角的不同思考方式。

井出祥子

日本女子大学名誉教授

国际语用学协会前主席（2006—2011 年）

Preface for the Chinese Version

To Chinese language readers,

It is a great honor and pleasure to find the book entitled *A Ba Based Approach to Language and Communication* translated in Chinese by the dedicated enthusiasm of Professor Yansheng Mao.

I met Professor Mao in September 2019 at Dalian University of Foreign Languages where the First East Asian Pragmatics Conference was held. I was quite impressed by Professor Mao for his enthusiastic understanding of our project, called "Emancipatory Pragmatics" . The Emancipatory Pragmatics project was founded in Japan around the beginning of this century. The reason why this project was launched is that there are so many languages and cultures in the world whose languages and cultures are not well represented by the mainstream of language studies. William F. Hanks, Distinguished Professor of Linguistic Anthropology at the University of California, Berkeley, and I began to discuss problems caused by neglecting the indigenous perspectives of those languages and cultures, such as Yucatec Maya, Japanese, or many other non-western languages and cultures in the world. Questioning the unidirectional flow of theories from Euro-America to the rest of the world, Professor Hanks and the team of Emancipatory Pragmatics project thought the need to break free from the constraints of established paradigms by multiplying the sources of theories. The first crop of such challenges was realized as three special issues of *Journal of Pragmatics*, 'Towards an Emancipatory Pragmatics', published in 2009, 2012, and 2014.

We agreed that what we have to do is to create approaches that are appropriate for the studies of languages and cultures of non-western countries. The idea behind this thought is that languages are infrastructures of societies of peoples who speak their own languages. We live on a planet called the Earth, where the water in the oceans and the sky above us are shared by everybody on this Earth. In order for us to live harmoniously without destroying this Earth, we have to recognize that there are a number of varieties of the people's ways of living that are represented in their cultures and languages, and that we have to respect each other by understanding different varieties of cultures and languages. However, it is the reality in the academic world, the scholarship is mainly created based on Euro-American cultural backgrounds. It is needless to say the invaluable contribution of those Euro-American scholarship, but these are not enough. It is in this spirit that Professor Hanks and our colleagues decided to launch the project called "Emancipatory Pragmatics", which means we have to emancipate ourselves from the dominated mainstream pragmatic theories.

This translated book, *A Ba Based Approach to Language and Communication*, is one of the books produced out of Emancipatory Pragmatics movement. While the Euro-American academic tradition of pragmatics is based on the premise of an individual as the speaker, the premise of ba based pragmatics is not an individual, but ba（場）. *Ba* can be translated as "field, space, or locus" in English. In ba, the speaker, the hearer, bystanders, situation, and all the other elements are included. In ba, the speaker is embedded in context and recognized as only a part the whole. The clear difference between the individual-based pragmatic studies and ba based pragmatic studies is that while the individual-based pragmatics start from the speaker as an actor with his or her intention, ba based pragmatics start from ba, with the speaker, the hearer, bystanders, and other elements are involved, and the speaker is only a part of ba.

Professor Mao and I have exchanged our ideas through e-mails since September 2019, and I learned about the source of Chinese tradition of *The book of Changes*: the classics on Chinese philosophy. Confucianism, Taoism, and all the other basic philosophies of Chinese people are different from the individual-based Euro-American tradition in that they are relationship based.

I believe it is a responsibility of all the peoples on this Earth to try to understand other cultures and respect each other. We have not come to the stage to be able to find the way to make this globe exist without conflict. There are varieties of people, varieties of way of thinking, and varieties of languages. We need to investigate how these are different, and explain why they are different so that we have better understanding of each other.

This translated book consists of nine chapters where you can find articles based on ba based thinking. The first one is on the introduction to ba theory, the second one is on deployment of ba based pragmatics in search for the relationship between language and culture, the third one is on paradigm shift from cognitive linguistic to ba based linguistics. Three articles following these are on theoretical and empirical studies comparing Japanese and English languages, two articles on ba based analyses on Japanese, and the last one is on ba based approach to non-verbal communication.

It is my hope that this book will serve as an inspiration for Chinese people to create their own perspectives based on your own traditional culture, and present a different way of thinking from Euro-American academic perspectives.

Ide Sachiko

Professor Emerita of Japan Women's University

Ex-president of International Pragmatics Association （2006–2011）

前　言

本书作为“文化与语言运用”系列丛书第三册，内容与前两册《コミュニケーションのダイナミズム—自然発話データから—》《場とことばの諸相》同步，围绕文化中的语言运用展开一系列探讨。本书承接前两册内容，将“场”的观点代入语言学研究，在“（事物）与场的相互作用”范式下，尝试探寻语言的真谛。这种在“场”观点下的语言研究理论被称作“场”语言学。

乔姆斯基切断了语言与动物的联系，将语言视为人类独有的一种“能力”（competence）。而“场”语言学则认为语言与其他动物具有关联性。认知语言学也将关注焦点放在了人类的认知能力方面，这一点在语言与其他动物的关系上和“场”语言学有着相通之处。但是，“场”语言学在具体观点上仍与认知语言学有所不同。“场”语言学积极吸收物理学观点，对语言同样设定了“场”的概念。就像物理学中基本粒子在“场”中产生相互作用一样，我们认为主观与客观、自我与他者、人类与环境都处在相互作用之中，而这些事物原本在近代科学思维下都是相互分离的。主观与客观、自我与他者、人类与环境相互分离、独立存在，这是近代社会的常识。然而最近的科学研究表明，作为身体一部分的大脑不仅产生了主观概念，就连客观概念也是在大脑的作用下产生的。同时，自我与他者在遗传基因层面上也是相通的，人类的体内都存在着镜像神经元等神经细胞，使我们既可以对自我行为产生反应，又会对他者行为产生反应。而且，人类的身体以及大脑都会自然地在文化环境中发生变化，与此同时，人类的行为还会对地球环境造成不可复原的深刻影响。语言从这种主观与客观、自

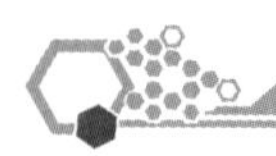

我与他者、人类与环境的交错中不断产生。为顺应时代发展，我们重新审视语言的形成过程，并将这一过程还原到“场”的相互作用中去，便是“场”语言学的基本立足点。在互为主观的存在结构中，人类将客观（环境世界）进行分化，而客观又规定了人的意识。这种在“场”中观察主观与客观、自我与他者、人类与环境的相互作用是“场”理论的基本视角。本书将以“场”理论为出发点，实践新式语言学研究范式，并介绍一些研究实例。

西方语言学界也逐渐意识到了在语言学研究中引入“场”（ba）观点的重要性。加州大学伯克利分校研究玛雅文明的语言人类学家威廉·F. 汉克斯教授充分肯定了“场”（ba）观点在语言研究中具有重要意义，并欣然同意为本书作序。

第 1 章“‘场’理论概述——‘场’的语言与交际概念”详细解释了书名中“场”的概念。简而言之，语言交际这一社会现象需要被还原到主观与客观自我与他者、人类与环境发生相互作用的“场”中，“场”语言学正是基于这种“场”的概念而对语言现象进行解构的语言学理论。第 1 章立足于“场”理论，对如何理解语言交际进行了论述。

第 2 章“‘场’的语言学和语用学——探索语言和文化的关联机制”，首先对以欧美语言文化为基础从而构建起来的语言学、语用学研究范式提出了疑问，指出以往的理论无法对日语现象做出合理说明；继而论证了“场”语言学、语用学可以系统地解释包括日语在内的各种语言现象。本章还引用了威廉·F. 汉克斯教授的相关研究结论，即通过欧美的经典语言学理论无法对玛雅语、日语等做出合理的解释说明。对此，文章提出了将以日本文化为原点的“场”理论融到语言学、语用学中，构成新式的“场”语言学、语用学理论体系的观点。在援引威廉·F. 汉克斯教授相关研究内容的同时，还介绍了“场”语言学在阐明语言与文化之间关系的重要作用。

第 3 章“从认知语言学到‘场’语言学——全新语言学研究范式的展开”对以往的语言学范式进行了概述。近代哲学、自然科学都建立在“主客分离”“个体与因果关系的范式”立场之上，这也是经典语言学范式的基础。而“场”语言学则以“主客不分”“场内相互作用”范式为基础。本章主要围绕“场”语言学与认知语言学的区别，对“场”语言学的研究范式进行了说明与展开。“场”语言学不刻意强调“主观性”，而是从“场”中的主客不分立场出发，探讨了日语中与主语相关的语言现象以及“ナル”

型语言表达，对囊括了非西方语言事实的普遍语言理论构建做出贡献。

后续的5章为5篇研究论文，展示了“场”语言学关于日语和英语语言现象的个案研究。其中，第4章“日语、英语中的自我语言化——以‘场所’为线索”探讨了“自我”的语言化现象；第5章“‘日语的场’与‘英语的场’在指示功能上的差异”针对现场指示表现进行了考证；第6章“英语和日语绘本的差异及其原因——基于‘场’理论的分析”对绘本的语篇内容进行了分析；第7章“对称词的置换因何而起——基于‘场’理论的分析研究”分析了对称词置换现象；第8章“‘场’的形态变化与日语的语法形式——以复合动词‘～込む’为例”，针对日语复合动词“～込む”开展了一系列讨论。

第9章“‘场’的涉身性与交际”再次强调了人类的身体在语言交际过程中发挥着至关重要的作用。在进行语言交际方面的研究时，涉身性被纳入研究视野是十分必要的。

迄今为止的语言学研究主要以近代科学的方法论为依托而展开。但是，就像物理学领域中的牛顿力学需要引入量子场论、生物学领域要考虑基因在体内的“场”中发挥机能一样，语言学也需要引入“场”的概念。这一思想既是本书的开端，也是本书的结论。相信各位读者能够通过阅读书中内容从而深刻理解其中的含义，我们诚挚地将本书推荐给关心语言交际的所有读者。

编者

2023年3月

Contents 目录

第1章 “场”理论概述
——“场”的语言与交际概念

大塚正之

1.1 “场”的语言、交际特征

1.1.1 引言

“场”理论是“场”语言交际的基础，该理论试图阐明语言和交际的成立过程。“场”理论具体是指：无论是在自然科学、社会科学还是在人文科学中，都不能将各种各样的自然现象、社会现象或心理现象等从产生这些现象的“场”中独立出来，需要将它们作为一个系统性的整体来理解。将这样的理论应用于语言和交际现象中，就形成了“‘场’语言理论”。准确地说，应该是“‘场’的语言交际理论”。由于该理论是以语言为中心，并包含非言语交际内容，所以今后除非特别说明，否则我们都将其称为“‘场’语言理论”。“‘场’语言理论”主要从以下5个角度对问题进行探讨。

（1）语言与广义上的“场”不可割裂，通过狭义上的“场”的内在或外在的视角对语言现象进行观察分析。

（2）人类（主体）拥有双重性，一方面作为独立个体，拥有与他人不存在关联的领域（即“自我中心领域”）；另一方面，在使用语言的“场”中，个体还拥有与他人相关联的领域（即“场所领域”）。

（3）使用时，语言的“场”每时每刻都在变化，如同即兴表演一样，语言交际活动以“场”的变化为基础而成立。

（4）在语言交际过程中，不仅存在有意识的语言行为，还存在无意识的语言行为和非语言行为（如共鸣、点头示意、沉默不语、附和、身体动作等），这些行为往往融为一体共同发挥作用。

（5）人类语言交际是人与人之间相互无意识的主观活动；语言拥有着在身体中进行自我构建（自我生成）的侧面。

"'场'语言理论"是将我们日常的语言交际活动视作一个复杂的系统，实事求是地加以观察、分析、研究，并对其做出合理阐释的语言学理论。"场"理论的应用，不仅为日语情态表达难以习得这一现实问题提供了合理的逻辑解释，还对日语中诸多"无法解释"的语言现象开展了一系列符合逻辑的、符合语言文化特质的分析及说明。此外，在对语言交际活动进行分析时，"场"的概念为当下的语言理论的研究提供了新的视角（研究范式）。笔者认为，引入"场"的视角会加深我们对语言理论的理解。

本章将从上述"'场'语言理论"的5个角度，对"场"的语言交际特征进行详细阐述。

1.1.2 语言与"场"密不可分（角度（1））

1. 近代科学的特质

近代科学通过对研究对象进行分割和重组的思考方式（一般称为"要素还原主义"）而取得了令人瞩目的成就。但是，即便将研究对象进行无数次的分割重组，仍会出现令人无法理解的情况。为了打破这一僵局，一种新的思维方式应运而生：将该要素作为"场"中相互作用的一部分来重新解读。例如，物理学作为所有学问思考的基础，其本身也是基于要素还原主义而发展成形的。牛顿力学作为近代科学的起点，通过要素还原主义将物质分解成微粒，只要把握微粒的位置和动量，就能掌握下一个时间节点上所有物体的运动状态，即掌握了事物存在的必然性。在所谓的客观世界中，人们追求的是唯一的必然解。客观世界是一种必然的世界，而人类的主观意识则以一种自由的方式存在并且不受客观束缚，这种类似于笛卡儿的二元论观点也成为近代科学发展的基础。

2. 现代物理学——量子力学中的"场"理论

进入20世纪以后，人类对物质的分析达到了基本粒子水平，此时的牛顿力学风光不再，追踪每个基本粒子成为重要课题。因此，需要构建一

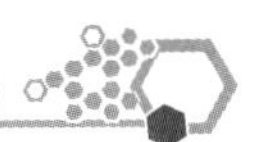

种新式理论框架，该框架将基本粒子活动的“场”视为一个整体，并把握“场”中生成或消亡的粒子之间的相互作用。在这一背景下，量子力学乃至量子场论应运而生。量子场论认为，世界上所有的“力”都是“场”中的一种相互作用（弱相互作用、强相互作用、电磁相互作用及引力相互作用）。

3. 对现代生物学的影响

上述研究内容也逐渐渗透到其他领域。生物学基于要素还原主义对细胞进行分析，从而发现了遗传基因（DNA）。如果能解码所有遗传基因，人类就等于获得了生命的设计图纸，并以此解开生命构造之谜。21 世纪初，虽然人类的所有基因（人类基因组）都已被公布，但仍然存在着很多未解谜题。从要素还原主义的立场出发，将基因视为要素，仅凭对基因进行重组的方式难以探明生命特征的全貌。生命个体的基因处于身体中具体某一部位的“场”中，通过其中的具体位置以及细胞死亡机制等，在该生命体内部以一种具体的、独特的方式存在。因此，虽然人类解开了基因结构之谜，但仍无法洞悉基因的全部机能。即便某一基因携带了相同的信息，也会根据其所处的身体内部情况，即“场”的情况而产生不同的形态，这种现象被称为“表观遗传”。所以，将细胞和身体的“场”相割裂进行研究是无法把握生命结构全貌的。

4. 经济学、心理学、脑科学领域中的“场”理论

在对社会现象进行思考时，如在经济学领域中，收集并观察各个家庭、企业的微观活动，如果不将收集来的内容汇总到一起形成一个整体观念，那么人类将无法在宏观上把握社会整体的经济发展情况。经济是一个复杂的系统，因此从整体上观察经济活动的重要性不言而喻。

另外，在研究人类心理时，如果只研究人类的内心世界，也是无法还原心理活动全貌的。因为只有将人类的内心活动置于人类所处社会的“场”中才具有分析意义。库尔特·勒温认为，人类心理与人类所处的环境密不可分，将此观点应用于格式塔心理学和社会心理学领域，就发展出了心理学领域的“场”理论。

“场”的思维方式也同样出现在尖端脑科学领域中。生理学家本杰明·利贝特发现，人类的行动最先在无意识中进行，而意识（awareness）

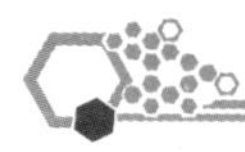

随后才会产生。本杰明·利贝特在《心智时间》一书中提出了“伴随意识的精神场理论”，并阐释了将大脑活动视作一种具有局限性的因果物质现象，以及从一个整体的“场”来观察大脑活动的必要性。

5.“场”理论在语言学中的应用

迄今为止，语言学的研究基本上都将语言从具体的使用场合中分离出来，对语音（文字）进行分析和整合，也就是通过要素还原主义的方法进行研究；通过详细地分析音素、语素和语法结构，从而发现其中的共性和个性。然而仅凭如此，还是会不断涌现新的问题。同时，从使用语言的具体场合中片面地提取语音或文字作为研究对象，是无法对某些语言现象做出充分而合理的解释的。这就相当于在研究生命时只提取细胞作为研究对象，而不考虑基因在生命体的“场”中发挥的作用以及与细胞的关系。因此，我们不能片面地抽取语音或文字作为研究对象，而是要将它们还原到“此时、此处”这一动态的“场”中。如此一来，“场”就为解决一些语言难题提供了新的思路。这就是“场”语言学的基本立场。

因此，“场”语言学并不是一种特立独行的事物，而是借鉴物理学和生物学等近代科学的框架，旨在破除思维壁垒并突破当前语言学所面临的某些困境。

实际上，在语言学研究领域中，曾经有一些学者已经意识到了语言与“场”割裂后存在的问题并进行了相关论述。例如，在時枝誠記所著的《国語学原論》中就曾提到，由于日语和汉语在发音和句法上存在巨大差异，所以古代日本人将汉语的文字（汉字）费尽心思地吸收进日语后，客观化的“词”与主体发话行为的“てにをは”等“辞”相结合，从而形成了日语的语言表达体系。時枝誠記的观点体现出语言不仅是一种客观存在的分析对象，还是一种包括了“词”和“辞”的实践行为，这两者密不可分。但由于当时的语言学家把要素还原主义奉为金科玉律，因此時枝誠記的这一观点未能获得学界认可。

6.语言与“场”的关系——内在性与外在性

世界上存在着纷繁多样的语言。其中，语言表达与“场”的关系也呈现出不同情形：从“场”的内侧阐述“场”的情况；脱离“场”从而通过“场”

的外部视角观察并描述“场”中的主体与客体。从广义上讲，所有语言都可以将语言表达和“场”进行某种形式上的关联。但是，对具体语言进行具体分析时，我们会发现有的语言受到“场”的影响较大，“场”内的情况会被如实地反映在语言表述中；有的语言受到“场”的影响较小，以“场”的外部视角来组织语言表述。因此，从“场”的角度出发分析语言时，需要同时考虑“场”的内在和外在视角（岡智之，2022）。

7. 从主客观范式到“场”范式的转换

在目前的语言学研究中，往往会通过主客观框架（范式）对日语和英语进行分析。在此框架下，日语被认为是一种偏主观的语言，而英语则是一种偏客观的语言。与此相对，在“场”语言学的框架中，使用语言的人身处具体的“场”中，通过五感收集“场”的信息，并将对“场”的直观感受通过语言进行表述；除此以外，将视角移至“场”的外部，通过一定的距离观察“场”，结合脑海中的推测对“场”的情况进行表述。上述两种不同情况会产生不同的理解。从发话者的视角通过五感将感受到的内容表达出来，这是一种内在性的体现；从“场”外视角进行观察，对所观察到的状况进行推测，以此种视线的观察方式体现了外在性。两种方式的区别在于：是将视角置于具体的“场”中通过五感将实际的感受进行表述，还是以一种“场”外的、一种在上空中进行观察并加以推测的视角进行表述。这种不同于主观和客观的区别可能听起来平平无奇，实际上则反映了一种巨大的思维方式转换，正如牛顿力学被量子力学所取代一样，是一种思维范式的转换。

1.1.3 语言存在个体层面和共同主体层面（角度（2））

1. 发话主体与共同主体

语言具有发话主体层面以及使交际成为可能的、与其他个体相联系的共同主体层面。根据复杂系统理论（东京大学名誉教授清水博关于生命关系学的“场”理论），每个人与其所处的“场”之间存在着如蛋黄和蛋清一样的关系。把几个鸡蛋打到一个容器里，蛋黄会独立存在，而蛋清则会和其他鸡蛋的蛋清融合到一起，这就产生了一种相互关联的关系。相同地，发话的主体也存在着相当于蛋黄的自我中心领域以及相当于蛋清的场所领域（清水博，2003）。换言之，语言具有两个层面：语言的发话主体赋予话语具体意义；同时，语言还表达出了发话者集体内部共有的语义（人类存在着个体层面以及种群层面）（城戸雪照，2003）。受话者只要从属于该语言共同体，就会从语言中理解该语言的一般意义，以及根据当时的情况所推断出的发话者意图，洞察发话者真正想要表达的内容。而且，发话者和受话者的“场”越密集、越接近、共享程度越高，发话者想表达的内容与受话者所接收的内容之间的偏差就越小。相反，“场”越淡薄、共享（蛋清部分）程度越低，那么发话者的意图和受话者的理解就越容易产生偏差。解构主义学家德里达的“延异观”就体现了这种思想。文本越是远离具体的“场”，对其进行不同解释的可能性就越大。文本解释的多义性就源于此。

2. 语言领域的双重性导致的主客不分性

在研究语言现象时，要区分自我中心领域和场所领域，即区分处在“此时、此处”的发话主体的自我中心领域及与他人共享信息的场所领域。

通常提及主观和客观时，往往是为了区分人的意识内容与意识之外的事物之间所存在的差别。但是在考虑语言的含义时，发话者赋予语言的含义不一定就是主观的，而同样的话语内容在通常情况下所具有的含义也不一定就是客观的。

换言之，语言所表达出的语义并非一开始就是客观的；同时，远离了发话主体与受话主体之间的紧密关系，即脱离了发话者、受话者的主观概念，进而提炼出的纯粹语义也并非是客观的语义。以上现象所体现出来的便是主客不分性。因此，自我中心领域与场所领域并非对应着主观领域与客观领域，也不存在孰是孰非这种两极分化。因此，需要将这两个领域区分开来，分别探讨。

1.1.4 话语“场”的即兴表演性（角度（3））

1. 话语“场”的变化

话语“场”就像即兴表演一样会发生变化，日常生活中的话语是没有剧本的。在大多数情况下，语言作为交际的工具出现，发话的前提是受话

者正在倾听。发话有时像演说一样，由一名演讲者面对一群听众进行；有时像对话一样，两个人互相进行发话行为；此外还存在几个人共同在场、大家一起交谈的情况。即使是在没有人的地方一个人自言自语，一般也存在着一个预设的受话者。受话者存在时，“场”的情况会随着发话者的发话内容或受话者做出的某些反应而时刻发生变化。于是，具体的、全新的语义便在“场”中产生。从动态视角观察语言的话，会发现语言具有即兴表演性（清水博，1996）。即便是相同的语言，每一次的表述在“场”中都会被赋予新的语义。当达成了共同理解时，交际就此成立。

2. 变化性与同一性

此外，作为语言对象的事物本身也在时刻变化着。语言所具有的普遍语义本身变化不大，但其指示的对象会产生变化。例如，颜色可以呈现出一种有层次感的渐变，通过语言进行表达的话，既可以画一条分割线，通过蓝色及绿色的语码来表达由蓝变绿的现象，也可以通过一系列的相似操作，表现出右边明亮、左边阴暗之意。正如赫拉克利特所言，没有一个事物可以保持同一性，所有事物都在不断变化。在变化中划分界限，将变化进行数值上的分化，创造出同一性，这就是语言的功能。在哪里划分界线以语言（langue）共同体为依据，在不断发生的日常会话（parole）中，语言所具有的含义也在逐渐变化。在具有主体性的实践过程中，语言本身也在发生变化。在具体的“场”中出现的语言，并没有脱离主观行为而成为一种客观事物，所有的语言都会在具体的“场”中像即兴表演一样不停地被赋予新的含义。

1.1.5 交际中的语言要素和非语言要素（角度（4））

1. 语言 / 非语言要素与有意识 / 无意识要素的交错

我们日常使用语言时，发话者会有意无意地通过调整声音的高低、语调、重音、声调等来表达当时自己想要传达的信息，同时也会通过细微的动作举止、眼神和表情等非语言要素来表达自身所想。另外，受话者也会有意或无意地读取上述各种要素中暗含的信息，从而理解发话者的意图。在“场”中说话时，同样的话语存在多种解读，然而受话者却能正确地把握其中真正的含义。这说明潜在的交际也在同时进行，并帮助我们排除了话语中存在的歧义。否则单凭语言在通常情况下的普遍含义，是无法传递某些特定信息的。因此，在书面语中，由于大量的非语言信息无法得到体现，因此通过语言所传递的信息失去了唯一性，并且容易被一般化、抽象化。比起口语，文本内容有更多的解读空间。

2. 个别语言与非语言要素

这些语言要素、非语言要素、意识要素和无意识要素交错的具体内容，会根据语言的不同而产生很大差异。例如，在日语口语中，会话双方互相传递的大量信息都以具体的“场”为依据，同时这些信息并不会出现在语言表达中。一方面，当这些信息需要以文字的形式传递给第三者时，在口语中未出现的内容往往都需要被补充出来，如被省略的主语等。另一方面，当某些语言具有“场”外视角的特质、难以受到具体的“场”内信息带来的影响时，非语言要素往往会被语言化，即脱离具体的“场”，以该语言表达所具有的普遍语义来传递信息。

然而无论是哪种语言，最初都始于口语。所以，在具体的“场”中，发话一般都伴随着非语言要素。因此，受到“场”的外在视角影响的语言，通常也能通过“语境”和“上下文”将唯一的具体语义传达给对方。通过比较两种受到“场”影响情况不同的语言，并分析其中的非语言要素在何种程度、通过哪些形式被语言化，可以更好地帮助我们了解两种语言的区别。

1.1.6　语言交际与复杂系统中的自组织现象（角度（5））

1. 复杂系统的自组织现象

宇宙中存在着复杂的系统。向装有水的杯子中滴入一滴蓝墨水，这滴墨水会呈条纹状下落，不久就会散开，然后整杯水都会变成淡蓝色。有秩序的事物一定会失去秩序，向更加均匀和更加杂乱的状态变化。这种现象通常被称为熵增定律（热力学第二定律），在宇宙中随处可见。然而尽管如此，生命体还是会不断创造出新的秩序。物理学家施莱辛格将此形容为“生命以负熵为食”。

复杂系统科学正在用科学的方式阐明其发生的原因。熵的确保持着只加不减的原则，但在开放系统或非线性场合里，在局部上会出现从无序到有序的现象。在无秩序的混沌中满足某种条件（约束条件），就会导致秩序的产生。这虽然是一种细微变化，但这种变化却会产生崭新的秩序。复杂系统科学通过研究表明，蝴蝶在北京拍动翅膀都会给纽约带来一场风暴（蝴蝶效应）。鸟群和鱼群一齐改变方向、雪花形成漂亮结晶、激光聚焦成一条线等现象，都是自组织现象这一复杂系统发挥了作用。从脑细胞的活动中产生了自主意识也同样可以被视为一种复杂系统的自组织现象。

2. 语言交际与自组织现象

人类的交际之所以成为可能，是因为其中存在着由共同主观性形成的自组织现象。生命体的自组织现象（也被称为“自组织化现象”）是生命为了适应当下的环境状况而不断改变自身的活动，这在语言层面上也有所体现。人类以外的物种都不具备语言能力，其他物种的大多数行为都是一种无意识、无意图的本能。人类基本上也和其他物种一样，有着自我进行组织自我生成的性质。但人类通过习得语言进而产生了意识，在出于本性做出某些行为的同时，还会有意地做出另一些行为。在这种现象中，主体有意识的行为能否被认定为“する”（使然），无意识下的行为能否被认定为“なる”（自成）[1]，其判断标准视具体语言而定。例如，英语的语言主体置身于“场”的外侧，在语言的使用上往往更倾向于“使然”；而日语的语言主体置身于“场”中，在很大程度上体现出了“自成”。池上嘉彦（1981）论述了“する”（使然）型语言和“なる”（自成）型语言之间的差异；而在“场”语言学的理论框架下，这两种类型的语言差异被看作一种复杂系统中自组织现象上的差异。对此，岡智之（2022）做了详细论述。

1.2 “场”理论与语言

1.2.1 引言

如上所述，“场”理论与所有的学科相通，“场”语言理论也适用于所有的语言。这种以“场”为基础的观点实际上与日本自古以来的“场”思维模式趋于一致。那么，为什么"场"的思维模式没有在西方语言体系中得以发展呢？从笛卡儿开始，欧洲近代主义思潮以个人主义（我思、自我意识）为基础，其主要观念与"场"的思想背道而驰。因此，西方世界逐渐发展出了重视个体以及个人独立性的语言体系，这也导致了西方语言世界难以理解"场"的思维模式。

包含了声音语言和手语表达的自然语言，必须相互使声音处于可以被明确辨识的范围之内，手语表达也必须达到一定的幅度使对方识别出来，否则就失去了作为交际工具的作用。通过一根绳子和两个杯子制作而成的简易电话，以震动作为媒介，从而达到远距离传递信息的效果。而在古代，即便已经出现了语言，但上述这种远程通信仍然无法实现。因此，当我们追溯语言的起源时，必须将语言还原到一个规模较小的语言共同体中，认识到语言是存在于该共同体内部的一种事物。

那么，人类是在何时以何种方式掌握了语言的呢？迄今为止的研究结果显示，对黑猩猩进行语言训练可以使其掌握相当程度的语言。但是除了人类以外，任何动物都无法做到一边创造语法结构，一边自由地组合句子。

为何只有人类掌握了语言能力呢？前文提到，语言是一种自组织现象。那么，人类是否产生了基因突变，从而意外地发展出了语言能力的呢？众所周知，人类（智人）诞生于20万年前的非洲。虽然更早之前也曾出现过与现代人类相似的尼安德特人，但他们是否发展出了语言能力则无从知晓。但是，如果将语言能力视为一种其他动物所不具备的遗传基因因素，那么在短短的20万年间，这种基因突变毫无缘由地突然发生，这一点从迄今为止的进化历史来看是完全不现实的。但这种不现实的进化历史却又是实际存在的现象，其成因还有待进一步研究。

如果将语言的诞生定义为复杂系统中的自组织现象，那么其中的发展情况以及发展过程值得我们深入思考。如此一来，语言与其他动物交际的关联性、语言与身体的关系似乎也会变得更为清晰。

1.2.2 从谓语逻辑到主语逻辑

1. 动物的谓语推理

我们可以将语言理解为一种工具，它会将所有动物的谓语逻辑推理转换为主语逻辑推理。这里所说的“谓语逻辑推理”作为非语言推理，是人与动物都具有的一种推理形式。这里或许会产生一些疑问：不使用语言也能进行推理吗？动物也可以进行推理吗？实际上，动物也可以进行完整推理。例如，假设某只小白鼠在寻找食物时，它会根据某一条线索（如气味 B）来判断食物；只要发现 B，那边就会出现食物 A；当出现了另一条新线索（与 B 不同的另一种气味 C）指向了 B 时，顺着这条新线索就可以找到线索 B。让小白鼠体验上述经历后，它就会根据记忆做出 C 到 B 再到 A 的推理，从线索 C 开始寻找并最终找到食物（山元大輔，1997）。上述实验中的推理过程没有语言的介入，而是基于“场”的感觉信息所进行的，所以没有任何逻辑上的必然性。因此，有必要将其与通常的形式逻辑推理区别开来。在“场”语言学中，为了区分使用语言的一般形式逻辑（主语逻辑）推理，我们将上述推理称作谓语推理或谓语逻辑推理。

一般情况下，人类以外的其他动物通常会利用感觉将外界环境进行分节[2]。例如，动物会通过眼睛把观察到的事物归为不同或相同的种类。包括人类在内的大多数哺乳动物能够利用视觉、听觉、味觉、嗅觉和触觉，并从胎儿阶段就开始了对世界的分节。现代人类的感官基本上是相通的，被分节后的对象或世界容易被误认为是一种远离了主体感官的客观存在。这种区分本身不需要语言也可以进行，包括人类在内的大多数动物每日都会不断重复着这种区分行为。基于五感的识别能力，不需要语言介入就可以在一定范围内进行识别。无论是黑猩猩还是早期的类人猿都是通过推理得以存活至今。即使没有语言的介入，也可以对外界进行分节，并赋予世界意义，生命因此得以延续。人类也以这种模糊的分节为基础，根据每个共同体的社会必要性对社会进行分节，同时把分节与作为信号的声音、行为举止等相联系，最终就产生了语言。

2. 古印度哲学中的谓语推理

动物所具有的谓语推理有着浓厚的“逻辑”色彩，在古印度乌帕尼沙德哲学尼夜耶派（正理派）的逻辑结构中也有所体现。尼夜耶派在六派哲学中以研究逻辑学见长。公元5世纪前后，由伐蹉衍那所作的《正理经注》记述了一种名为“五支作法”的逻辑思维：“五支”分别为“宗”（提出的命题）、“因”（与“喻”存在共性，证明“宗”成立的论据）、“喻”（与“宗”存在共性，有“宗”特性的事例）、“合”（建立在“喻”的基础之上，判断“喻”的是与非）、“结”（在陈述“因”之后对“宗”的重申）。“五支作法”的推理过程如下[3]（桂照隆，1998）。

宗：声是无常（语言是非永恒的）。

因：所作性故（因为是造作出来的）。

宗喻：犹如瓶等，于瓶见是所作乃是无常（以瓶为例，瓶是造作出来的也是非永恒的）。

合：声亦如是，是所作性（语言也如此，是造作出来的）。

结：故声是无常（故语言是非永恒的）。

如果将上述过程符号化，则表示为：A是P，因为A是X；因为B是X，所以B也是P，A也是X；因此，因为A是X，所以A是P。为了避免表述上的重复，对此进行重新整理，即为：

B是X，也是P（瓶是造作出来的，也是非永恒的）；

A是X（语言是造作出来的）；

故A是P（故语言是非永恒的）。

换言之，在“造作”这一点上，“语言”和“瓶”是一样的；因为“瓶”并非永恒之物，所以可以推理出同样由人所造的语言也并不永恒。这是基于谓语同一性（造作）将不同的主语（语言和瓶）联系到一起，因此可以称为谓语推理，其推理过程基于谓语同一性而非主语同一性。一般而言，基于意象的同一性比喻推理也都是基于谓语同一性的推理（例如，“太阳光芒四射，女性光芒四射，故女性是太阳”等）。在形式逻辑学领域里，这样的推理是错误的。然而，类似的推理实际上占据了我们日常推理的大多数，并且其他动物也在进行类似的推理。由于该推理不需要使用语言，

因此也是一种身体的推理，是通过身体感觉而形成的某种意象同一性的推理。谓语推理蕴含着动物性和身体性，在古印度哲学思想中也有所体现，是一种日常性推理。正因为有了谓语推理的铺垫，语言推理才得以成形。

3. 尼加拉瓜手语的产生

尼加拉瓜有一种特别的手语语言。当分散在尼加拉瓜各地的听障儿童被集中到一所学校接受教育后，孩子们自创了手语，并可以通过手语正常交流，这一现象被公之于世后，语言学家们就对这种手语进行了调查。其结果表明，孩子们的手语特征与一般的语言结构特征一致。该研究结果一经公布就立刻获得了全世界的瞩目（ダニエル·ロング 等，2007）。

为何会产生这种情形呢？有一种假设认为，这些儿童的生活环境相同，因此他们通过五感对世界进行分节时也具有趋同性，加上意象同一性与身体同一性的形成，就导致了在同一环境中过着同样生活的人们形成了自然及社会层面的无意识的、类似谓语推理的分节化结构与推理结构；出于在生活中进行分节的需要，这些结构会通过身体动作、表型等符号转变为具有主语逻辑的语言。通过五感对世界进行分节，经历了共同的校内生活，因此具有共同基础等，这些满足了创造语言的必要条件。通过与行为举止、表情等特定符号相结合，一种新的语言就应运而生了。一方面，因为孩子们有听力障碍，无法将声音作为符号，因此通过身体动作和表情等符号，可以像使用声音语言那样开始互相交流。另一方面，由于孩子们的人数充足，并经历了一段时间的共同生活，因此共同的“场”得以形成，也就催生了自组织现象。如前文所述，以身体为基础的分节化在存在的同时，谓语推理结构的同一性同样存在，从而使得转换为语言的趋同性身体动作与表情等符号被孩子们所共享，进而为语言的形成提供了可能性。海伦·凯勒就曾将流水的触感与莎莉文老师在她手掌中写下 water 时的笔画走向相关联，察觉到了通过文字进行分节化的语言结构，从而理解了世界被语言所分节。因此，我们可以大胆推测，正因为存在以身体为基础的模糊的分节化，才促使了语言分节化的形成。

1.2.3 语言形成之前的分节化

1. 无意识的身体分节化

西方基督教认为世界一开始语言便已存在。如维特根斯坦就曾声称，语言的界限就是世界的界限，即先于语言而存在的世界并不存在。但是，由于日本一直存在“场”的文化，所以非语言交际文化得以充分发展，因此日本人可以较为容易地认识到语言产生之前的世界的重要性。

当然，在西方语言文化中，世界先于语言存在的思想并非没有，同时以此为基础而进行分节的思想也同样存在。索绪尔（ソシュール・フェルディナント，1972）曾在语言的二重性中指出，语言符号具有随意性。语言的分节方法是相对的，并依赖语言，而被分节的对象与哪些语音相结合则视具体文化而定。换言之，世界的分节方式因人的感受大体相同所以十分相似，但是文化差异的存在会产生不同的分节方法。

而“场”语言学认为，分节并非完全地随意进行，属于某一个共同体的人们共同生活，根据生活上的需要，通过身体无意识地对自然和社会进行分节，并相应地以声音、动作和表情的变化等作为通用符号，当满足了上述条件后，相应的语言便出现了自组织现象。而人类以外的物种诸如在树上生活的灵长类无法让喉头和咽部产生不同的位置关系进而发出声音；而且由于它们不能直立行走，所以它们无法自由地使用手指，因此它们大脑中的控制手指自由活动的脑细胞也不发达；此外，它们无法互相面对着对方并保持这一位置关系，因此它们也未发展出丰富的面部表情。上述观点表明，其他灵长类动物无法像人类那样以声音、肢体动作和表情作为符号并加以应用。

2. 人类初期语言的分节化

回顾人类语言的发展历史，语言最初的阶段或许是以谓语逻辑推理（身体推理）为中心的。例如，在古希腊苏格拉底时代以前，人们对自然（physis）的认知观念主张依靠本性而实现自我成长，而这一观点又与日本“自然（自得其然）[4]”观念不谋而合（丸山眞男，1972；木田元，1993；岡智之，2022）。此外，如前文所述，与希腊同属印欧大陆的古印度逻辑学仍然维持着谓语逻辑推理结构。因此我们可以认为，在语言的初期阶段，处于无

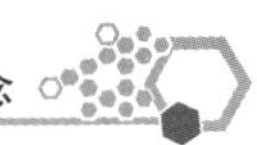

意识状态下的谓语逻辑结构占据主导地位。

换言之，任何语言的发展初期，都需要保证语音或身体的细微动作、表情等能够被别人识别。也就是说，语言最初是由生活在某一共同体内的人们所使用，然后才传播到更远的地方，脱离了原本具体的“场”，从而发生了变化。这种在谓语层面上对谓语同一性进行语言化的观点出自柏拉图。在之后的亚里士多德时代，在柏拉图的观点之上人们加入了主语概念，一切谓语都被包含在主语内，主语逻辑渐渐显露头角。从语言结构的角度看，最初以“场”的内在视角来进行表述的语言，随着其本身逐渐脱离了“场”，进而转变成为宾格语言，后又继续演变为以“场”的外在视角来进行表述的语言。相对地，由于日语蕴含着强大的“场”文化基础，所以直至今日，日语仍倾向于以“场”的内在视角来进行语言表述。

此外，雅克・拉康指出，无意识会像语言一样被组织化（ジャック・ラカンラカン，1972）。然而，由于无意识原本就具有类似语言的分节化结构以及推理结构，所以语言以无意识的分节和推理流程为基础，将其转换为带有语法结构的符号表达形式，最终得以产生语言的结构。换言之，我们可以认为，语言像无意识一样被结构化，而非无意识像语言一样被结构化。只要语言意识是在无意识的基础之上产生的，那么“先有语言，然后语言对无意识领域产生影响，进而语言结构在该领域中产生”的这一观点就很难令人信服。

1.2.4 语言的本质和“场”语言学

本节将重新梳理语言的基本功能以及“场”语言学的观点。我们可以按照以下角度对语言进行理解。

（1）灵长类动物通过感官对外部世界进行分节。在此基础之上，蕴含着不同文化的“场”的生活世界发生重叠，即“文化＝生活世界”。借用德国生物学家雅各布・冯・乌克斯库尔的用语，即出于应对更为细致的“环境界”（umwelt）的必要性而进行分节。因此，在语言产生之初，语言是一种处于“场”内部的事物。

（2）自我根据自己的感官对“环境界”进行分节并以此为基础而使用语言。此时的语言在文化的“场”中被共同体所共享，在最大限度上作为一种相互主观的（客观的）事物发挥功能。其中，时刻与他者割裂的固有属性和时刻与他者相关联的场所属性共同存在。

（3）但是，这种语言表达的"场"并非是一种静态的、一成不变的空间，而是一种持续变化的"场"。正如语言的具体含义会根据"场"中发话者的不同而改变一样，"场"具有动态性与实践性。

（4）交际同时具有"场"的内在性和外在性。"场"的内在性越强，则非语言要素所发挥的作用越大；"场"的外在性越强，语言要素发挥的作用越大。

（5）此外，在人与人之间的交际中，无意识的相互作用发挥机能，在此基础上，有意识的交际不断深化、不断重叠，这就导致了语言同时存在具有意图性的一面（使然）以及无意识的一面（自成）。

1.3 "场"文化与日语

1.3.1 引言

语言诞生之初，要确保声音能够听得清楚，肢体动作能够看得清楚。换言之，语言是在某一狭小的"场"内通过内在的方式被表达出来的。因此，在每个狭小的"场"中，语言都会产生分化，从而形成了众多方言。相反地，如果语言集团的规模不断膨胀，导致不同文化背景的人们拥有了共同的语言基础，那么语言会逐渐脱离原本的"场"，顺应文化特质而发生变化。例如，印欧语系下的各种语言虽然有着共同基础，但同时这些语言在不同的民族间进行普及，最终作为不同的语言而孕育了顺应各种文化的语言表征。如今它们已经成为完全不同的语言。另外，由于文字的产生，语言得以超越时间和空间而存在。在那些原本视角位于"场"内的语言中，往往会出现大量的已经被"场"内成员共享的非语言信息以及在无意识下交换的信息，因此只需要将不足的信息通过有意识的声音语言表述出来即可。但是随着文字语言的普及，一些语言的使用脱离了"场"，因此就逐渐产生了将"场"内信息通过语言进行表述的需求。

1.3.2 日语和英语的差异

1. 英语的特征

如今的英语脱离了“场”并呈现出宾语化，并且脱离“场”的程度已经达到了极限。纵观英语的发展史，古英语时期的英语就已经在多个民族之间普及起来。12 世纪“诺曼征服[5]”之后，法语大量涌入英语之中并开始与英语融合。于是，英语从特定民族的“场”中脱离出来，渐渐成为多民族共通的一种语言。到了 18 世纪，英语的势力扩张到了大英帝国的殖民地上，随即出现了众多皮钦语和克里奥尔语。其结果是使英语成为世界性语言。在这个意义上，可以说现在的英语已经脱离了当初的特定民族和特定文化的“场”，成为一种“场”外在视角型语言。之所以说英语中充斥着大量客观表现形式，其实是因为它将很多“场”的内在信息以语言的形式表现了出来。换言之，英语是一种仅凭语言信息就能传达意思的语言。

2. 日语的特征

与英语不同，日语具有很强的“场”内在视角性。除日语以外，还有一些其他语言也维持着很强的“场”内在视角性，但是考虑到日语是一门使用人数超过 1 亿的语言，因此可以将其视为最具代表性的“场”内在视角性语言。由于日语是由共享多种“场”信息、拥有相同文化基础的人们所使用的语言，所以将其从特定的“场”中剥离出来，将很难直接使用。

日本从中国引入的不是汉语本身，而是汉字和部分发音。这里所言及的“部分”，是指在使用中国文字的同时，并没有直接采用其发音，而是将其转换成日语的发音加以使用。例如，汉字“行”是在南北朝时期被引入日本，表达了日语的“いく”（去）之意；即便是与汉语发音近似的音读形式“ギョウ”，虽然取自当时的吴国发音（即“吴音”），但日语在发音时并没有保留吴音中的后鼻音。对汉语文章也要加入日语的“送假名”或标记“レ”符号，以日语的方式进行阅读。之后，介词以各种各样的方式传入日本，在日语中也都以片假名或汉字来表示，但是在发音上仍需要遵循日语发音即日语五十音。明治时期以后，日本以欧美语言为参照，在模仿欧美的宾格语言过程中创造出了相应的日语语法。这种形式的日语作为书面语被固定下来，然而在口语中人们还是习惯使用以前的日语。所以日语在书面语中一定要将主语表示出来，而在口语中却几乎不使用主语。日本人为何不擅长英语、为何一些外国人觉得日语难以习得，其原因不言而喻。在日本社会中，人们通过共享大量的"场"的信息，从而实现彼此间的顺利沟通。

1.3.3 日本的"场"文化

日本的文化特征都与"场"有着密切联系（城戸雪照，2003）。日本是从何时开始重视"场"文化的呢？对此目前尚无定论。日本人曾经在不同的土地上建起了村落，主要以种植水稻为生，而水稻种植必须有多人合作共同完成。或许是为了适应这种"场"的文化，日语的结构也以相应的形式被传承下来。比起个人"做了"（使然）什么，在该地区中自然地"成为"（自成）了什么更被凸显，即按照以往的习俗自然地"なる"（自成），这种"なる"（自成）文化就逐渐被确立起来。因此，比起强调某人"使然"的表达方式，日语更倾向于事态"自成"的表达方式。

那么，日语的结构又是如何反映了"场"文化的呢？对于日语语言特征的研究不胜枚举，本节主要选取几个具有代表性的事例进行探讨。

1. 使用委婉的表达方式

言及事物时不使用清晰明确的语言表达，或观察周围情况，根据周围人的反应组织自己的措辞。为了避免与周围的人发生冲突，在多数情况下不使用过于直白的表达，甚至故意模糊自己的语言表述，这已经成为一种普遍现象。在日语中，一旦使用了过于清晰明确的表达，反而会显得不自然。在空间相对狭小的村落集体中，成员之间无法避免与他人产生关系，因此必须回避那些有明确批判性和否定他人的语言表达。由于在面对问题时，人们习惯将解决的途径寄托于无言的压力和审时度势的心态，因此语言表达也变得委婉起来。

2. 不表明主语

日语经常省略主语。日语是不是曾经也使用主语表达，只不过从某个时间节点才开始省略的呢？针对这一问题，通过仅有的文献记录，并没有发现主语曾大量出现在日语中的现象。也许从古至今，省略主语都是日语的语言特征之一。在使用日语时，如果强行加上主语，反而会使表述变得不自然。只有在一些特殊场合或在书面语中，才会出现动作行为或状态的

主体。

3. 多种多样的称谓和敬语

根据“场”的具体情况选择合适的称谓和敬语。第一、第二人称的使用也要根据“场”的情况而定。有时自称为“僕”（我），有时称呼对方为“あなた”（你），有时自称为“俺”（我）、有时称呼对方为“課長”（科长）。面对科长时用“課長”（科长）来称呼对方是第二人称用法；如果和其他人谈论起科长时，此时的“課長”（科长）就变成了第三人称用法。像这样根据对方的社会地位而改变第二人称的称谓方式在日语表达中十分普遍。特别是在面对社会地位高的人时，不能通过第二人称来称呼对方。此时需要使用敬称来替换第二人称，如“先生”（老师）、“殿”（主人、大人、先生等）、“殿下”（殿下、大王等）、“父上”（父亲）。

敬语也要根据对方的社会地位有选择地使用。当对方为自己的长辈或晚辈时，我们需要根据具体情况来调整语言表达方式。此外，对自己身边较亲近的人一般不使用敬语。若使用不当，则会被视为没有礼貌、不懂礼节。不能正确使用敬语往往会在社会上受到指责。

4. 将外语改造为日语

对于从国外传入的词语，日语并非全盘接受，而是倾向于将其纳入日语体系。即便是传入日本的汉字，最初也仅仅作为表音文字，用以表示日语原本的语音音节。汉字传入日本时首先是作为表音文字，在日语固有的语音区分上套上汉字来使用。《万叶集》就是其中的典型。另外，在《般若心经》中，代表梵语发音的汉字也被日语发音所取代。当汉字作为表意文字在日本普及以后，同一个汉字分别出现了两种发音，一种是日语发音，另一种则类似汉语原本的发音，最终就产生了训读和音读两种发音体系。海外的文字和语音也要遵循日本的“场”（发音体系），这也是日语的特征之一。除此以外，片假名词汇则是将外语通过日语发音表达出来的产物，因此源语种的母语者甚至完全无法识别片假名词汇。不仅是语言，在宗教和文化活动中日本特色也被充分彰显。原本属于不同信仰体系下的神和佛，在为世界带来福祉、帮助人们摆脱灾难的层面上，都被吸纳进了同一个“场”中。所谓的“场”，是指新柏拉图学派的普罗提诺所说的“太一”（To hen），它可以不假任何事物而存在，可以包含所有相矛盾的事物。“奥古斯丁的神作为主语的统一体，是万物产生的源泉；而‘场’作为谓语的统

一体，将所有的矛盾都纳入其中”。（井筒俊彦，2001）

5. 不同“场”的语言表达方式不同

由于日语需要根据“场”而调节语言表达方式，所以日语的词汇量也相应增加。英语的必备词汇量为 2 600~2 700 个，而日语则高达 7 000~10 000 个。在拟声拟态词方面，汉语约有 300 个，英语约有 150 个，而日语却超过了 5 000 个。

而且在敬语的体系下，还存在着尊敬语、自谦语和郑重语的区别。在不同的社会场合中，每种敬语形式所使用的范围在一定程度上受社会因素影响。若不能正确使用敬语，则会被人认为没有家教、不懂礼仪。在西方语言文化体系下，有着一种与日语敬语相近的概念，即“礼貌”（politeness），这是一种个人的语言策略。相对地，日语的敬语由场所规则所决定，并非个人的语言策略。因为敬语受到了社会性的场所规则制约，一旦在使用上出现错误，便会受到他人指责，被人认为不懂礼仪。

1.4 身体的分节化与语言

1.4.1 身体的分节化

1. 分身（身分け）

应如何理解“语言的基础是身体的分节化”这一观点呢？在市川浩的身体观中，出现了“分身”（“身分け”）（市川浩，1993）一词。市川浩称，“我们必须认识到，作为近代科学发展的前提，起到决定性作用的‘分割’逻辑发挥了功效。自我与他者被明确地区分开来；身体与心智被明确地区分开来。正是在‘分割’的前提下，近代科学才得以发展起来。由于‘分割’的功效过于强大，似乎万物都能被区分。然而实际上，事物并不能被完全区分。自我与他者、心智与身体都意外地存在着某种联系”。对于“分身”，市川浩做了如下定义：通过身体将世界进行分节的同时，自身也同样被世界所分节，这是一种矛盾且共生的事态。

2. 环境界

动物和人类都拥有身体，并通过身体感官将世界分节化。蜱虫仅靠温

度、丁酸发出的气味以及触感就可以将世界分节化。它可以嗅出哺乳动物的气味，然后精准落到哺乳动物的身上，并根据对温度的感知爬到皮肤上，根据触感完成叮咬和吸血，摄取养分。动物能利用身体感官进而创造出每个物种所独有的生存空间。对于这些生物来说，上述生存空间是它们的全部。乌克斯库尔将其称为“环境界”。每个生物通过其特有的感官将世界分节化，并在该分节世界中生存。

这种存在的方式也同样适用于人类。海德格尔将人类的存在方式称为“此在为在世存在”（Seins-in-der-Welt）（Heidegger，1927）。从人的身体结构出发，可以对世界进行左右、上下、前后等空间维度的分节化；从基于记忆机制的体感时间出发，可以在身体层面上分节出过去、现在和未来，并进一步创造出具有四维时空坐标系的分节化结构。此外，听觉和视觉扩大了时空范围，并根据生活需要，找出所见所闻事物之中存在的差异性和同一性。如此一来，环境界中也在发生分节化。动物为了生存，必须在食物链中保护自己不受敌人侵扰、确保粮食充足、寻找异性繁衍后代。而人类因为好奇心驱使，会通过各种各样的探索活动来认识世界。于是，通过身体而分节化的物、事、活动与某些声音、动作相联系，作为符号的语言就在这种声音和动作的共享过程中悄然而生。当声音和动作作为符号被共享后，通过语言对世界进行分节就成为可能，即“分言”（言分け）。

1.4.2　身体分节化与语言分节化

1.“分身”与“分言”的相互作用

身体的分节化和语言的分节化之间会产生相互作用。身体分节化先于语言分节化存在，与身体分节化相对应的语言分节化随之产生。尼加拉瓜手语的事例佐证了在短时间内共享身体动作和表情也能孕育语言。

如市川浩所述，世界在人类的五感基础上被分节的同时，周围世界也在对人的身体进行着分节化。换言之，语言分节化具有促进身体的分节化这一侧面。随着新词语的产生，过去没有被有意识地分节化的事物也会被分节化，并被意识化。词汇和话语，在原本界线并不明确的地方画上一条清晰的分割线。随着复杂语言表现的产生，身体上的分节化结构也会变得愈发复杂。

2.“场”与身体、语言的分节化

在任何情况下，“场”的共性越强，身体的分节化赋予“场”内人们的共性就越高。而且，当身体的分节作为共同代码相互共享时，即使没有语言人们也可以充分地通过身体进行交流。即使只是互相对视，也可以完成大量的信息交换。对于已经具备语言技能的人而言，其在胎儿阶段就已经具备了学习语音的大脑构造，语音本身已经被身体化，“分言”伴随着“分身”产生，所以实际上二者难以区分。婴儿在出生后，从被羊水包裹的环境进入肺呼吸阶段，通过身体来感受环境，并逐渐具备了五感，顺应外界的身体结构和大脑结构应运而生的这一过程，正是环境对身体进行分节的同时又被身体所分节，环境和身体相互作用、相互磨合的过程。大脑结构本身会将声音语言的载体——语音识别为非语言事物，然后将其作为声音并进行结构化，从而在大脑内形成对母语的识别机制。婴儿长大之后，如果想要学习新的语言，就需要将新的语音作为声音来识别，因此在使用外语时无法像使用母语那样流利。

笛卡儿曾经提出了一种假想：在远离身体之处存在着能够使用语言且具有自由意志的主体。现在来看，这一假想只能成为一种空想。长久以来，在西方世界中一直存在着一个假说，即存在着一种脱离客观的主体（主观），它可以自由地使用语言。西方的语言学研究也以此为基础，并认为这种主体只存在于人类身上。如今来看，这一假设并不成立。世界根据身体的“场”被分节化，语言的分节化也在此基础上审视该过程，需要通过主客不分性的观点进行重新审视。

1.5　结语

语言本身妙趣横生。我们每天都在使用语言，而语言也随时发生变化。语言会根据我们的日常生活需要而被创造出来。然而时至今日，当我们至身书店时，会发现语言学的书籍大多被放在书架角落里，和一些内容晦涩的书刊摆在一起，其内容也过于详细深入，令人捉磨不透。

然而，当人们问及下列问题时，这些语言学书籍却并未给出答案：为什么日语和英语之间存在如此巨大差异？为什么英语如此难学？为什么欧美国家的人听不懂日本人的英语呢？难道日语不如欧美的语言吗？

本书明确指出，日本自古以来就有“场”文化，而日语与“场”文化密不可分。如果引入“场”的视角对日语和英语进行比较，就能够清楚地了解二者之间的差异。换言之，将英语译为日语时，有必要引入“场”的概念；当把日语译为英语时，要仔细地思考理解“场”的信息，并通过语言将“场”的功能表现出来。同时，“场”语言学也试图表明，人与人之间的交流不仅依靠语言，还需要非语言要素的参与。因此，从“场”语言学的观点出发来研究语言交际时，既要考虑“场”的影响，还要将涉身性也纳入视野中。反之，如果单纯地将语言从“场”和身体中剥离出来进行考证，就好比我们将身体里的一部分细胞提取出来，在研究室中机械地分析该细胞究竟具有哪些功能一样。我们在研究语言和交际时，一旦脱离了“场”和身体，将很难把握问题的全貌。

通过本书的问世，笔者希望未来的语言研究能够像物理学、生物学那样，在“场”理论下的相互作用框架中不断发展。为此，我们需要将语言学的研究范式从近代科学中的“个体与因果关系”这一基本思维框架转换为“‘场’与相互作用”框架。在这个新的研究范式下，语言将被置于活跃而生动的“场”中，并与身体相联系，从而作为重要组成部分参与进多姿多彩的交际活动中。在读完本书所有章节后，各位读者一定会跳出“个体与因果关系”的传统思维，转而开启“‘场’与相互作用”的新篇章。

注释

1 池上嘉彦（1981）提出了“スル”型（即“する”（使然））和“ナル”型（即“なる”（自成））两种语言类型。“スル”型语言的代表为英语，“ナル”型语言的代表为日语。这两种语言的一些详细特征在原文中均有介绍。译者注。

2 分节（原文为“分節”）对应的英语术语为 articulation，“分节”（分節）一词为上田閑照、井筒俊彦所使用的术语，在本书前言中提及。译者注。

3 这部分译文参考了由中国社会科学出版社于1994年出版的《中国哲学大辞典》中对“五支作法”的说明，没有按照日语原文进行直译。原文如下。

提案：語は非恒久的なものである。

理由：発生するものであるから。

喩例：発生するものであるお皿などの実体は非恒久的である。

適用：語も同様に発生するものである。

結論：故に、発生するものであるから、語は非恒久的である。

译者注。

4 此处日语原文为"自然"（おのずからしかり）。"おのずから"还可写作"自ずから"，"しかり"还可写作"然り"。"おのずからしかり"意为自然而然地发展、成型。译者注。

5 诺曼征服是发生于1066年的一场外族入侵英国的历史事件，是以诺曼底公爵威廉（约1028—1087年）为首的法国封建主对英国的征服，标志着英国中世纪的开始。译者注。

参考文献

［1］ ダニエル·ロング，宮本一郎 . ニカラグア手話と言語接触研究（月刊言語 九月号—特集 言語接触が拓く世界—言語探求の豊穣なフロンティア）[J]. 言語，2007，36（9）：56–59.

［2］ マルティン·ハイデガー . 存在と時間 [M]. 熊野純彦，译 . 東京：岩波書店，2013.（HEIDEGGER M 'Sein and Zeit'（1927））

［3］ 市川浩 .< 身 >の構造 [M]. 東京：講談社，1993.

［4］ 池上嘉彦 .「する」と「なる」の言語学 [M]. 東京：大修館書店，1981.

［5］ 井筒俊彦 . 意識の形而上学 [M]. 東京：中央公論新社，1993.

［6］ 桂昭隆 . インド人の論理学 [M]. 東京：中央公論新社，1998.

［7］ 木田元 . ハイデガーの思想 [M]. 東京：岩波書店，1993.

［8］ 城戸雪照 . 場所の哲学：存在と場所 [M]. 東京：文芸社，2003.

［9］ ジャック·ラカン . エクリ [M]. 宮本忠雄，等译 . 東京：弘文堂，1972.

［10］ ベンジャミ·ンリベット . マインドタイム [M]. 下條信輔，等译 . 東京：岩波書店，2005.

［11］ 丸山眞男 . 丸山眞男集第十巻 1972—1978[M]. 東京：岩波書店，

2013.
[12] 大塚正之．場所の哲学：近代法思想の限界を超えて [M]. 京都：晃陽書房，2013.
[13] 岡智之．認知言語学から場の言語学へ：新しい言語学のパラダイムの展開 [A]// 岡智之等编．場と言語·コミュニケーション．東京：ひつじ書房，2022：61–96.
[14] シュレジンガー·エルヴィン．生命とは何か：物理的にみた生細胞 [M]. 岡小天，译．東京：岩波書店，2008.
[15] ソシュール·フェルディナント．一般言語学講義 [M]. 小林英夫，译．東京：岩波書店，1972.
[16] 清水博．生命知としての場の論理：柳生新陰流に見る共創の理 [M]. 東京：中央公論社，1996.
[17] 清水博．場の思想 [M]. 東京：東京大学出版会，2003.
[18] 時枝誠記．国語学原論 [M]. 東京：岩波書店，1941.
[19] ユクスキュル，クリサート，Jakob，等．生物から見た世界 [M]. 日高敏隆，等译．東京：岩波書店，2005.
[20] ユクスキュル·ヤーコプ．動物の環境と内的世界 [M]. 前野佳彦，译．東京：みすず書房，2012.
[21] 山元大輔．脳と記憶の謎 [M]. 東京：講談社，1997.

第2章 “场”的语言学和语用学——探索语言和文化的关联机制

井出祥子

2.1 引言

从全球通用语——英语的角度来观察日语，会发现很多无法解释的现象[1]。

例如，在使用英语时，指代自己的第一人称代词为I，指代对方的第二人称代词为you。但是在使用日语时，指代自己和对方的称谓词往往都会被省略，即便使用了称谓词，也需要遵循一定的使用规则。日本人对此已经习以为常，但是从英语的角度来看，则很难理解其中缘由。

另外在语用层面上，日语中也存在着诸多令英语母语者难以理解的现象。例如，想要表达“太郎が病気”（太郎生病）这一话语命题时，英语仅需使用“Taro is ill”即可。但在日语表述中，如果太郎处于发话者的领域内，则发话者可以使用“太郎は病気だ”（太郎生病了）或“太郎は病気です”（太郎生病了）等表达；如果太郎不属于发话者领域内的人物，则必须使用诸如“太郎ちゃんが病気だって”（听说小太郎生病了）或“太郎さんが病気らしい”（太郎先生好像生病了）等表达。上述情况体现了日语在语用方面的制约。除此以外，当提及受话者不认识的人时，不能使用“山田さんが……”（山田……）这种表述，而必须使用“山田さんという人が……”（有一个叫山田的人……），这也是日语表述中的限制之一。

还有一些在日语中习以为常，但是在英语中却很少出现的口语表述。例如，在正式场合与非正式场合中，日语的口语存在着是否使用礼貌体“です/ます”的区别。另外在会话双方进行对话时，既有发话者与受话者同时发话的情形，也有当发话者即将发话时被受话者抢先发话的情形。英语

的发话原则规定了发话者和受话者交替进行发话行为，因此对于英语发话者来说，上述日语现象着实令人费解。

在口语中，类似现象还有很多。日语母语者习以为常的口语特征，往往会使英语母语者感到困惑。因此，日语中的很多现象对于其他国家的学习者尤其是对欧美学习者来说，有着不符合逻辑、令人疑惑不解的一面。同时，很多日本人也不擅长使用英语。英语和日语之间的差异无疑是英语、日语母语者互相学习对方语言的壁垒。那么，我们又该如何对日语和英语中存在的差异做出合理解释呢？

为了解答该疑问，我们有必要跳出迄今为止由西方确立的语言研究框架，以全新的框架来分析语言和交际。这是一种什么样的框架呢？目前的语言学、语用学是以西方语言事实为基础而建立起来的。如果确实存在一种新的框架，那么该框架能否对已有的理论框架进行进一步的扩充呢？

对此，我们首先需要了解以西方语言文化作为基础的语言学和语用学。其中，以话语使用者个人为主体，是我们首先需要把握的前提。作为话语使用者的主体，以行为者的身份向受话者传达自己的意思和意图，该过程即为话语使用。语言学家将这一过程中的发话内容作为研究对象。相对地，本文所论述的“场”语言学和“场”语用学不以话语使用的个人作为主体，而是以“场”作为基本出发点，将个人视为“场”的一部分。简言之，以“场”为基础从而展开的语言交际研究即为“场”的语言学和语用学研究。

本章首先将对“场”语言学和“场”语用学的概要进行介绍；其次将通过“场”理论探讨语言和文化之间的关系，并对英语视角下的日语难题进行分析和说明；最后阐明以“场”理论为基础的语言学研究的意义所在。

2.2 “场”语言学和“场”语用学

“场”语言学和“场”语用学中的关键概念在于“场”，那“场”究竟是什么呢？“场”是个人有意识或无意识地创造出来的空间，这个空间不断重复着生成与消亡。话语使用者作为“场”中的一部分，可以从“场”的内部有意识或无意识地感受着“场”，并以此为基础构建语言表述并进行发话。在现有的语言学和语用学理论中，话语首先被认为是发话者的想法和意图，其次再根据话语的使用场合和语境进行理解。与此相对，“场”

语言学和"场"语用学认为，先有"场"的存在，而话语从"场"中涌现，再由发话者进行表述。本章所论述的"场"语言交际研究与现有的语言学和语用学研究相比，在前提上至少存在以下四个方面的差异[2]。

第一，对自我的定义和结构的理解方式不同。在以往的语言交际研究中，自我毫无疑问就是话语使用者。但在"场"语言学和"场"语用学的视野下，需要对此观点持怀疑态度，"场"语言学和"场"语用学认为自我具有"局部存在的自我"以及"普遍存在的自我"这一双重结构。换言之，自我通过"以自己为中心的自我"即"局部领域"和"场所的自我"即"普遍领域"而存在。"以自己为中心的自我"是大脑新皮层中的认知区域，除此以外，"场"语言学和"场"语用学的视野中还存在着"场所的自我"，为大脑边缘系统（古皮层）的工作区域。"场所的自我"位于"以自己为中心的自我"周边的潜意识领域中。该领域主要处理感性、感受和情动等。

第二，在以"场"为基础的语言交际研究中，话语使用者的视角为内在视角。在现有的语言学和语用学体系下，话语使用者通常要从客观的角度来把握语言事象。相对地，在"场" 语言学和"场"语用学的视野中，话语使用者与"场"中的受话者等会话参与者、"场"内状况等诸要素相同，为"场"中要素之一，通过"场"的内部视角来把握语言事象。先有"场"的存在，"场"内各要素相互依存并从"场"的内部不断涌现形成话语。换言之，即"话语使用者作为'场'的一部分进行着发话行为"[3]。

第三，现有的语言学和语用学以固定的视角静态地观察语言事象，而"场"语言学和"场"语用学则将发话的内容视为一种每时每刻都在变化的动态对象。因此，置身于"场"内的会话参与者进行发话行为，其结果就是"场"根据发话内容随即发生变化，从而使参与者处于不同于之前的新的"场"中。于是，在每时每刻都发生变化的"场"中，听到发话内容的会话参与者们会在变化后的新的"场"中重新将自己定位。由于在发生了变化的"场"中，会话参与者们将刹那间涌现的话语表达出来，所以其话语内容绝非是有计划的、按照剧本进行的一系列话语连锁，而是一种动态的、类似于即兴表演的现象，因此被称为"即兴表演模型"。在这种瞬息万变的"场"中开展对话的行为正是我们日常生活中进行会话的真实写照。因此，"即兴表演模型"可谓是一种如实反映了语言交际的全貌并对其展开观察和分析的模型。

第四，“场”语言学和“场”语用学认为，会话不是发话者向受话者传达自己想法和意图的单向模式，而是会话参与者之间“相互引导达成一致”的双向模式。

生物物理学家清水博为了解释原有科学方法无法阐明的现象，遂提出了“场”理论（Shimizu，1995；清水博，1996、2000、2003、2004）。“场”语言学和“场”语用学是一种以“场”理论为前提而进行语言交际研究的理论框架[4]。

2.3 Hanks 的“场”语言理论——“初级场”的界定

以“场”理论为基础的“场”语言学和“场”语用学中有一个独特的观点，即除了我们平时所认知的自我，也就是“以自己为中心的自我”，在下意识中还存在着“场所的自我”。换言之，我们对自我的认知通常都是“以自己为中心的自我”，是一种“局部存在的自我”；而“场”语言学和“场”语用学还关注另一个自我，我们在日常生活中难以察觉到它的存在，而是在下意识里普遍存在的“场所的自我”。自己与他人的“场所的自我”相互联系、相互融合，从而形成了“场”。

语言人类学家 Hanks William 在此基础上构建了语言实践 / 语言运用的“场”理论框架（Hanks，2016、2017）。Hanks 通过田野调查收集了尤卡坦玛雅语的语料，在对其进行分析时，他发现以西方现有的理论框架如现象学等无法对该语言中存在的一些现象进行合理解释。因此，他多年来一直致力于寻找西方思想以外的解决途径（Hanks，2000）。在这一背景下，Hanks 接触到了清水博和井筒俊彦的理论与思想并以此为基础构建出了语言实践 / 语言运用的“场”理论框架。该理论框架由以下三个层面构成：首先，第一级“场”作为原始的“场”而存在，在该“场”中所有的事物相互依存，并处于变化无常、并未分离的状态，因此也被称为“初级场”[5]；其次，“次级场”是我们日常发话行为的实际的“场”；最后，“第三级场”是用于学术研究的元语言层面上的“场”。

以 Hanks 的“场”理论为基础所形成的语言实践 / 语言运用理论与现有的语言学和语用学理论相比，不仅以语言为研究对象，还将发话之前的状态也纳入研究范围，因此需要设定一个元语言层面上的“场”，即“初级场”。虽然我们在日常生活中往往难以意识到“初级场”的存在，但是，当我们默不作声进行自省时，一些模糊的思绪或所想所感就会产生并被我们所感知。例如，与某人共度美好时光的回忆、像天空中的云朵一样不断改变形态时而浮现时而消失的思绪、一些感知到的“事态”等。这些处于“初级场”中的所想所感由自我与他者未分的状态逐渐脱离开来，在个人身上以语言的形式被分节化从而形成发话内容[6]。或者当两人都沉默不语时，其中一人突然发话，此时另一个人会说：“其实我刚才正想说同样的话！”这种情况也偶有发生。这表明两人处于“初级场”中主客未分的状态中，共享着“场”，但在某个瞬间，其中一人从“初级场”转入“次级场”并将话语表述出来。对于会话是会话参与者之间想法、意志的交换这一现象，“初级场”进行了很好的诠释，而通过以往的语言学和语用学观点是无法对此做出合理说明的。

对于在“初级场”里不断重复着产生与消失，并成为浑然一体的事物，话语使用者将其中之意以语言的形式进行分节并表述出来，这便是“次级场”。“次级场”就是我们日常在社会中进行沟通时的会话与交谈空间。在以往的语言学和语用学研究中，都是将“次级场”中的语言现象作为研究对象。

Hanks 提出的关于语言实践 / 语言运用方面的“场”理论，其创新之处就在于对“初级场”的界定。“初级场”作为初始的“场”无法通过肉眼被观测到，因此在迄今为止的语言研究中并未进入人们的视野中。对此，本章将展开深入探讨。

2.4 从言前到言后——从深层意识到表层意识的语言表达

首先我们要解开“初级场”的源头。Hanks 对“初级场”的构想主要是受到了清水博和井筒俊彦的影响。清水博（Shimizu，1995）首先提出存在着“场所的自我”，并在此基础之上，井筒俊彦（Izutsu，1982；1991）详细论述了相当于深层意识的、在下意识中存在的“场所的自我”。若要理解“初级场”，则无法回避井筒俊彦的相关论述。

井筒俊彦涉猎了 30 多种语言，除了西方哲学之外，他还精通伊斯兰

思想、印度思想、佛教思想、儒家思想、老庄思想等。井筒军俊彦通过阅读记载了这些思想的古典文献从而获得了大量启发，并以此为基础，将“东方思想”融入自我意识中，构筑起了“东方哲学”的阵地。在这一背景下，井筒俊彦尝试着寻找符合世界语境的崭新而庞大的哲学理论（井筒俊彦，1991、2019a、2019b）[7]。

本节将会一边梳理井筒的理念，一边探讨西方哲学和东方哲学的不同之处。西方哲学以表层意识为主要关注对象，而东方哲学则更关注深层意识。在西方世界中，只有弗洛伊德、荣格等少数心理学家对深层意识进行过思考，除此以外，几乎所有西方哲学思维都停留在了表层意识层面。而东方人则更加关注深层意识。西方哲学将认识主体的意识视为拥有单层结构的表层意识，而东方哲学则向更深层次延伸，认为主体意识具有多层结构（图 2-1）。井筒俊彦也经常援引图 2-1 中的意识结构来阐述自身的哲学观点。

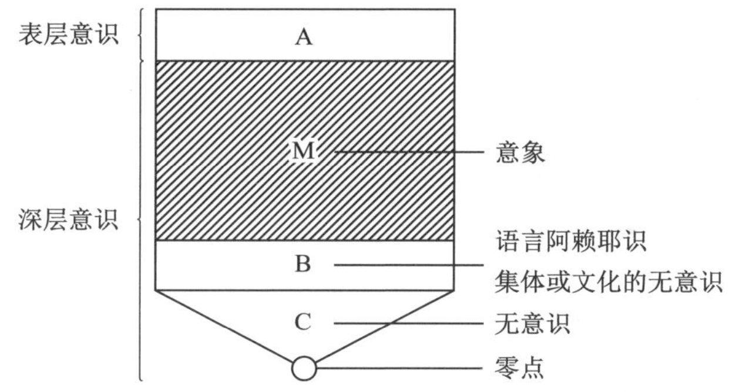

图 2-1　意识结构模型（井筒俊彦，1991。有改动）

图 2-1 中的 A 区域为表层意识，A 区域以下均为深层意识。深层意识区域的最下方为零点（zero point），其上方的 C 区域为纯粹的无意识区域，但随着接近 B 区域，会逐渐表现出意识化倾向。B 区域是井筒俊彦所言的语言阿赖耶识区域，也是荣格提出的集体或文化无意识区域[8]。

B 与 A 之间的 M 区域代表意象。我们对日常生活中的任何事物都抱有意象。例如，日语的俳句和短歌可以通过有限的语言来表达意象，从而使人们回味诗歌中的含义。即使表层意识区域中的语言内容有限，但在深层意识的浅层中产生的意象会出现在人们心中，以诗歌等形式被吟诵、鉴赏。通过界定表层与深层意识结构，我们才能理解吟诵和鉴赏的机制。

对于深层意识中的语言研究而言，位于B区域的语言阿赖耶识为井筒俊彦独创的概念，十分值得关注。阿赖耶识是大乘佛教“唯识[9]”概念中八识中的最后一识，是个人存在的根本，通常情况下是不会被意识到的。井筒俊彦针对语言而提出了语言阿赖耶识概念，认为它作为一种无意识区域，存在于深层意识之中。“种子”作为语言阿赖耶识存在的意义源泉，在条件达成后，会被分节为语言，以显意识形式在表层意识中发展成为话语[10]。

另外，B区域也是荣格所说的集体或文化的无意识区域。在该区域中，母语者在集体或文化的无意识中形成了文化形态。语言阿赖耶识源泉的种子会在某些契机之下具有意义并开始向话语进行转变，此时，它会经过同样处于B区域的集体、文化的“筛网”过滤，最终上升到表层意识中作为话语被表述出来。所谓“筛网”，是指由语言使用者的集体、文化所构成的网格。换言之，语言阿赖耶识中存在着无常且处于未分离状态下的“意义可能体”，在经过B区域的集体、文化“筛网”过滤后，上升至表层意识区域，被分节成语言，然后通过发话者被表达出来。这里值得强调的是，语言阿赖耶识中“意义可能体”在成为话语的过程之中，语言使用者的集体、文化的“筛网”起到了过滤作用。

我们通过观察一个具体的例子来帮助我们更好地理解上述内容。例如，在一篇关于日语和韩语口语礼貌分级的早期论文中曾指出，“只要英语中存在复数，那么日语和韩语就应具有口语礼貌分级”（We shall probably have speech levels in Japanese and Korean as long as we have plurals in English.）（Martin et al.，1964）。这句话是该论文的结语，其含义是每种语言在语法上都体现了该语言使用者的文化差异。当口语礼貌分级（此处分级是指是否为郑重语）被某种语言规定语法，相应地，名词的单复数形式同样也可以作为另一种语言的语法规则。该论述对揭示语言与文化的关系具有重要意义。然而Martin的这一理念却一直被人忽视，这是因为在迄今为止的语言研究中，尚未出现一种理论可以用来论证语言和孕育出语法的文化之间的关系。

在此，我们不妨来思考一下Martin的观点。英语使用者在理解事物时，并非依靠理性来区分单复数，而是在直觉上通过集体或文化的无意识的直

觉进行区分。英语在表达“本を買ってきた”（买书回来了）的时候，必须在语法上区分“书”是单数形式 a book 还是复数形式（some）books。英语母语者可以通过直觉来区别单复数，是因为它们具备着具体的、文化的、无意识的感觉，这一感觉位于深层意识的 B 区域。在从“初级场”转移至“次级场”时，单复数以语言形式被区分开来。然而这种区分在日语中并不存在[11]。

而日语语法中也存在必须进行区分使用的语法形式。其一便是需要根据讲话时的郑重程度进行区分，其二便是需要区分会话的另一方处于发话者的领域以内还是领域以外[12]。日语使用者所具有的集体或文化的无意识，会直观地将发话时的场合区分为正式的还是非正式的，对方是处于领域以外还是领域以内。于是，在从“初级场”向“次级场”转移时，如果是郑重的场合，在“次级场”中就会以郑重语的形式表现出来，否则就表现为非郑重语形式。同样地，发话者也会直观地区分对方是否属于领域以外。当对方处于发话者的领域以外时，则在“次级场”即表层意识中以郑重语的形式进行体现，否则就表现为非郑重语形式。

深层意识 B 区域中存在着语言阿赖耶识，即“意义可能体”，它到达表层意识中并被语言表达出来的这一过程值得我们思考。发话以前的“场”即“初级场”中存在着浑然一体的事物，语言使用者的深层意识中存在着集体或文化的无意识，前者被后者形成的网格所筛滤，被语言符号所分节，进而从深层意识上升到表层意识并被表达出来。这和 Martin 所列举的日韩语的郑重语区别以及英语的单复数区别有什么联系呢？ Martin 的举例很容易被人误解，认为这些现象仅仅是日韩语与英语在语法上存在的差异而已。井筒俊彦界定了表层意识之下还存在着作为无意识区域的深层意识，深层意识中存在着各种语言的集体、文化的“筛网”，构成“筛网”的网格与各语言特有的语法相关联。据此，每种语言的使用者都直观地具备了文化的“筛网”，每种语言也就体现出了和文化“筛网”相对应的语法形式。这种思维方式就能很好地解释 Martin 的真正用意了。

2.5 何为语言分节化的网格——思维滤网

前文提到，当进行发话行为时，在语言使用者的深层意识中直观地存在着该语言特有的文化“筛网”，意识经历了被语言分节化后达到表层意识中，并被表达出来。那么，语言分节化的网格究竟以何为基准？在“初级场”中，还未成形的“意义可能体”被语言分节化并转入“次级场”时，又是以何种依据来区分单复数、区分郑重语和非郑重语的呢？让我们通过 this 和 that 的用语区别来思考该问题。

“以何为基准来进行分节”，对此我们需要在“思维滤网”下进行分析。

所谓思维滤网，是指在“初级场”中，成为语言之前的事物被语言分节化并成为语言符号时所依据的框架。语言符号分为类符（type）和形符（token）[13]。一方面，任何语言都具有类符层面的语言符号，如指示词 this 和 that 等；另一方面，以何为基准来决定 this 和 that 的所指则由形符层面上的语言符号决定。形符层面上的语言符号根据母语者共同拥有的习惯性知识为判断依据而被选择使用。母语者在使用语言时的形符层面上的判断基准即思维滤网。话语使用者有时会刻意地利用思维滤网，但这其实是一种创造性用法，思维滤网本身体现了一种前提性用法，即原本应该在什么时候做什么事，是一种习惯上的“定式”，根植于母语者的无意识之中[14]。让我们回想一下日本人在习得英语过程中用英语进行书写的场景。日本人在重读自己写过的英语后，往往会发现自己有时漏写了表示单数的 a，或有时漏写了表示复数的 -s。为何会发生这种现象呢？一方面，日本人虽然了解英语单复数方面的语法知识，但却不具备英语母语者在直观上的思维滤网，从而无法适应通过明示的语言形式来区分单复数的语言习惯。另一方面，外国学习者在学习日语时，同样不具备直观的思维滤网来区分郑重语和非郑重语、对方处于我方的内侧还是外侧领域。于是，由于课堂上学习的日语都以郑重语为主，所以学生们大多都惯于使用郑重语，不擅长使用非郑重语。而非郑重语对于拉近人际关系距离是十分重要的，因此外国学习者很难与日本人建立起亲密关系。综上所述，思维滤网是母语者的一种直观感觉，其源泉来自深层意识的 B 区域中集体或文化的无意识。

位于深层意识 B 区域中的事物即“初级场”中的事物处在一种浑然一体的、未分离的无常状态之下。例如，在“初级场”中存在的语言阿赖耶识“きのう / 本 / 買う”（昨日 / 书 / 买）等，这些“意义可能体”在移入“次级场”变为话语时，日语和英语分别呈现为出以下语言形式。a、b 中未标注下划线的部分是一致的。

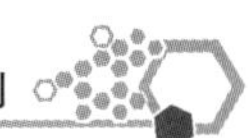

（1）a. きのう 本 買いました。

b. きのう 本 買った。

（2）a. I bought a book yesterday.

b. I bought some books yesterday.

“初级场”中相同的事物在“次级场”中变为话语时，日语会根据场合是否正式而依靠思维滤网加以区分，于是便出现了礼貌体（1a）和普通体（1b）两种形式。而在英语中，相应地也有区分单复数的两种表述方式，即单数形式（2a）和复数形式（2b）两种表达方式。例（1）和例（2）体现出在“初级场”中的语言阿赖耶识在移至表层成为话语时，日语和英语分别根据各自的思维滤网表现出了必要的语法形式，日语产生了郑重与否的区别，英语产生了单复数的区别。同一种“意义可能体”，会根据位于语言深层的、各不相同的集体的文化的无意识而呈现出不同的语言形式。从中我们可以窥见文化对语言形式的约束。下一节将针对文化如何约束语言形式而展开思考。

2.6　思维滤网与文化

Hanks 最初关注“场”理论是为了解开关于指示语（deixis）存在的长期疑问。像“いま”（现在）、“ここ”（这里）、“わたし”（我）等指示语，其具体语义会根据发话者视角的变化而改变。Hanks 在田野调查时，对尤卡坦玛雅人使用指示语时的一些语言现象产生了疑问。

在 Hanks 的母语即英语中，this 和 that 作为最基本的指示语，以发话者所在的场所及时间点为基准来观察现实中的“场”内事物，并根据远近加以区分，基于该思维滤网而相应地产生了 this 和 that 的区别[15]。但是，在尤卡坦玛雅语中，等同于 this 和 that 的指示语在形符层面上的区分标准却与西方语言不一致。具体而言，即“场”中并不存在的事物也可以用相当于 that 的形符来指代[16]。此外，尤卡坦玛雅人在 here 和 there 的使用方法上也有所不同，当使用 there 来指代某一地点时，随即又会使用 here 来表示同一个地点（Hanks， 2017）。在西方语言中，指示语的使用基本以话语使用者固定不动为前提，并客观地把握语言事象。因此，思维滤网也以话语使用者固定不动作为前提而进行区分。然而尤卡坦玛雅人的思维滤网正如“场”语用学中的第三个前提——“即兴表演模型”那样，在发话行为的每一个瞬间，发话者的视角都会灵活变化。于是在使用了 there 后，随着下一个瞬间视角发生改变，又需要使用 here 来指代同一地点。引导尤卡坦玛雅人使用 here 和 there 的思维滤网与英语有所不同，话语使用者并非固定不动，因此也不能凭借远近来选择 here 或 there。尤卡坦玛雅人的视角会灵活变化，相应地，与英语不同的 here 和 there 的用法也就应运而生了[17]。

在西方语言里，使用指示语的基准已经成为常识，而在其他语言中却出现了不同的指示语使用基准。对这一情形，我们应该如何做出合理解释呢？回答这一问题的关键在于以下两点：第一，对自我与他者未分状态下的“初级场”的界定；第二，“场”语用学所关注的第三个角度，即发话者的视角处于时刻变化的即兴表演模式之下。从语言化开始之前的“初级场”移入发生发话行为的现实的“场”即“次级场”时，起到“滤网”作用的思维滤网有所不同，这就导致了尤卡坦玛雅语和英语在指示语使用上的差异。

在指示语的世界中，Hanks 等一众语言学家原本都将西方语言中指示语的使用规范视为普遍原理，而这种以发话者自身所处的场所、时间为基准的思维方式仅适用于西方语言。让语言学家们明白这一道理的便是 Hanks 基于尤卡坦玛雅语的一系列研究。

至此我们可以做进一步推论，思维滤网的差异其实是一种文化差异，反映了人们在使用语言时的思考及行为习惯。换言之，人们的行为需要遵循该社会文化群体的思维滤网。于是，遵循着思维滤网的行为不断重复，在无意识中渐渐地成为人们的一种“定式”（源了圜，1989）。当这些思绪在我们的脑海中愈发清晰时，从语言到文化的脉络也随之浮现出来，从中便可窥见语言与文化的关系。

在指示词的使用方面，与英语相比，日语同样存在着差别。下列谈话内容为一对母子之间的对话。这段对话发生的场景为：在家中，母亲让孩子拿过来一个箱子。

①母：箱、取ってきてちょうだい。（去把箱子拿来。）

②子：どこにあるの？（在哪儿啊？）

③母：あれよ、ママが指さしているとこにあるでしょ。（就是那个啊，妈妈手指着的地方不就有吗。）

④子:（箱を手に持って）あっ、これ？（（手上拿着箱子）啊，这个吗？）

⑤母：えぇ、それ、それよ。（嗯，那个，就是那个。）

这段对话分别出现了“これ”（这个，近称）、“あれ”（那个，远称）以及“それ”（那个，中称）三种指示语。日本人在使用日语时对这种情况已经习以为常了。那么能否把⑤话中的“それ”换成“あれ”或“これ”呢？为什么母亲会用“それ”而不用“あれ”来指代孩子手上的箱子呢？这就需要依靠日语指示语中暗含的思维滤网来进行解答了。

日语中的指示语“それ”用于指代离发话者较远、离受话者较近的事物，以同样的思维滤网进行区分的还有“よ”和“ね”的使用。发话者的发话内容为受话者的已知内容时使用“ね”，未知内容时使用“よ”。从这些日语的例子中可以得知，日语中的指示语和终助词等会通过发话者和受话者之间的位置关系、信息把握情况等在使用上出现区别。换句话说，与日语使用相关的思维滤网，必须以受话者的相关情况及信息为基础，是一种语用制约。在“初级场”中的主客未分状态下，发话者和受话者在相同情况下移至“次级场”时，发话者根据指示物距离受话者较近的这一受话者相关情况为基准，从而使用了“それ”。与日语不同，在英语中不存在一个指示语用来指代离发话者近、离受话者远的事物。日语和英语在指示语的使用方面存在的差异，反映了两种语言母语者在集体文化意识即深层意识方面有所不同。

文化和语言反映出了人们的思考习惯，一直以来都备受关注。但是，如同“これ”“あれ”一样，任何语言都有其指示语的基本语言形符，在使用指示语时，不同语言之间会遵循不同的思维滤网进而产生差异，这才是语言和文化之间的最根本问题。因此，比起“好まれる言いまし”（fashions of speaking）以及提出该观点的语言相对论，思维滤网更能体现出语言与文化的关系。“初级场”体现了语言化发生之前的互相关联、自他未分的状态，通过对“初级场”的界定，我们才能以一个公平的视角看待语言现象。

在美洲原住民霍皮人使用的霍皮语中，当“（彼が）走る”（（他）跑步）这一命题被语言化时，表示“走る”（跑步）的语言形式与英语完全不同（サピア·エドワード，1970）。在英语中，动词的时态表现为现在时、过去时、进行时及将来时（will），动词通过时态和体（aspect）的思维滤网被区分。在霍皮语中，则通过是否属实、是否基于记忆、是否属于期待以及是否有规律这四种思维滤网对动词进行区分。上述事实表明，在英语中，时间维度会影响动词的语法形式；而在霍皮语中，思维滤网并不以时间为基准，影响动词语法形式的思维滤网都是与时间无关的事象，如是否属实、是否基于记忆、是否被期待、是否有规律。尽管如此，在全球化背景下，当今世界仍以西方语言中的时间概念为基准。但是，像霍皮语那样，很多语言都不存在与时间相关的思维滤网。在研究日语的时态、体的文献中，山口明穗（1989、2000、2004）采用了与西方语言不同的思维方式对日本古典文学作品以及现代日语中的一些表达进行了诠释。英语在一条直线上对时间加以区分，而在霍皮语和日语中却并不存在相同的思维滤网。这也表明，通过时间来区分语言表现的思维滤网并不具有普遍性。然而现实却是：人们往往会忽视这些基本语言事实，仍将基于英语时间概念的思维滤网视为普遍性规律，国际社会中的经济、金融和政治活动等体系也在该思维的支配下成立并运作。

Hanks 对于“初级场”的界定为我们提供了一个重要线索。任何语言中都存在语言分节化之前的未分离状态，对“初级场”的界定揭示了从这一状态转变为现实话语的过程。处于“初级场”中浑然一体的、未分离状态下的事物，按照各自语言的思维滤网进而被语言分节化。发话者在进行发话行为时所体现出来的思维滤网，正是在深层意识中支撑着语言的文化。从母语者的视角对语言进行阐释，有助于我们还原社会文化的全貌。“场”语用学中的“初级场”是一种“思想装置”，是语言分节之前的事物存在的“场”。Hanks 将“场”分为“初级场”“次级场”以及“第三级场”，并在结构上加以理论化。“场”理论蕴藏着突破近代科学语言研究瓶颈的巨大潜力（Hanks et al.，2019）。

2.7 “场”理论的应用——对一些日语现象的解析

目前为止，本章已经对“场”语言学、“场”语用学的大致内容进行了介绍。对于本章一开始列举的一些无法通过西方语言视角解决的日语难

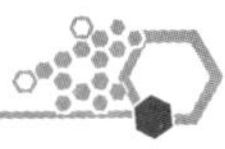

题，本节将通过“场”语言学和“场”语用学的视角进行剖析。

2.7.1 语用层面

英语中第一人称代词为 I，第二人称代词为 you。在任何场合下，发话者都自称为I,并使用you来指代受话者。相对地，日语一般不使用人称代词。

迄今为止的语言研究都只涉及“次级场”中的语言使用，在明确这一点后我们才能对上述问题进行分析。从“场”理论及“场”语用学的视角出发，在发话的“次级场”之前还存在着“初级场”。一方面，在“初级场”中，发话者和受话者相互依存，处于不稳定且自我与他者未分的混沌状态之中。面对着“初级场”中存在的事物时，当发话者开始在心中默念“也许可以说出来”时，会开始感知“场”中的氛围，一旦察觉到可以将话语表达出来后，个人从原本处于自我与他者未分的状态之中开始分离，并进入“次级场”[18]。“初级场”中的参与者相互依存并时刻处于变化的状态之中，时而游离、时而结合、时而相容、时而分散，因此从“初级场”进入“次级场”而进行发话行为时，即便不使用第一人称代词，发话者的身份也明确无误。对于会话的另一方来说，由于发话者已经掌握了“初级场”中参与者的情况，因此，会话的另一方是谁也同样不言而喻，所以没有必要使用第二人称代词（但是在某些场合中，也存在使用第一人称的必要性[19]）。

另一方面，在使用英语进行会话时，在任何情况下面对任何人时，发话者都自称 I，并使用第二人称代词 you 指代对方。而日语如前文所述，即便不使用第一、第二人称代词，会话双方在“场”中的位置依然明确，因此不需要使用语言进行明示。

在“初级场”中相互依存并处于自我与他者未分、不断游离状态下的参与者在移入“次级场”并进行发话行为时，会根据自身的相对位置、扮演角色、场面情况、发话时的心理状态等，从“わたくし”（我）、“ぼく”（我）、“お姉さん”（姐姐）、“ママ”（妈妈）、“先生”（老师）以及“自分”（自己）等多种多样的语言形式中挑选出一个合适的表达。在指代对方时同样需要根据对方所处的相对位置、扮演角色和发话时的心理状态等，从“あなた”（你）、“きみ”（你）、“おにいちゃん”（哥哥）、“あきちゃん”（小秋）等多种语言形式中挑选合适的表达方式[20]。小森由里（2022）也提出了类似观点，即发话者选择性地使用日语称谓词

时，不以发话者自身的意思和意图为选择标准，而是像每一把钥匙都对应一个锁孔一样，使用最为合适的表达形式来应对当时的场景。这也是“场”语言学和“场”语用学的第四个前提，即遵循的“相互引导达成一致”原则使用语言。另外，与固定使用I来指代发话者的英语不同，在日语中，相同的发话者在使用“わたし”（我）指代自己后，可能会立刻换成其他的称谓词继续指代自己，如“僕”（我）、“俺”（我）、“パパ”（爸爸）等。对此，可以通过第三个前提“即兴表演模型”来解释，即每次发话的内容和情景都会发生变化。

我们继续观察其他例子。只有当太郎处于发话者的领域以内时，发话者才可以使用“太郎が病気だ”（太郎生病了）这一表述。否则就只能使用“太郎ちゃんが病気だって”（听说小太郎生病了）或“太郎さんが病気らしい”（太郎先生好像生病了）等表述。这种语用方面的制约又被称作“信息界域理论”（神尾昭雄，1990；Kamio，1997），该理论详细地对日语语用方面存在的特征进行了论述，受到了学界的广泛关注。此外，日语中还存在着其他语用上的制约，如下例所示。只有受话者认识田中时，发话者才能使用“田中さんが……”（田中……）这种表述形式。当受话者不认识田中时，发话者就必须要用“田中さんという人が……”（有一个叫田中的人……）。这种语用上的制约又被称作“谈话管理理论”（田窪行則，1990）。上述语用制约反映出了日语具有“什么样”的特征，然而对于“为何”会出现这些语用制约则没有予以回答，这是因为在以往的理论中还未出现能够回应“为何”的“思考装置”。对此，我们试着用“场”语言学和“场”语用学的观点分析上述语用制约，并寻找其原因。

我们先来回顾一下“初级场”的情况。在“初级场”中，会话参与者相互依存，作为不稳定的混沌状态下的事物而存在。处于“初级场”中的发话者将混沌状态下的事物进行语言分节化，并准备将其中的命题信息以话语形式表现出来。换言之，从“初级场”移入“次级场”时，位于深层意识中的集体或文化的无意识作为思维滤网，对分节化时的语言进行过滤。在使用日语时，发话者会受到日本人的文化行为方式——“领域之内、领域之外”的思维滤网的制约，因此发话者会根据话语命题中的人物属于“领域之内”还是“领域之外”而在语言表述上有所区别，具体表现为：在话语产生之前的“初级场”中，“太郎”与“生病”被会话参与者所共享，

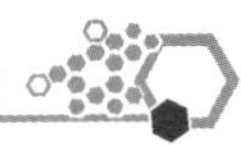

随后发话者便会在“次级场”中将其进行语言化并表达出来。在这一过程中，存在于深层意识中的集体的文化的无意识起到了过滤作用，当语言信息表示为“领域之内”时，所表述出来的言语即为“太郎は病気だ”（太郎生病了）或“太郎は病気です”（太郎生病了）；当语言信息变现为“领域之外”时，话语内容则变为“太郎ちゃんが病気だって”（听说小太郎生病了）或“太郎さんが病気らしい”（太郎先生好像生病了）等形式，即对人物加上敬称（先生）并采取了留有余地的说法（听说、好像）。总而言之，位于深层意识中的日本文化作为一种集体或文化的无意识，在语言使用方面发挥着思维滤网的作用，进而产生了“领域之内、领域之外”的语用制约。

在日语会话中可以观察到信息界域现象，这是因为实际的会话内容需要经过日本文化的辨析框架过滤才能得以形成，这就导致了话语中的“内外”之分。

2.7.2 会话层面

在会话场合中，有时可以观察到对话双方重复对方说过的话，或者同时说出同样的话。这样的情况接连发生时，甚至会让人觉得会话双方心意相通。如果按照 Sacks 等（1974）提出的会话为基准，即每次发话行为由 1 人执行并进行轮换，那么上述语言现象就无法得到合理解释。对于该现象，我们不妨援引“场”语言学和“场”语用学的观点来进行分析。

下面的会话内容出自“ミスター·オー·コーパス[21]”语料库，是一段任务型对话语料。该语料的背景为：将绘制了一系列情节的连环画拆成 15 个部分并制作成 15 张卡片，要求参与者（教师和学生）将其排列为一个完整的故事。

（＿＿＿部分表示话语的重复；＿＿＿表示由双方同时说出的话语。= 表示两段发话内容在衔接时没有任何停顿；[表示多名会话参与者的声音出现重叠。）

①教师：拾って、こうして、ここで向きが変わるんですね

（把这个拿起来，像这样放，故事走向就变了）

②学生：そうなんですよね（还真是这样啊）

③教师：これ、じゃ、このへんに入れますか=（那么，把这个放进这边吧）

④学生： =そうですね。（好的。）

⑤教师：そしたら折れてしまって落ちそうになった（然后就断了，就快要掉下来了。）

⑥学生：落ち[そうになった（快要掉下来了）

⑦教师： [うになった（……掉下来了）

⑧学生：怒って落ちて（生气了，掉下来了）

⑨教师：{笑い}これがどこで [泣いている（这张内容是，在某个地方哭呢）

⑩学生： [泣いて、いきなり、でも、こっちに渡れた

（哭了，不过突然就过来了）

在①到④的对话中，教师和学生都使用了郑重语“ですね”“ですよね”“ますか”以及“ですね”。这是因为对话的双方意识到了彼此之间存在的上下亲疏关系，遵照日本社会的思维滤网，以自身“领域以外”的人际交往指标为基准而使用的郑重语。但是从⑤开始，教师突然放弃使用比较郑重的说法，而采用了普通说法“落ちそうになった”。在面对相同的受话者并处在相同的场景时，为何会出现这种变化呢？如果仅仅依照社会语言学的规范，遵循上下亲疏的人际交往关系，则不会出现上述情形。但是，上述发话内容来源于实际的话语内容，因此不能将其视为错误的语言表现。真正产生错误的其实是社会语言学规范，我们在分析实际生活中的发话内容时需要一种新的“理论工具”[22]。

“场”语言学、“场”语用学的理论框架便是这种新的“理论工具”。从⑤的发话内容开始，教师不再使用郑重语，转为使用了非郑重语。对此，我们可以通过“场”语用学的第一个前提即“自我的双重结构模型”进行解释。在①到④的对话内容中，教师和学生在对自身的身份认定上保持着“以自己为中心的自我”，教师和学生都处于对方的“领域之外”，双方以此为判断的指标进而使用了郑重语的表达方式。但是随着对话的进行，

从⑤开始，教师使用了非郑重语的表达方式“そしたら折れてしまって落ちそうになった”。此时，作为发话者的教师由于将精力集中在完善故事的内容上，因此在无意识中逐渐忽略了自身和受话者间的人际关系，从而沉浸在“场所的自我”中，并与受话者一方的“场所的自我”相联系。在“场所的自我”中，发话者与受话者之间不存在分界线，二者处于自我与他者不分的状态。于是，“以自己为中心的自我”逐渐处于下风，“场所的自我”逐渐显著化。对于这一现象，可以继续援引 Hanks 的“场”理论进行深入分析。

在教师和学生共同完成任务的过程中，双方的发话行为处于“次级场”中。会话开始时的内容反映出了双方都处于各自的“以自己为中心的自我”状态下进行发话。但是从⑤开始，教师使用了“そしたら折れてしまって落ちそうになった”表达方式，不再使用郑重语，这意味着双方从相对独立的关系转变为自他不分的“场所的自我”关系。换言之，这是一种从“次级场”移至“初级场”内的情形。进入“初级场”后的两人从⑥开始，出现了重复对方话语或与对方同时发话的行为。

学生在⑥的话语内容中重复教师的话语后半部分“落ちそうになった”。在⑦中，教师和学生同时说出了相同内容“うになった”。为何会出现两人同时说出同样话语的情形呢？而且在⑨和⑩中，也出现了两人同时说出相同话语“泣いて”的现象。初次相见的两人能够同时说出同样的话语，这种情况着实令人感到不可思议。对此又该如何解释呢？

针对上述种种现象，我们不妨从“初级场”的观点出发进行思考。参与会话的两人同时说出同样的话语，体现出两人在“场所的自我”中已经无法区分发话者和受话者，即无法区分自我与他者。Hanks 等（2019）将这种状态视为“初级场”中相互依存并处于自我与他者未分的一种无常状态。以柳生耕一平厳信新阴流刀法为例，武士为了战胜对手，必须达到忘我的状态，使自己无法和对手区分自我与他者，也就是将自身置于“初级场”中。柳生耕一平厳信新阴流的精髓就在于超越自我与他者的区别、使自我与他者融为一体（柳生耕一平厳信，2011）。

让我们回到之前的语料分析中。教师从⑤开始切换了语言的礼貌形式，开始使用非郑重语，这表明发话者舍弃了教师这一角色意识，“场所的自我”逐渐被凸显。受到此影响，学生也不再使用郑重语，开始向“场所的自我”

转变。而“场所的自我”又是一种自他不分的区域，其中不存在教师与学生这种身份意识。在 Hanks 的“场”理论观点下，处于“初级场”中的教师与学生在深层意识中难以分离。此时的两人从区分自我与他者的表层意识转移到深层意识中，并呈现出一种相互依存、自他不分的无常状态。因此两人得以从各种杂念中解放出来，并将注意力集中在完成故事拼接的任务中。就像柳生耕一平厳信新阴流的武士那样，通过和对方融为一体，并专注于眼前的任务和工作，以此推动整体的发展。融为一体的双方虽然作为独立的个体而存在，但是在无意识的层面中，即在“初级场”这一深层意识中，双方会以自我与他者不分的状态而存在。在上述语料中，以教师不再使用郑重语为信号，双方共同从“次级场”进入“初级场”，并在深层意识中呈现出自我与他者不分的状态。先是通过重复对方的话语，与对方在呼吸上共鸣、在行为上同步，进而开始不谋而合地同时说出同样的话语[23]。综上所述，由于界定了“初级场”这一概念，重复对方的话语或者同时说出同样话语的现象就能得到合理解释。

2.8 结语——“场”理论的必要性

在全球化背景下，英语已经成为一种世界通用语言。以英语的标准来观察日语，会发现日语中存在很多难以解释的语言现象。为了解决这一问题，本章援引“场”语言学、“场”语用学的观点，特别是清水博的“场”理论、Hanks 的“初级场”概念以及井筒俊彦对意识结构的分析。

针对日语中难以解释的语言现象，本章中的分析并未止步于逻辑解释层面，这也是本章的价值所在。虽然近代文明中存在的糟粕是引起现代社会诸多问题的罪魁祸首，然而包括语言学家在内的所有人文社会科学领域的学者应该追求一种超越了近代文明弊害的思想武器，以期引领人类创造全新的和谐文明。语言本身作为文化和社会要素，反映了人们的行为及思考习惯。正如井筒俊彦所言，“每种语言都拥有各自特殊的系统，并积极地参与构建其存在的世界”（井筒俊彦，2019）。另外，井筒俊彦还指出“所有的文化都建立在各自独立的‘框架’基础之上，是具有稳定内部结构的封闭组织体”（井筒俊彦，2019）。然而井筒俊彦的理念并未得到重视，当今世界的语言研究仍以西方确立的一般化、普遍化为基准。此外，语言

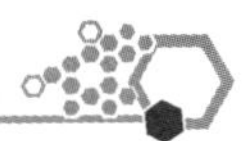

和文化的关系这一重大问题也被忽视，人们将语言视为一种交流工具，针对语言问题的研究也往往停留在语言和认知的关联性上。这些都表明以往的研究只关心“次级场”中的语言现象。对此，斎藤慶典（2019）提出的以下观点值得我们反思：“西方世界长久地将思考局限在具体的、光鲜的表层事物中。然而在表层以下起到支撑作用的是深层事物，探索思考深层事物则是东方世界的古老传统。如今，打破表层和深层的障壁，进行强有力的东西方思想交流对话已经时机成熟”（斎藤慶典，2019）。迄今为止，我们将西方世界的研究范式奉为圭臬，在西方语言框架内研究着日语，这种定式思维也同样值得反思。井筒俊彦曾言：“日语本身就具有独特的性格和秩序，我们（日本人）通过日语特有的语义分节标准思考、感受事与物，并生活在由日语的语义意象所构成的‘现实’之中。因此我们是绝无可能被完全西化的……现代日本人正以意识的表层和深层为核心，将西方世界与东方世界以细腻的形式融合到一起。”（井筒俊彦，1991）上述内容中言及的意识表层代表着西方世界，意识深层代表着东方世界。在充分理解了上述内容后，不难发现，所谓“难以解释的日语现象”实际上是以西方语言理论为出发点对日语现象进行的“审判”，西方世界以表层意识为基础进而构建出来的“一般性、普遍性”语言理论框架自然无法涵盖东方语言事实。从中我们也能意识到迄今为止所谓的“一般性、普遍性”语言研究其视野具有局限性。

《場の語用論：西欧モデルを補完するパラダイム》（井出祥子，2020）对西方的范式做出了修正及补充。本文继续沿用“场”语用学的观点，基于“场”的概念对语言交际展开讨论，从中我们窥见到了不同的文化是如何被语言化的。同时本章还关注西方长久以来所忽略的一个重要事实，即深层意识或无意识领域的存在。位于人们深层意识中的语言阿赖耶识作为“意义可能体”受到一些刺激后会不断涌现，最终成为语言记号在表层意识中被表达出来。在这一过程中，还需要受到同样位于深层意识中的思维滤网的过滤，进而被分节化。母语者在直观上所具有的集体或文化的思维滤网，体现了语言与文化的关系。文化不同导致思维滤网产生差异性，因此英语中存在名词的单复数区别，而日语中则存在郑重语、非郑重语的区别。本章对这些区别所带来的制约进行了举例说明。通过引入“初级场”以及深层意识结构等概念，本章在“场”理论的观点下对那些所谓的“难

以解释的日语现象”首次做出了合理阐释。

此外，引入“场”理论的语言研究方式将在以下方面对我们的整个社会带来裨益。地球物理学家松井孝典曾在20多年前发出警告：“一般而言世界是唯一的，全球化作为近代的一种普遍价值观，旨在实现完全的公平化，但这实际上是强大文明对弱势文明的淘汰。从宇宙的时空维度来看，这也意味着老化和衰退的开始。世界是一个动态的系统结构，它还蕴藏着分歧与差异，这点我们切不可忘记。”（松井孝典，1994）然而也许是我们忽视了松井孝典先生的警告，如今的世界形势离真正的安稳平和还很遥远。树立问题意识，思考现代社会的不足之处与问题所在是我们全体人类的重要议题。

世界上还存在着无数的应尽而未尽之事，但在此仅就语言研究者而言，应该尝试用不同于以往的思考方式来观察语言。日本文化可谓是“场”的文化。如今，基于科学和理性的西方范式成为国际化社会的标准，对此，我们需要传播不同的思维方式，尽管这并非易事。从地球物理学家松井孝典的警示来看，传播“场”的思想具有重要意义。

本章所言及的语言现象虽然是以日语为主，但世界上存在着多种多样的语言，尤其对于那些西方世界以外的语言来说，通过“场”的思维方式能够使诸多语言现象得到更好地诠释[24]。另外，“场”语言学和“场”语用学不仅明确了语言和文化之间的联系，还对深层意识中的意象进行了界定，从而为俳句、诗歌以及其他文学作品的理解鉴赏提供了突破口，在语言研究和文学研究之间搭建桥梁。

“场”理论视角下的语言交际研究才刚刚开始。

注释

1 当下的语言学和语用学理论是以西方语言文化为背景构建起来的，在学界中作为普遍性原理而被广泛认可。然而日语在语言文化上和西方语言存在较大差异，因此很多日语现象无法通过西方普遍性理论进行解释，因此这些现象就在学界中成为“无法解释的日语现象”。本文将这些西方语言视角下所谓的“无法解释的日语现象”作为研究对象，通过“场”语言学、“场”语用学的新视角进行分析。

2　对于“场”语言学、“场”语用学的 3 个前提，详见井出里咲子（2020）。

3　详见 Ueno（2017）。

4　关于援引了“场”理论的语用学理论详见井出祥子、藤井洋子（2020）。

5　在“初级场”中，事物相互依存、变化无常并处于自他未分的状态。“初级场”是一种原始的“场”，它与佛教中“无”的概念相通，也是神道教中的人与自然紧密相连的“场”。“初级场”表示的是一种自我与他者被区分之前的状态，换言之，“初级场”是一种哲学的、理论上的“场”，其中的事物互相融合，未被分化（Hanks，2017；Hanks et al.，2019）。

6　此处所讨论的语言交际虽然只针对了语言，而实际上存在于“初级场”中的事物还包括由颜色勾勒出的画作、由声音组成的乐曲以及通过肢体动作表达出来的舞蹈等多种形式。

7　井筒俊彦的著作《意识和本质》（井筒俊彦，1991）的副标题为“探寻精神层面上的东方”，另一本著作《意义的深处》（井筒俊彦，2019a）的副标题为“东方哲学的水准”。由此可以推测出井筒俊彦对“东方”一词所划定的范围。实际上，井筒俊彦在充分研究了西方思想的基础之上，还钻研了包含伊斯兰神秘主义、佛教唯识论、空海密教、老庄思想、印度哲学在内的“东方思想”。

8　井筒俊彦（1991）对意识结构模型做了如下说明：“在这种新的结构模型中，A 表示表层意识，A 以下部分全部代表深层意识。深层意识又被分为 B、C 和 M 三个区域。其中，位于最深层中的一点为意识的‘零点’（zero point），与其相连的区域为无意识区域 C。C 区域整体虽然是无意识区域，但随着靠近 B 区域，会逐渐表现出意识化的迹象……在结构上，位于 C 区域之上的是语言阿赖耶识区域 B，在此借用唯识哲学的观点，我将其类比为‘种子’储藏潜能的隐秘场所。这大体上相当于荣格所言的集体无意识或文化无意识区域，是‘初始型’形成的场所。而 B 和 A 之间的 M 区域是‘想象上的’意象场所。”

9　所谓唯识，是指个人以及对个人而言的所有存在都在八识的基础之上成立。唯识是大乘佛教的思想，这里的八识包括 5 种感觉（眼识、耳识、鼻识、舌识和身识）、意识、2 种无意识（末那识和阿赖耶识）。

10　井筒俊彦（2019a）对语言阿赖耶识做了如下说明：“语言阿赖耶识显

然是一种‘内部语言’或‘深层语言’。大多数‘意义可能体’在成为词典上记载的固定语义之前，会游离于下意识的区域之内。‘意义可能体’宛如在苍茫的黑夜中忽明忽暗的无数灯火一样，时而出现时而消失。这些‘意义可能体’相互结合与融合，又不断分解，其形状会在瞬间发生变化，呈现出一种动态的意义整体。在深层意识中游离的意义整体支撑着日常意识的表层即‘外部语言’的意义结构。在我们所经历的‘现实’深处，‘意义可能体’的这种游离、动态机制不断发挥作用。”

11 此处的论述同样适用于韩语。由于本文只讨论日语语言现象，因此不对韩语语言现象进行分析。期待日后韩语语言学家们能够对此做进一步扩展。

12 在此需要提前说明的是，日语的发话场景是否正式、对话的另一方是否属于发话者的领域内人物，其判断标准并非像英语单复数那样有着明确区别。

13 关于语言的类符和形符详见 Silverstein（1976）。

14 “定式”有个人行为的一面，也有集体行为的一面。不论哪种“定式”，都与“个人无意识”以及“集体无意识”密切相关。当某些行为方式被有意识地不断重复时，无意识便会参与进来，从而变成一种无意识活动（源了圆，1989）。

15 “this 和 that”以及“これ和それ”有多种用法，这里只考虑它们的基本语义。关于指示语的分析详见新村朋美（2022）。

16 对此，井出祥子（2020）做了更为详细的论述。

17 类似的现象还体现在了西方和日本的绘画视角中。西方风景画倾向于以画家定点观测的视角，在平面中绘出物理上的远近；相对地，像日本的源氏物语绘卷等作品所体现出来的视角并非是固定的，而是二维的（高階秀爾，2015）。

18 杉戸清樹（1999）通过对日常语言活动的密切观察，针对日本人的待人处世方式提出了适用于日语母语者意识的合理模型。杉戸清樹的这一主张实际上是把从“初级场”转入“次级场”时的各种要素进行了结构化。

19 详见 Ozawa（2017）。

20　小森由里（2022）对发生在家庭内部的自然会话内容进行了分析。其结果表明，同一发话者对同一受话者进行称呼时，会根据当时的心理、会话场景而选取不同的称谓语。对此，小森通过“场”理论解释了其原因。

21　“ミスター·オー·コーパス”语料库收录了可以进行跨文化比较的对话录像，其中包含了任务型对话（課題達成談話）内容、讲述型（語り）内容和会话内容。该语料库为平成 2015—2017 年度科学研究费基盘研究（B）No.15320054（负责人：井出祥子）的部分研究成果。

22　对于同一发话者在同一场景下出现了郑重语向非郑重语切换的现象，其主要原因之一是发话者想要转变话题进而采取的一种语言策略（生田少子、井出祥子，1983）。

23　井出里咲子（2020）通过“场”理论解释了谈话中的“共鸣”现象。

24　Saft（サフト，2020）实践了“场”理论在夏威夷语和夏威夷文化中的应用。Saft 的研究表明了“场”理论对于解释夏威夷语言文化现象的合理性。

参考文献

［1］　HANKS W F. Intertexts：Writings on Language，Utterance and Context[M]. Lanham，Boulder，New York：Roman & Littlefield Publishers，Inc，2000.

［2］　HANKS W F. Basho：A Theory of Communicative Interaction[C]. The 4th International Conference on Linguistics of Ba，2016.

［3］　HANKS W F. Utterance Context through the Lens of Basho[C]. Fyssen Foundation Colloquium，2017.

［4］　HANK W F，IDE S，KATAGIRI Y，et al. Communicative Interaction in terms of Ba theory：Towards an innovative approach to language practice[J]. Journal of Pragmatics，2019，145（c）：63–71.

［5］　井出里咲子 . 語りにおける声の共鳴：<場所的領域>にみるあいづち、薄い笑いと引き込み現象—[A]// 井出祥子，藤井洋子 . 場とことばの諸相 . 東京：ひつじ書房，2020：105–130.

[6] 井出祥子 . 場の語用論：西欧モデルを補完するパラダイム [A]// 井出祥子，藤井洋子编 . 場とことばの諸相 . 東京：ひつじ書房，2020：1–36.

[7] 井出祥子，藤井洋子 . 場とことばの諸相 [M]. 東京：ひつじ書房，2020.

[8] 生田少子，井出祥子 . 社会言語学における談話研究 [J]. 言語，1983（12–12）：77–84.

[9] IZUTSU T. Toward a Philosophy of Zen Buddhism[M]. Boulder：Prajna Press，1982.

[10] 井筒俊彦 . 意味と本質：精神的東洋を索めて [M]. 東京：岩波書店，1991.

[11] 井筒俊彦 . 意味の深みへ：東洋哲学の水位 [M]. 東京：岩波書店，2019a.

[12] 井筒俊彦，澤井義次，金子麻央，等 . 東洋哲学の構造—エラノス会議講演集（井筒俊彦英文著作翻訳コレクション）[M]. 西村玲，译 . 東京：慶応大学出版会，2019b.

[13] 神尾昭雄 . 情報のなわ張り理論 [M]. 東京：大修館書店，1990.

[14] KAMIO A. Territory of Information[M]. Amsterdam, Philadelphia: John Benjamins Publishing Company，1997.

[15] 小森由里 . 対称詞のシフトは何故起こるのか：場の理論からの解釈—[A]// 岡智之 . 場と言語·コミュニケーション . 東京：ひつじ書房，2022：169–190.

[16] MARTIN，SAMUEL E. Speech Levels in Japan and Korea[A]// Dell Hymes（ed.）Language in Culture and Society：A reader in Linguistics and Anthropology，New York，Evanston，and London：Harper & Row，Publishers，1964：407–415.

[17] 松井孝典 . 今何がとわれているのか：宇宙の歴史に学ぶ [N]. 朝日新聞，1994–3–20.

[18] 源了園 . 情報のなわ張り理論 [M]. 東京：創文社，1989.

[19] 新村朋美 . 直示表現に見る「日本語の場」と「英語の場」の違い [A]// 岡智之等 . 場と言語·コミュニケーション . 東京：ひつじ書房，

2022：123–146.

［20］ OZAWA M. An Analysis of the Use of the First-Person Pronoun in Japanese and English Interaction[J]. JELS，2017（34）：278–284.

［21］ JEFFERSON G，KORBUT A，SACKS H，et al. A Simplest Systematics for the Organization of Turn-Taking for Conversation[J]. Language，1974，50（4）：696–735.

［22］ サフト·スコット .『場』の理論のハワイ語、ハワイ文化への応用：一次的な場、二次的な場およびそれらの普遍性の示唆 [A]// 井出祥子，藤井洋子 . 場とことばの諸相 . 東京：ひつじ書房，2020：263–282.

［23］ 斎藤慶典 . 解説 [A]// 井筒俊彦 . 意味の深みへ：東洋哲学の水位 . 東京：岩波書店，2019：361–938.

［24］ サピア·エドワード，ウォーフ·ベンジャミン . 文化人類学と語学 [M]. 池上嘉彦，译 . 東京：弘文堂，1970.

［25］ SHIMIZU H.‘Ba-Principle’：New Logic for the real-time emergence of information[J]. Holonics，1995（5/1）：67–79.

［26］ 清水博 . 生命知としての場の理論：柳生新陰流に見る共創の理 [M]. 東京：中央公論社，1996.

［27］ 清水博 . 共創と場所：創造的共同体論 [A]// 清水博 . 場と共創 . 東京：NTT 出版，2020：23–177.

［28］ 清水博 . 場の思想 [M]. 東京：東京大学出版会，2003.

［29］ 清水博 . 自己に関する科学的研究 [M]. 東京：NPO 法人場の研究所，2004.

［30］ SILVERSTEIN M. Shifters，Linguistic Categories，and Cultural Description[J] Meaning in Anthropology，1976：11–55.

［31］ 杉戸清樹 . 待遇表現行動の枠組み [R]. 国立国語研究所国際シンポジウム発表資料，1999.

［32］ 高階秀爾 . 日本人にとって美しさとは何か [M]. 東京：筑摩書房，2015.

［33］ 田窪行則 . 談話管理の理論：対話における聞き手の知識領域の役割 [J]. 月刊言語，1990（19–4）：52–58.

［34］ UENO K. Speaking as Parts of a Whole: Discourse Interpretation from Ba-based Thinking（Unpublished dissertation）[D]. Tokyo：Japan Women's University，2017.

［35］ 柳生耕一平厳信 . 負けない奥義：柳生新陰流宗家が教える最強の心身術 [M]. 東京：ソフトバンク新書，2011.

［36］ 山口明穂 . 国語の論理：古代語から近代語へ [M]. 東京：東京大学出版会，1989.

［37］ 山口明穂 . 日本語を考える：移り変わる言葉の機構 [M]. 東京：東京大学出版会，2000.

［38］ 山口明穂 . 日本語の論理：言葉に現れる思想 [M]. 東京：大修館書店，2004.

第3章 从认知语言学到“场”语言学
——全新语言学研究范式的展开

冈智之

3.1 引言

语言学理论发展经历了多次重大变迁。20世纪30年代产生了结构语言学（在此之前的主流理论框架为比较语言学），20世纪50年代出现了生成语法理论，20世纪80年代认知语言学开始盛行。认知语言学对先前的语言学研究范式进行了批判，确立了新式语言学发展方向。认知语言学的创立[1]距今已有30余载，笔者自20世纪90年代以来，就在认知语言学的理论下对日语语法、日语教育和对比语言学等开展了一系列应用研究，并在此过程中逐渐意识到认知语言学对语言现象的解释存在着一些不合理之处。

包括认知语言学在内的西方主流语言学理论都未能挣脱近代西方范式的枷锁。例如，以必须明示主语的语言为基准观察日语这种不需要明示主语的语言时，对一些语言现象的解释就会十分牵强[2]。冬天，日本人来到户外时往往会说“さむっ！”（冷！），在该表达中，虽然存在发话者（认知主体），但该发话者并非焦点化主语，因此不需要被明示。即便是如此日常的日语表述，在西方语言学视角下仍被认为是一种主语省略现象，这仅仅是语言学家拘泥于“主语＝主体”这一西方范式的冰山一角。

本章将对包括认知语言学在内的诸多主流语言学理论进行梳理，对西方近代语言学范式加以批判分析，并全面阐述“场”语言学范式，对认知语言学进行继承和发展，在此基础之上确立“场”语言学的研究立场。

3.2 传统语言学范式与“场”语言学范式

包括认知语言学在内的传统语言学范式都以“主客分离”“个体与因果关系”等西方近代科学和哲学思想为基础。与此相对，“场”语言学范式则建立在“主客不分”与“‘场’中的相互作用”基础之上。

首先，“主客分离”源自笛卡儿的“Cogito ergo sum”（我思故我在）哲学思想。换言之，“主客分离”以主体“我”为绝对立场，作为客体的对象处于被认识的立场，主客观完全分离。这种主客分离还体现为自我与他者的分离。另外，“个体与因果关系”范式则是以牛顿力学为开端的近代科学前提之一。在认知语言学领域中，同样也主张球状物体不断传递能量的“billiard-ball model”（台球模型）等近似观点。其中，将一部分能量从整个传递的链条中切分出来就形成了“action chain”（行为链）。基于此认知模型，“一个物体接触其他物体而使其运动并产生位置变化”的及物性（他动性）关系就被视为一种典型表现。

相对地，“场”语言学提倡“主客不分”，即主体与客体、主观与客观、自我与他者等本来就处在不分离的状态中。而“‘场’中的相互作用”则是基于现代科学提出的“量子场论”，而非牛顿力学。具体来讲，“场”语言学并不主张物质独立存在并对其他物质产生影响这一观点。“场”语言学所主张的是每个个体的成立都以相互作用为基础，这种相互作用包含了个体与个体、个体与“场”以及“场”与“场”之间的相互作用。不仅是物理学领域，作为复杂系统的世界也是基于“场”的相互作用而得以维系。我们身边就有这样的例子：在足球比赛中，仅凭个人发挥是无法取得胜利的，队员间的合作、队员们与教练间的相互作用、对手的情况、赛场状况（主场或客场）、天气等所有“场”内因素相互影响，进而影响比赛的结果。语言结构以及语言使用同样是一种复杂系统，想要了解其全貌就必须导入“场”的思维。

本节首先对传统语言学和“场”语言学在范式上存在的差异进行概述；第 3.3 节表明“场”语言学应该继承认知语言学的部分观点；第 3.4 节介绍了认知语言学范式的局限性以及“场”语言学范式需要解决的问题，其中对“主客分离范式”进行了详细论述；第 3.5 节对日语中“ナル”（=なる、自成、典型的日语不及物动词表现）语法结构中提取了“‘场’内

事态生成”图式，并提出“physis”（自然）的语法观点；第 3.6 节以语言习得理论为中心，进一步对主客分离以及自我与他者分离的观点进行探讨，在对当下的质性心理学等研究范式及研究方法进行浅析的同时，摸索“场”语言学的研究方法。

3.3　认知语言学中值得借鉴的观点及研究工具

认知语言学的立场建立在对生成语法范式的批判之上。认知语言学中的一些观点和研究工具值得“场”语言学借鉴与参考。

作为认知语义学的理论基础，Lakoff 等（1999）列举了认知科学的三个主要发现：身体化的心灵、认知无意识和隐喻思维。

第一，不同于笛卡儿的哲学观点，“身体化的心灵”主张心灵（理性）与身体不能完全割裂，即“心灵本身已经发生了身体化”，身体经验实则是思考的基础（经验本位主义）。约翰·杜威以及梅洛·庞蒂是这一哲学理念的先驱者。在定义人类的概念中，身体、大脑自不必说，感觉运动系统也起到了决定性作用。色彩概念、基本等级概念和空间关系概念（意象图式等）都可以对此进行证明。“场”语言学也承认思考以身体经验为基础。但是，如果只将身体作为主体来理解，便不会囿于主体的思维框架之中。因此，在“场”语言学中，身体也被视为“场”，而经验则被视为一种纯粹经验，存在于主体客体分化以前，以此来审视身体经验。

第二，“认知无意识”是指大部分认知（感觉、知觉、感情、思考等）都是无意识的。有意识的思考只是冰山一角，约 95% 的思考都在无意识下进行。而且，这种无意识的概念系统具有隐喻性。但是，由于认知科学以自他分离为基本立场，所以认知无意识局限于每个个体的大脑活动、神经结构与感觉运动系统之中，而未能关注个体之间的联系。

第三，“隐喻思维”是指抽象的思考和概念几乎都是隐喻性的，人类的复杂思考不能离开隐喻。一方面，“场”语言学认为隐喻思维建立在谓语同一性的谓语逻辑基础之上。所谓谓语逻辑，是从“场所 = 谓语”的角度出发，讨论被包含在场所中的主体及客体（存在者）的逻辑（城戸雪照，2003）。例如，“女性是太阳”这一隐喻表现就是基于“太阳光芒四射”和“女性光芒四射”的谓语同一性，此乃谓语逻辑。若从“主体 = 主语”的主语逻辑出发，将谓语视作主语的属性，则"女性是太阳"的表述就会产生矛盾。认知语言学认为，"隐喻是不同领域间的映射"，但仅凭这一点还无法充分说明映射的动机。对隐喻或比喻的理解需要谓语逻辑的加入[3]。另一方面，"场"语言学还需要借鉴认知语言学的研究工具，如"图形－背景"的区分、参照点结构以及意象图式等。

认知语言学援用了"图形－背景"这一心理学概念作为其理论基础。我们在感知事物时，最基本的认知能力就是区分"图形－背景"的能力。"图形"（figure）是指将目光转向某一事物时较为醒目显眼的图案，而衬托图形的部分则被称为"背景"（ground）。图形是具有轮廓的"事物"，而背景则表示"场所"。区分图形与背景归根结底取决于区分事物与场所的认知能力。在人类的视觉认知路径中，识别事物的路径与识别场所的路径有所不同，能够分别地识别事物与场所就能使"图形－背景"的反转得以实现[4]。通过场所与事物的分化，使得识别变为可能，而存在被认知又使得推理变为可能。认识论、存在论和逻辑学就是建立在分别对场所和事物进行认知的能力基础之上。

"参照点结构"由 Langacker 提出，具体是指"某物 X 首先指向相邻的 Y，然后从 Y 接近 X 的机制。此时，Y 为参照点，X 为目标"（菅井三实，2003）。参照点结构的例子随处可见，如在名词性领属结构"dog's tail"（狗的尾巴）中，首先接近参照点"狗"，继而接近目标"尾巴"。值得注意的是，"狗"和"尾巴"是整体与部分的关系，其中"狗"作为支配区域或探索区域用来指示"尾巴"。而在"场"语言学中，参照点能力作为以场所为线索而认知事物的一种能力，是人类的基本能力之一。日语的话题句结构"X は Y"也是一种参照点结构，提示话题的"は"被视为一种概念上的"场"（岡智之，2013）。例如，"太郎は？"（太郎呢？）中的"は"形成了围绕"太郎"的概念上的"场"。在该"场"中，"太郎"作为参照点，在此基础上可以追加"学生である"（是学生）、"ご飯を食べている"（正在吃饭）、"頭がよい"（很聪明）等句子成分。

对于"意象图式"，辻幸夫（2013）指出："在语言的形成和概念化之前便已存在的与心理表象相关的认知能力之一……将意象进行图式化，就是将各种单个意象加以抽象化，并进一步转化为高阶认知。""容器图式"就是一种具有代表性的意象图式，表现为"个体存在于场所之内"或"从

那里进出”的认知结构模型。容器图式体现在了很多语言表现中，如“in”等前置词、“に”“で”等助词、“彼女は恋愛中”（她陷入了恋情之中）这一表达状态变化的隐喻表现等。此处的“容器”可以被理解为狭义上的“场所”[5]。

认知科学中的“框架”（frame）指的是“理解某个概念所需的知识结构”。例如，在“餐厅框架”中，我们对“餐厅”具有常识性知识，而“服务生”的概念正是在“餐厅框架”下被赋予意义并被我们所理解。此类“框架”（frame）也是一种“场所”。井出祥子 等（2013）指出：“‘框架’（frame）是处于人们认知范围内的一种结构，而‘场’的‘框架’（枠組み）则超越了认知结构。人们被囊括于‘场’中，同时‘场’还包含了无意识领域。可以说，认知科学中的‘框架’（frame）与‘场’的框架处在不同的维度。”

综上所述，认知语言学中的涉身性、经验本位主义、隐喻思维以及认知无意识等，与“场”语言学的观点是相通的。另外，“图形 – 背景”的区分、参照点结构、意象图式以及框架等研究工具也是“场”语言学需要借鉴的。认知语言学和“场”语言学在诸多方面存在相同观点，二者相辅相成。

认知语言学和“场”语言学的最大分歧体现在对主客分离范式的态度上。对此将在下一节中详细讨论。

3.4　主客分离范式——语言中的“主观性”问题

认知语言学对以生成语法理论为基础的笛卡儿主义（非涉身性、客观主义）进行了批判。生成语法理论认为语言能力是先天的，与人赋予语言的意义以及语言使用无关，生成语法理论旨在对这种语言能力做出诠释。认知语言学对缺乏主体的客观主义语言范式提出了异议。为了与生成语法分庭抗礼，认知语言学提出了自己的范式，即语义的形成以认知主体的识解为基础。认知语言学将发话者及认知主体重新纳入语言学研究的视域，从中也体现出了认知语言学在研究范式方面的重大转变。然而即便如此，一味地强调“主观”“主体”的认知语言学范式，依旧停留在“主客分离”这一立场上。同时，过度强调“主观”与“主体”亦容易陷入唯我论或主观主义的陷阱之中。如果不能打破主客分离的壁垒，仅仅以“客观主义的逆命题”而自居，最终结果也只会被套上主观主义枷锁[6]。

因此，本节将对认知语法理论中的主观性与视角排列进行说明，进而对主客分离范式进行批判性分析。

3.4.1 主观性与视角排列

Langacker 的认知语法理论中存在下列两种视角排列方式：主体从外部客观地观察作为概念化对象的客体事态发展；主体作为事态中的一部分来观察事态发展。前者被称为"最佳视角排列"（optimal viewing arrangement），而后者则被称为"自我中心视角排列"（egocentric viewing arrangement）[7]。具体如下：

图 3–1 中，MS 表示最大辖域（Maximal Scope），包括所有概念化对象；IS 表示直接辖域（Immediate Scope），可以通过最直接的方式体现 MS 中的侧显（Profile）内容。

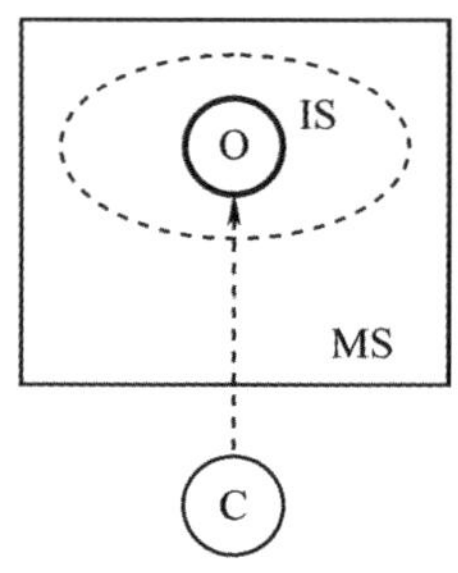

图 3–1　最佳视角排列

在图 3–1 所示的最佳视角排列中，主体（C）并非事态（O）的参与者，而是从事态之外进行观察，参考例句①。

① They are approaching Tokyo.（彼らは東京に近づいている。）

而在图 3–2 的自我中心视觉排列中，参考例句②，主体（C）处于事态内部，并从中观察事态（O）。尽管该事态由主体的移动所产生，但主体仍然承担着认知事态"向着 Tokyo 移动"的作用。

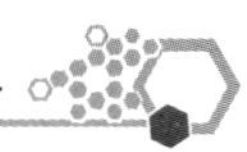

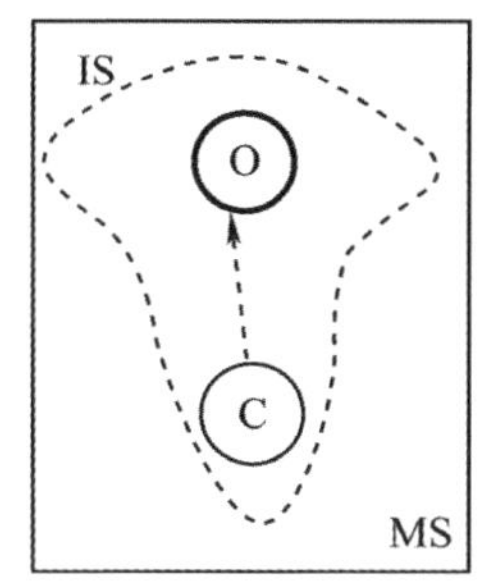

图 3–2　自我中心视角排列

② Tokyo is approaching.（東京が近づいている。）

英语的视角符合图 3–1 的视角排列，所以 Langacker 将英语视角定义为“标准”型，将图 3–2 的视角排列方式定义为“自我中心”型。显而易见，Langacker 的思维方式依旧建立在英语语言事实的基础之上。对此，山梨正明（2009）做出如下论述。

Langacker（1985）将英语等语言所具有的“客观”视角语言表征视作“标准”，这种思维方式恰恰体现了英语等西方语言在主观上以自己为中心。从语言类型学的角度来看，“标准”一词，无论是日语还是西方语言皆适用。因此，所谓的“客观”视角在英语等西方语言中或许是“标准”的，而“主观”视角在日语中也可以成为“标准”。如果站在语言类型学立场上审视语言，那么对于标准性、典型性的评判基准在很大程度上将取决于语言学者自身的主观性（或主观角度）。

澤田治美（2011）却做了如下论述：“Langacker 提出的‘最佳观察构图’是科学研究所必需的一种理念化（idealization）和抽象化的产物。这种视角上的构图所体现出的标准性和一般性并非是针对英语这种语言而提出的。”澤田治美虽然指出不能以英语的语言表征作为标准，却将最佳视角排列定义为近代科学中的一种典型思维。因此，这又是一种基于近代西方“主客分离”范式的思考方式。

此外，与视角排列有关的语言事象在下列例句中也有所体现。

③ We are approaching Tokyo.（私たちは東京に近づいている。/ 我们

即将抵达东京站。）

④The island came into view.(島が視界に入った。/島屿进入到视野中。)

在图3–3中，主体（C）从事态之外观察自己作为参与者的事态（O），如参考例句③；在图3–4中，主体（C）在事态发生的“场”中观察事态，如参考例句④。

参考例句③列举了自然的英语表达，而使用与英语相同句式的日语表达则显得不自然。例如，乘坐的新干线即将到达东京时，英语通常使用“We are arriving at Tokyo station.”（私たちは東京駅に到着しつつあります。/我们即将抵达东京站。），而日语则通常不会采用“この列車は東京に近づいています。”(列车即将到达东京站。)或“東京が近づいています。”(东京站快到了。）等表达方式，而是采用“まもなく東京です。”（即将到达东京。）等方式。这种表达并不符合图3–2的视角排列方式，而与图3–4所示的存在表现或现象描写表现的图式一致。(参考3.4.4)

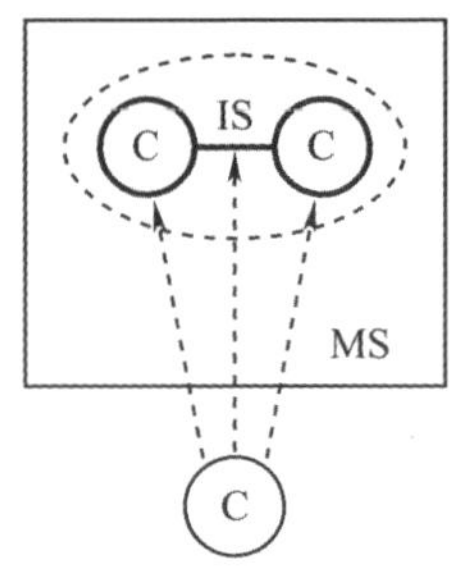

图3–3　自我客体化

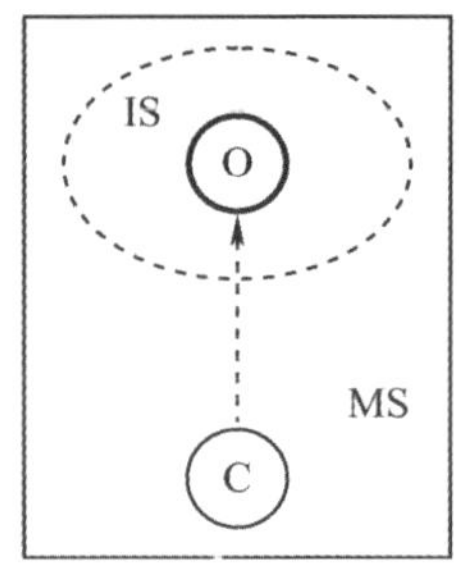

图3–4　事态发生的“场”的形成

从“场”的观点来看，可以将上述认知语言学提出的视角排列理解为“场外观察视角”和“‘场’内观察视角”。“‘场’外观察视角”对应图3–1，即主体脱离“此时此处的‘场’”进而观察客体。在这种观察方式中，主体并不存在于“此时、此处”的“场”中，是一种顺应自然科学的观察方式，又被称作“上帝视角”。例如，“地球围绕太阳转”为科学真理，然而实际上却没有人目睹过，这其实是一种人类站在“上帝视角”的立场上所做出的理性推断。这个例子体现了主客分离的极致状态，即主体和客体完全分离。将主客分离的视角视为最佳视角排列，反映出了将近代科学、哲学

范式视为最优范式的价值观。除此之外，日常生活中采用“‘场’外观察视角”的情形还有图 3–3 所示的自我客体化现象。在日语中，像第一人称“私”（我）等往往不被语言化（有时会被认为是一种“省略”现象，但“省略”的说法并不准确），这是因为发话者采取了“‘场’内观察视角”对事态进行观察。一般来说，在观察现象时最容易被语言化的视角为“场内、事态外侧观察视角”（图 3–4），这是因为主体处于“此时此处的‘场’”中对事态进行的描写。日语中的现象描写句（雨が降っている。/ 下雨了。）等就采用了该视角。此时，观察视角位于事态外侧，认知主体并非在“下雨了”的事态中（淋着雨）进行发话。而另一种“‘场’内、事态内侧观察视角”，是指认知主体处于“此时此处的‘场’”中并同时处于事态之中（与事态相关）。例如，新干线即将到达东京时经常使用的“まもなく東京です。”（即将到达东京。）就是采用了该视角的极致体现。换言之，既不存在主体又不存在客体，乘客、乘务员以及新干线等这些“场”的整体状况都将转为“东京”的“场”，该表达方式阐述了“东京”这一“场”的产生。

我们继续探讨 Langacker 所言的“主体化”（subjectification）。

⑤ Vanessa is sitting across the table from Veronika.（最佳观察构图。）

⑥ Vanessa is sitting across the table from me.（“主体化”。自我客体化。）

⑦ Vanessa is sitting across the table.（最大“主体化”。以自我为中心观察构图。）

上述主体化示例中，参考例句⑤“从 Veronika 的位置观察，Vanessa 坐在桌子对面”，Langacker 将这种客观的观察方式称为“最佳”；参考例句⑥“从我的位置观察，Vanessa 坐在桌子对面”，由于主体（我）进入客体事态，因此这种表达体现了“主体化”；参考例句⑦“Vanessa 坐在桌子对面”，自己变为零指代并完全沉浸到事态中去，呈现出最大“主体化”，是一种“以自我为中心”的观察方式。综上所述，Langacker 将客观的观察方式定义为标准，偏离客观被称作“主体化”。

池上嘉彦（2004）对日语的识解方式做了修正。池上嘉彦指出，日语的语言框架以“主观识解”为原型，从中派生出了“客观识解”。但是池上嘉彦的观点依旧遵循着"主观＝以自我为中心"思考方式。参考例句⑦体现了"场内观察视角"，其中，"自我＝认知主体"已融入"场"中，未被语言化。将这种"自我的不在"断言为"以自我为中心"实属不妥。

这种即便是"我"没有被语言化，依旧认为存在着主体（主语）的思维方式，难道不是从主体（主语）逻辑出发的臆想吗？未被语言化的"我"即"自我的零指代"，意味着"作为主体的自我"的消失，进而转化为"'场'的自我"。

最近，认知语言学引入了生态心理学的观点，可以说这是一次试图超越唯我论的尝试（本多啓，2005[8]）。此时，未被语言化的"自我"（自我的零指代）被称为"生态的自我"，但归根结底还未脱离"自我＝主体"思维定式。生态学中的自我或环境学中的自我依旧遵循着"自我＝主体"，突破这一瓶颈的必要性是显而易见的。究其根本，"环境友好"型生态模式应是一种以人为本的范式。

对于池上嘉彦基于 Langacker 主体化思想提出的"主观识解"方式以及"客观识解"方式，将在下一节中进行讨论。下一节还将对"主观＝以自我为中心"的观点予以进一步批判。

3.4.2　再议主观识解与客观识解

首先，我们需明确主观识解与客观识解的定义。池上嘉彦（2011）对"两种基本识解类型"做了如下定义：主观识解指"发话者将自己置于所述的事态当中，作为该事态的当事人进行体验性地识解"；客观识解指"发话者在所述的事态之外，作为旁观者或观察者客观地对事态进行识解"。换言之，前者为主客合一，后者为主客对立。日语属于主观识解倾向较强的语言，而英语则属于客观识解倾向较强的语言。

此处的问题在于，主观识解作为对事态的体验性识解，是否是以自我为中心的一种识解方式。对于这一问题，我们需要通过重新审视《雪国》开头的一段内容来验证。

⑧国境の長いトンネルを抜けると雪国であった。
（穿过长长的国境隧道，便是雪国。）
⑨ The train came out of the long tunnel into the snow country.

（英语直译：列車が長いトンネルから雪国に出てきた。）

（列车穿过长长的隧道驶进了雪国。）

⑩（列車が / 私が / 島村が / 私たちが / あなたが）国境の長いトンネルを抜けると、そこは、雪国であった。

（（火车 / 我 / 岛村 / 我们 / 你）穿过长长的国境隧道，那里便是雪国。）

部分观点认为，参考例句⑧是从乘坐列车的主人公视角出发展开的叙述，属于个人的主观体验，然而事实果真如此吗？为了进行论证，我们将原文进行加工，如参考例句⑩，穿过隧道的某人（某物）被明示出来。其结果就是即便明示了“列車が / 私が / 島村が / 私たちが / あなたが”（火车 / 我 / 岛村 / 我们 / 你）、“……抜けると”（穿过……）句式依旧成立。换言之，此处对主体没有限制。那么文章中主句“雪国であった”（便是雪国）中的“主语”究竟是什么？实际上，此处的“主语”并非个人主体，如果要在原句中加上所谓的主体，则只能是“そこは、雪国であった”（那里便是雪国），这是一种对“场”的情景进行描述的表达形式。与其说是叙述者描述个人体验，不如说是叙述者真实描述了“场”中发生的事态[9]。现象描写句的特征本就如此，被描述的情景固定，不以个人主观意识为转移，也并非以自我为中心进行描写。在此类语言表达中，主体与客体并未分离，即主客不分。此外，与其说是主体如何观察“场”的情形，不如说是主体如实描写“场”的情形，即进行“场内描写”。

相对地，参考例句⑨中的英语译文则是叙述者从“场”外对事态进行描述，是一种主客分离状态下的“场外描写”。

⑪ここはどこですか？（这里是哪里？）

⑫ Where am I？（私はどこですか？ / 我在哪里？）

通过对比参考例句⑪和⑫，不难发现⑪中的日语表达未对主体进行语言化，而是直接询问“场所”处于何处；而⑫的英语表达则将主体语言化，询问“我”处于何处。以上对比反映出了日语“以场为中心”，英语“以自我为中心”（图 3–5、图 3–6）。

下面针对日语中“我”未被语言化的深层含义进行探讨。认知语言学

将“我”以零指称形式不被语言化的现象称为“主体化”，将这种语言表达称为“主体性语言表达”。如前文所述，这是一种主客不分的表现，因此以主客分离为前提将这种语言表现定义为“主观的、主体的”其实并不恰当。

图 3–5　ここはどこですか？

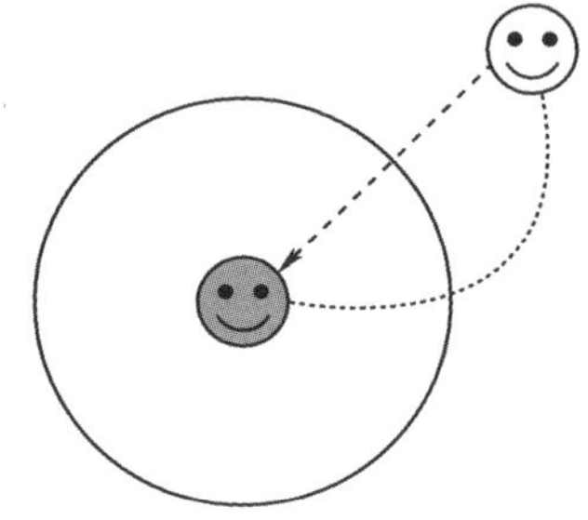

图 3–6　Where am I?

从主客不分的立场来看，“我”并非主体（主观），而是成为一种“场所”。

⑬雷鳴が聞こえる。（能听到雷声。）
⑭稲妻が見える。（能看到闪电。）

参考例句⑬和⑭如果改用英语表达则为“I can hear a thunder.”（私は雷鳴を聞く。/ 我听到雷声。）、“I can see a lightning.”（私は稲妻を見る。/ 我看到闪电。）。在英语句式中，不将 I 语言化则难以成文，而日语却没有将“私”（我）进行语言化的必要[10]。如果日语中必须使用主语“私”（我），则会变成“私には雷鳴が聞こえる”（我这边能听到雷声），其中暗含对比的语气。在上述日语表现中，不能将“私”（我）置于主格（ガ格）位置，否则将变成不符合日语规范的语言表达“*私が稲妻が見える”。“私”（我）只能以与格（ニ格）形式出现，体现了“私において、雷鳴（稲妻）という現象が起こっている。”（对于我来讲，发生了雷声（闪电）这一现象。）之意。与其说“我”是引发事态或认识事态的主体，不如说在“我”的意识里，所有事态都被映射到了“场所”之中[11]。

西田几多郎提出的“纯粹经验[12]”原本是无法被语言化的，但在日语中可以实现“近似纯粹经验”的语言化。这种经验并非主观的、以自我为

中心的体验，而是主客分离前人们的根源性经验。换言之，纯粹经验是接触真实自然生命世界后所产生的，与第 3.5 节将要提出的“自然”（physis）的世界观念（池田善沼 等，2017）相通。

由于“主观识解”被定义为对事态的一种“体验性把握”，因此这种“体验”被指为“以自我为中心”，下文将针对这一问题展开探讨。

池上嘉彦（2004）将“主观识解”定义为：“采取‘以自我为中心’的视角，将‘事态’作为体验进行识解”。同时池上嘉彦还指出：“‘以自我为中心’建立在‘自我’对‘他者’的这一识解方式的构图之上”。对于“体验”，池上则做了以下说明：“所谓‘体验’，是在发话主体内部产生一种‘自我的’过程，它只能由本人直接‘感受’，因此更进一步讲，可谓是一种‘主观的’事态”（池上嘉彦，2004）。然而事实果真如此吗？以“寒い”（冷）这一“事态”为例，当它成为“场”中大多数人共有的状态时，“寒い”（冷）的“体验”还能被称作“主观的”或“以自我为中心的”吗？

另外，池上嘉彦（2004）还指出：“在人类的语言句式中，最基本的形式是经历了极致‘主观化’的句式。具体而言，即日语国语学领域中言及的‘现象文’等句式——发话者对事态进行‘体验’，并对其予以阐述。‘现象文’的句义与发话主体自身的直接‘体验’相关，因此在广义上是一种‘主观的’句式。”如果真如池上嘉彦所言，那么“雨が降っている”（正在下雨）等现象文都是通过对事态进行体验并对其予以阐述，是一种经历了极致主观化的句式，事实果真如此吗？最初定义了现象文的三尾砂（2003）指出：“现象文如实地将现象本身呈现出来。现象文不经过人为的判断加工，通过感官将心中所想以语言形式进行表达出来。现象与语言表达之间不存在嫌隙，不掺杂发话者的主观，从而不存在主观上的责任。”因此，现象文是一种不带主观情感的、如实反映事态的句式，其更倾向于客观描述。池上嘉彦认为现象描写句是一种表达了“驚き”（惊叹）之情的独白，因此是一种“主观的”语言表现。但鉴于“雨が降っている”（正在下雨）还具有对他者传达信息的机能，因此不能断定该表达都是发话者的自言自语，更不能断言现象文在任何情况下都是主观的语言表现。

从“场”的视角来看，现象文是一种“场内观察”，认知主体在“场”中与事态保持一定距离并对事态进行观察，因此具有一定的客观性。而在“寒い”（冷）等事态中，既有主体沉浸其中的情况，也有其他情况，因此需要分别考量。例如，在屋内透过窗户看去，发现了"雨が降っている"（正在下雨）时，事态发生于认知主体视野的"场"中，因此主体并未受到"雨"这一事态的直接影响，而是与事态保持一定距离对其观察。换成认知语法理论的术语，即发话人的视野为"最大辖域""雨が降っている"（正在下雨）这一事态发生的场所为"直接辖域"。从"场"的观点来看，这种现象文既属于"场内观察"型，又属于"事态外测观察"型。然而在"寒い"（冷）的场合中，"场"与事态融为一体，故二者存在区别。如前文所述，"主观识解"指认知主体进入事态之中，以体验的方式对事态进行识解，但是在使用"雨が降っている"（正在下雨）语言表达的场合中，认知主体并未进入事态之中，因此不能将此类现象文一并归为主观识解。为了进行区分，必须对"事态中"和"场中"两种情形加以区别。

值得说明的是，池上嘉彦（2007）从"环境论的自我"概念中进一步提出了作为"场所"的自我[13]，说明池上嘉彦的观点已经开始与"场所的哲学"相联系。然而，池上嘉彦的观点依旧没有从"主观识解""客观识解"的概念中解放出来，没有摆脱"主客对立"范式的桎梏。从中我们也能窥见主客分离范式的强大影响力。

在下一节中，将对衡量日语"主观性"的指标之一——内在状态谓语的人称制约进行分析。分析将援引"场"的观点，剖析其中存在的问题。

3.4.3 内在状态谓语的人称制约与主观性

池上嘉彦（2005）将所谓的"内在状态谓语的人称制约"视作衡量日语主观性的指标之一。在日语中，当谓语部分为"寒い"（冷）等内在状态谓语时，主语必须使用第一人称，使用其他人称不符合日语表达规范。然而日语原本无须使用人称代词（主语），强行使用反而会不自然，如"私は寒い"（我冷）。在日语中，谓语本身即可独立成句。那么，对于这种原本并不使用人称代词的语言，人称制约一说不免过于牵强。

⑮ a. 第一人称：私は寒い / さむっ！ / 寒いよ。（我冷。/ 好冷！ / 好冷哦。）

b. 第二人称：あなたは寒い。/ 寒い？（你冷。/ 冷吗？）

c. 第三人称：* 彼は寒い。（* 他冷。）

⑯ a. I’m cold.

b.You are cold.

c. He is cold.

据金谷武洋（2004）所言，日语原本并不存在像英语“I”那种固定的人称代词，而是需要根据场合以及对话的对象来选择不同的指代人称的名词。所以，人称制约可以通过视角来进行解释，具体来讲，由于英语采用了“上帝视角”，因此无论是 I、you 还是 he/she，所有人称都是从远离事态的高处进行俯视。所以在英语中，第二、第三人称也同样可以搭配“内在状态谓语”使用。相比之下，日语是一种“虫的视角”，说话者进入事态之中，作为第一人称的“私”（我）因为无法看到自身，因此就不能将自我进行客体化，所以经常会出现发话者使用“私”（我）、“僕”（我）“俺”（我）、“先生”（老师）和“パパ”（爸爸）等对自己进行称谓。日语中并不存在根据人称而改变动词形式的语法规则，因为日语本就不存在人称观。从“场”的观点来看，金谷武洋的视角理论可以被视为“‘场’外观察视角”与“‘场’内观察视角”之间的差异[14]（图 3–7、图 3–8）。

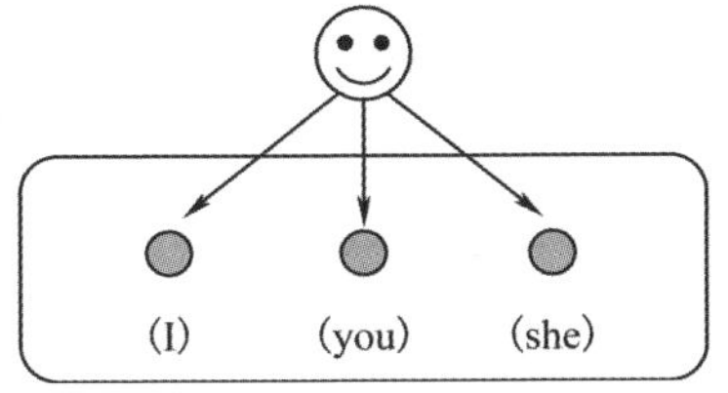

图 3–7　“上帝视角”

图 3–8　“虫的视角”

（金谷武洋，2004。有改动）

因为在实际的日语表达中，并不会出现“私は寒い”（我冷）或“あなたは寒い”（你冷）等句式，所以使用人称制约的观点分析日语并不恰当。在日常会话中，会出现参考例句⑰ a 的情况。在⑰ a 中，发话者说了“今日は寒いね。”（今天真冷啊！）之后，受话者便回答“寒いね。”（确实冷！）。其中，发话者与受话者在相同的“场”中经历“寒い”（冷）这一体验，并在会话中互相确认。“寒い”（冷）的体验不仅是发话者通过感觉而获得的主观体验，同时还是自他不分的、被“场”所共有的一种体验[15]。当然，也会存在参考例句⑱的情况，即会话中出现了“私”（我）、“あなた”（你），但这是在某一具体语境之中，如在空调温度设定过低的房间中，发话者向邻桌进行确认时使用的表达。此时必须要考虑语境，如参考例句⑱中出现的“私”（我）与“あなた”（你）的对比语气。

⑰（在室外遇到某人时的对话内容）

a. 話し手：今日は寒いね。聞き手：寒いね。

（发话者：今天真冷啊！受话者：确实冷！）

b. 私は寒い。

（我冷。）

⑱私は寒いけど、あなたは寒い?

（我很冷，你冷吗？）

不仅是“寒い”（冷）、“暑い”（热）等体感，感情也能被“场”共享，这点在日常生活中不乏实例。例如，在足球比赛中获胜时，队友们会互相说着“うれしいね”（太开心啦），此时不存在自他分离。此外，支持者们也会感到“うれしい”（开心），故而没有必要在此时区分“私は嬉しい”（我很开心）和“あなたは嬉しい”（你很开心）。

人类本身就会在他人痛苦的时候表情严肃，在他人幸福的时候脸上泛起同样的笑容，对于这些现象，甚至还有“镜像神经元”[16]等方面的讨论。在分析与感情相关的语言表达时，强行加入人称制约的观点是一种仅关注自身感情、感觉的体现，以不感受他人的感情为前提[17]。这一前提建立在自他分离范式的基础之上，仅凭这种近代科学中的自他分离范式来思考感情的话，他人的感情将永远被迷雾所笼罩（他者理解困境）。

3.4.4　第三人称谓语与现象描写句

虽然在讨论内在状态谓语时不能以人称为线索，但仍存在着一个疑问：在日语中，第三人称为何不能搭配内在状态谓语的直接形式呢?

⑲ a. * 太郎は寒い。（* 太郎冷。）

b.* 彼はうれしい。（* 他开心。）

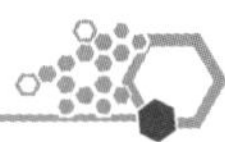

⑳ a. 太郎は寒そうだ。（太郎好像很冷。）
　b. 太郎は寒がっている。（太郎正冷着。）
　c. 彼はうれしそうだ。（他好像很开心。）

当发话者与受话者在进行语言交际时，第三人称实际上处于发话的“场”的外侧，是发话者与受话者的观察对象。此时，处于发话的“场”外侧的观察对象并不具有“场”中的体验[18]。这与“雨が降っている”（正在下雨）等现象描写句相同，发话者与受话者处于同一个发话的“场”内，观察并描写外部现象。另外，从指示语的角度来看，发话者与受话者相当于“こ”（近称）、“そ”、（中称），第三人称相当于“あ”（远称），此时“こ”（近称）、“そ”（中称）与“あ”（远称）形成了对比[19]。上述现象被称作“共同注意构图”。从“场”的观点来看，上述情形可以通过图 3–9 来表示。图 3–9 中体现了“‘场’内、事态外侧观察视角”下的构图。

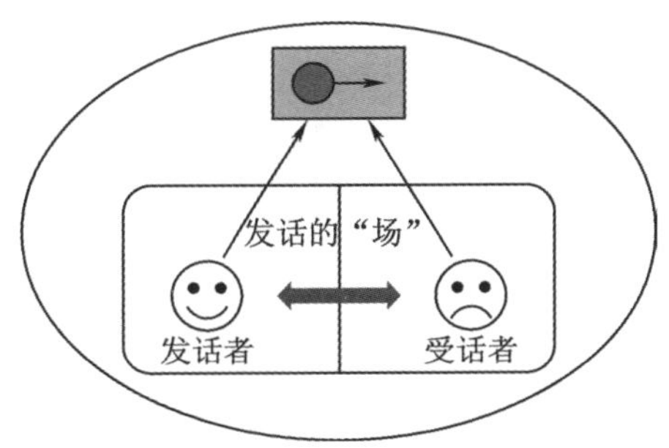

图 3–9　现象描写句的构图

上文指出了内在状态谓语的人称制约在作为日语主观性指标时存在一定争议。此外，“行く”（去）、“来る”（来）、“あげる”（给）、“くれる”（给我）以及间接被动句等语言表达也是如此，与其说是主观性、自我中心程度性的指标，不如说是以“此时此处的场”为中心对事物、事态描述的语言现象。如果能够从“客观”与“主观”的对立思维中解放出来，运用“‘场’内观察”“‘场’外观察”等以“场”为中心的思维方式看待日语，那么我们便会得到更为自然合理的解释。因篇幅有限，本章未能对所有语言现象展开充分探讨，希望在今后的研究中，能够出现更多的实证研究来进一步论证"场"语言学的合理性。

3.5 "场"内事态的生成——自然（physis）语法的提出

池上嘉彦（1981）明确指出，英语等西方语言大多以及物动词"スル"型表现为语言表达的主要基调，而日语等语言则以不及物动词"ナル"型表现作为其主要基调[20]。在池上嘉彦的观点中，"ナル"型表现往往会被曲解为单纯的事物变化，即"X变成了Y"。对"ナル"型表现中最具代表性的动词"なる"（自成、成为、变成、成熟等，后文中的汉语译文简略为"自成"）进行分析后，不难发现其最基本的图式为"事态的生成"[21]，如"実がなる"（结出果实）、"一大事がなる"（发生大事）。而"事态的生成"即"自然（physis）趋势"，因此上述语言现象也就体现出了"自然语法"。

3.5.1 自然（physis）哲学观

古希腊哲学家赫拉克利特将万物的真正存在方式定义为"自然"（physis）。希腊语physis一词由表示植物生长的动词phyesthai派生而来，意为"生长、长出、生出"等。苏格拉底之前的自然哲学家们认为：万物都以自身内部蕴含的运动原理——"自然"（physis）为基础，自发形成（然后消亡），是一种从"ある"（存在）到"なる"（自成）的过程。physis虽然被译为"自然"，但对当时的哲学家们而言，physis并非指代当今自然科学领域的物质自然，而是万物的真正存在方式（木田元，2000）。

然而自亚里士多德以来，西方哲学关于存在的概念转变为以"存在=被造性=眼前性"为基础。对此，著有《存在与时间》的现代哲学家海德格尔曾试图对存在概念进行解构，为了与苏格拉底之前的"存在=生成"哲学思想进行区别与比较，海德格尔提出了"存在=生成=自然（physis）"概念（木田元，2000）。

将存在视为"生成=自然"的思想不仅见于苏格拉底时期以前的古希腊，类似的主张在《古事记》成书时期的古代日本已经产生。丸山眞男在

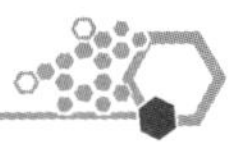

《历史意识的古层》一书中提出，日本在历史意识层面中的“古层[22]”基础就是“なる”（自成）。“‘なる’（自成）蕴含着有机物自发地发芽、成长和增殖的意象，当它被‘なりゆく’（成形）所替代，由‘なりゆく’（成形）规定历史基调时，就产生了问题”（丸山眞男，1992）。在古日语中，“ある”（存在）原本表示“出生、出现”之意，因此，“ある”（存在）曾经等同于“なる”（自成）。池上嘉彦本人也指出自身的观点（池上嘉彦，1981）是以丸山的“历史意识的古层”为基础而架构出来的。至此，由于西方和日本在传统思想上存在着差异，就导致了倾向人为的“する”（使然）思维与倾向自然的“なる”（自成）思维逐渐支配了两种语言文化，即英语表达以“する”（使然）型为主导，而日语表达以“なる”（自成）型为主导。本文在继承这一基本立场的同时，指出“なる型”语言表达的根基为“ある”（存在）等同于“なる”（自成），即“存在＝生成”思维。与日语相反，英语等西方语言以及物动词（他动词）句式为基础并被范畴化，语言表达以“する”型为主导。造成这种现象的原因在于：西方世界的存在论主张制作者对对象物产生影响使其发生状态变化，而这种思维构式又通过隐喻渗透到了语言中。这种动词范畴上的差异可以从存在论层面产生的分歧去把握：“存在即生成”还是“存在即被造”（被制作、被创作出来）。存在论上的差异，即“存在＝被造性”与“存在＝生成＝自然”的差异深刻地反映出西方语言与日语在语法结构上的不同。

与“physis”（自然）相对的概念为“logos”（逻各斯）[23]（池田善沼等，2017）。那是否可以构思出对应于逻各斯语法的自然语法呢？下文将对日语的完成句式以及中动态进行探讨，并对“场中的事态生成＝自然趋势＝自然语法”体系构建进行展望。

3.5.2　完成句层面

尾上圭介（1998）指出：“被动句采取了动作行为不与施事者相关联的视角观察事态，并将主语视为一种‘场’来理解事态发生和形成的句式。在谓语动词后面接续助动词‘ラレル’为被动句的标志。”同时，“由该形式构成的日语被动句，不将事态视作个体行为进行叙述，而是叙述事态整体的发生与形成”（尾上圭介，1998）。尾上圭介把接续了“ラレル”的谓语动词句式定义为“叙述事态整体完成情况的句式”（完成句）。然

而，尾上圭介并未将"なる"型句式纳入完成句的范畴。但如果考虑到"一大事がなる"（发生大事）、"結婚することになる"（即将成婚）等用于事态生成情况下的语言表达，就不应将"なる"型句式排除在外。在"なる"型句式中，很多谓语动词都直接搭配"主格"或"零格"，这或许就是受到了"事态整体生成"图式的影响（岡智之，2013）。另外，尾上圭介还将可能动词也归入完成句的范畴，如"中国語が話すことができる"（能说汉语）。综上所述，包含了"ナル"（自成）、"ラレル"（表示被动的助动词）、"デキル"（可能动词）等在内的"なる"型表达可以被定性为"事态整体的生成"句式。

3.5.3 中动态层面

バンヴェニスト（1983）指出，在"被动态"确立以前，古希腊语中存在着"主动态"和"中动态"，这两种形式的对立分别对应"外态"与"内态"（主语处于过程以外还是过程之内）。細江逸記（1928）将"中动态"定义为"反照性能相"（反身态），即"动作产生的影响以某种方式体现在施动者身上"，这种"反照"（反身）的机能会分化为"被动、自动、自然趋势"。（古日语中的"ゆ、らゆ""る·らる"就被现代日语"れる、られる"继承下来）。國分功一朗（2017）认为"自然趋势"是中动态的基础，并将中动态定义为"代替主语使'自然趋势'得以实现的语言表现"。金谷武洋（2004）对バンヴェニスト、細江逸記的"以主语和行为者为中心"观点进行了批判，将中动态定义为"不存在行为者的自然趋势表现"，并将中动态的人称词尾视为"非行为者、作为事态发生场所的人类"。这里需要强调的是，"场"对于中动态十分重要，中动态是"'场'中自然趋势的体现"。

3.5.4 展望自然语法

通过以上的分析，我们可以将"なる"型表达的图式归结为"场内事态的生成"图式。西方语言以逻各斯语法为立脚点，体现在了"主动态－被动态"对立、"主格－宾格"对立、"主语、谓语"语法、主语逻辑以及采取主客分离的基本立场。与此相对，日语的"なる"型表达、"谓语逻辑"、

“场所逻辑”、主客不分的立场等均反映出了自然语法的特质。自然语法的发展将推动“场”语言学体系的形成，为“场”语言学证明自然比逻各斯更具根源性而提供支撑。自然语法的前景将备受瞩目。

3.6　自我与他者分离的语言习得理论与“场”语言习得理论

在与认知语言学关系甚密的语言习得理论中，美国发展心理学家托马塞洛（トマセロ·マイケル，2006）的语言习得理论也同样以自他分离为前提。本节将对这种自他分离前提进行批判，并参考最新的质性心理学范式及研究方法，对“场”语言学的研究方法展开探索。

3.6.1　托马塞洛语言习得理论与心智理论

人类之所以区别于其他灵长动物，是因为具有“心智理论”（Theory of Mind）这一认知能力。心智理论是指认知主体将其他个体都视作与自身拥有同样的心智并对其他个体进行理解的能力。正是因为具有心智理论，人类才得以成为人类。幼儿的语言习得始于出生 9 个月后，对此托马塞洛指出：幼儿以“共同注意”能力为基础，开始理解他者的意图，当他者把注意力转移到第三方事物上时，幼儿也会随之转移注意力。“共同注意”是语言获得的基础，这点是值得肯定的，但问题在于，人类的语言习得是建立在理解他人意图的心智理论基础之上的。换言之，这是一种自我与他者从一开始就处在分离的关系中，从自我与他者分离的视角来理解他者，而这种自我与他者分离的立场很难不令人怀疑其依旧受制于以笛卡儿为代表的自他分离思维范式。“共同注意”更像是从自我与他者不分中产生共感性，并以此为基础形成语言的一种构想。

3.6.2　心智理论的基础——“共感能力”

弗朗斯·德瓦尔指出，理解他者的意图，通过他者的视角观察事物并非是人类的特性，很多事例都能表明类人猿类、猿类动物也具有此种能力。弗朗斯·德瓦尔将心智理论中出现的现象称为“冰冷”视角获取，因为在该视角下个体只关注他人所见所知，而对于他人所想所需所感并未受到重视。弗朗斯·德瓦尔还指出，虽然视角获取是一种十分重要的能力，但通过不同视角去关心他者状况和感情即共情也是十分必要的。在他看来，所谓"共感"，是指能够当即感知其他同类个体的情感和意图，通过同理心对对方加以安慰并与对方进行合作的能力。动物虽然不像人类一样具有高维认知能力，但也同样具有共感能力，并在其生活中加以运用。现代心理学家大多认为共感离不开"心智理论（获取其他个体视角、理解其意图、读取其心理活动的能力）"，而弗朗斯·德瓦尔则持相反观点，他认为扎根于生物进化过程中的共感能力才是"心智理论"的基础。

3.6.3 语言习得与共同性

滨田寿美男（1999）就语言习得与共同性指出：人类以"根源上存在的共同性[24]"为出发点，通过与他者的关系来描绘出语言的世界，进而形成"我"的内在世界。这种"根源上存在的共同性"分为同构性与互补性两种。同构性是指两个个体在相遇时"采取与对方相同的方式"（共鸣动作）；互补性指二者之间"交换主动与被动关系"（对视）。在对视的共同性基础之上，产生了共同观察事物的三元关系。也正是通过这般共同注意的方式，儿童才得以复制大人的意义世界。由此，大人与儿童之间借助"意义的载体（语言）以及意义的指代对象（实物）"构成了的四元关系，通过互动的方式实现语言的复制。而"我"从与他者的"主动－被动"互动中产生。在以往的理论中，首先存在实体的"我"（自我），然后"我"通过语言等交流手段和他者产生联系。然而在上述观点里，首先存在与他者的联系性，随后"我"才得以从中产生。

此外，滨田寿美男（2002）为了对心智理论进行论证，设计了名为"错误信念"[25]的实验：在我们生活的世界以外还存在着一个平行世界舞台，我们只能通过第三者视角对其进行观察，即通过纯粹的客观视角完成实验测试。通过旁观者视角是无法强烈感知"另一个平行世界舞台"的，只有亲身登上舞台与他者进行沟通交流才能更加强烈地对其进行感知。"错误信念"实验之所以成立，是因为存在着两个相互分离的视角：认识到信念"有误"时的视角（"旁观者"视角）、坚持按照信念行动的视角（作为"当事者"的登场人物视角）。因此"错误信念"实验旨在探讨视角分离的问题。然而在我们的实际生活中，并不存在所谓的存在于平行世界中的"旁观者"，

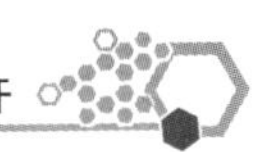

每个人都处于自己生活中的舞台之上，与身边的其他登场人物交互往来，构建出一个“共通”世界。

托马塞洛曾指出，在共同注意的场景中，“如果儿童观察到大人把注意力放在自己身上，则儿童也会采取外部视角来观察自己。不仅如此，儿童还会以同样的外部视角来观察理解大人的身份角色。总体来讲，儿童仿佛是在从上空俯视着包括自己的角色在内的全部场景”（トマセロ·マイケル，2006）。儿童获取他者视角的重要性毋庸置疑，然而儿童具有的这种“客观”视角即“上帝视角”，真的可以为“人之所以为人是因为人类具有语言获得能力”论据提供佐证吗？可以说，托马塞洛也落入了西方语言观和西方近代思想的陷阱。“心智理论”与乔姆斯基所提倡的普遍语法理论都是一种类似存在于人类大脑中的模块，然而它们究竟是否真实存在，这一点恐怕将永远无法被证明。相反地，德瓦尔的“共感”、滨田寿美男的“根源上存在的共同性”、海德格尔的“共同存在”等观点，都与“场”语言学的前提存在关联性。从上述立场出发对语言习得及语言进化展开研究将成为今后的重要课题。

3.6.4　质性心理学范式与研究方法

作为语言习得理论的重要研究方式，当下的质性心理学范式以及研究方法与“场”语言学存在诸多共通之处，因而具有参考价值。例如，山田（2010）指出：“就婴儿而言，‘我’与‘你’最初并非作为基本单位而存在，而是存在于二人共存的心理场所（tópos），即‘ここ’（此处）。其中，人不再是个体，而是融入了场所之中。”此时，人与人以情动为媒介产生共鸣，相互呼应、相互作用，这种关系被称为“うたう”（咏唱）关系。以这种关系为基础，婴儿在出生后 9~10 个月时会出现“用手指来指示”（事物）行为，同时“婴儿－物－人”的三元关系也相应成立。这种情形被称作“并列关系”。上述情况并非“我”与“你”看向同一事物从而共享注意力，而是共处于“ここ”（此处），想把自己所见事物与他人分享、与他人共鸣、与他人产生共感、互相演绎并形成“并列关系”，而语言便从中产生（やまだようこ，2010）。由此可见，包括认知语言学在内，迄今为止的语言学都偏向于“みる”（观察、观看）的立场（如 Langacker 的视角排列），在“みる”（观察、观看）的过程中，主体和客体处于一种“观察"与"被观察"的对立关系中，然而在这一背景下，"うたう"（咏唱）关系却受到了重视，这一点值得深思。从"场"的观点来看，呈现出并列关系的自我与他者身处"此时此处"的"场"中相互呼应，这才是最本质的交际方式，是以语言进行交流沟通的基础。

此外，やまだようこ（2013）指出，质性心理学与区分主客观的传统心理学模式有所不同，其更强调关系、互动、语境和多样性，以"相互作用模式"为基础，重视研究者与被验者共同作为人类的主体性，认为人与人在本质上互相联系、互相作用。在这一前提下，研究者与被验者均融入语境（环境、状况、场所）之中，且无法完全从语境中脱离出来，不能以普遍的"上帝视角"来感知事件，也无法人为地操控其中的相互作用。通过相互作用产生的会话和叙事由人们在文脉中共同创造出来，既不主观也不客观。值得注意的是，质性心理学既质疑"客观"又质疑"主观"。"广义上的语言质性研究不能仅停留在个人的'主观'层面上。语言处于社会与文化交织出来的世界中，刻画了公共世界的轮廓"（やまだようこ，2013）。而认知语言学虽然对客观主义进行了批判，但如果将"主观""主体"限定在个人世界中，依旧容易陷入"唯我论"的泥潭之中。

另外，鯨岡峻（2015）针对迄今为止的"客观主义范式"，提出了对应的"接触范式"以及"情节记述法"。所谓客观主义范式，是指以观察者的不参与为前提，使观察者与研究对象（被验者、实验参与者）保持一定距离，进而从外部观察研究对象，记录并分析肉眼可见的语言行为。而"接触范式"指的是参与调查研究或实验的观察者与被验者互相接触，共同成为参与者，通过作为参与者来思考"在接触时发生了什么"（间接地产生共鸣、间接主观地理解）。此外，为了使他人也能理解接触过程中发生的情况，整个接触谈话过程必须通过情节记述的方式被记录下来。在记录中，即使是一个简单的事例，其意识体验和具有的意义也可能会触动到事件当事人或是读者的内心深处，令其"恍然大悟"，如果能够产生这种效果，那么此番意识体验就得到了验证。鯨岡峻认为，这些情节内容如同投入作者和读者"内心池塘"中的小石子，由此激起的波纹就是每个人所感受到的意义。从"场"的观点来看，"内心池塘"可以被认为是作者和读者在

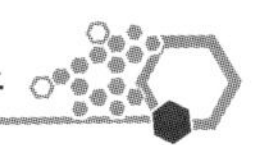

一个情节中共享意义的“场”。

这种质性心理学范式和研究方法既受到了西方社会建构主义等影响，又受到了日本独特文化的影响。“场”语言学范式也应在这种外界环境中探索出适合自身的独特研究方法。

3.7　结语——“场”语言学的贡献、课题与展望

为了建立适用于英语、日语等诸多语言的普遍性理论，未来的“场”语言学第一课题便是积累相应的实证研究。此外，如何将“场”语用学应用到语言教育中也是一个十分重要的课题。这不仅是单纯思考如何编写语法书、如何进行语言教学以及如何进行教学评价等问题，而是应思考语言教育的真正目的是什么。例如，“为了在全球化的世界中得以生存，必须进行英语教育”这一观点甚嚣尘上，然而最终结果却是为了在社会竞争中获胜而进行了英语教育。“场”语言学旨在“解决近代社会问题”，故应该推进“共创”而非“竞争”。在这种背景下，语言教育应该服务于多元文化共生的构建。因此，由“场”语言学引领的语言教育应将复语教育、多元文化教育及全球化公民教育纳入视野中。其中，“场”的概念与观点将起到重要作用。以“此时此处的场”为出发点，与全球化的“场”往复循环，同时还要与根源性的“场”（与西田哲学中“无的场所”概念相关）进行交互。综上所述，语言教育与跨文化教育实践是我们当下面临的重大课题。

“场”语言学提倡的普遍范式不仅面向语言学，还为近代范式的彻底转换提供参照。究其根源，便是回归被“逻各斯”遗忘的“自然”、回归被“主体”遗忘的“场所”，推进主体与场所的统一，并以此为基础尝试解决近代社会的根本问题。通过语言学的角度推动这一愿景的实现具有时代意义。

注释

1　截至 2022 年，距离 Langacker（1987）Foundation of Cognitive Grammar Vol.1、Lakoff（1987）Woman, Fire, and Dangerous things、Johnson（1987）Body in the Mind 等认知语法、认知语义学经典文献的问世已经过去了 35 年。

2　生成语法的支持者认为主语是一种普遍的语法范畴，而认知语言学将主语（句层次）规定为被侧显的第一焦点（射体）。町田章（2016）据此判断在句层次上不存在缺失主语或缺失射体的句式。所以，日语中的主语省略并非是句中不存在主语，而是主语并未以语言（声音）的形式出现。岡智之（2013）第三章从"场"的观点对主语进行了综合分析。

3　对此，鍋島弘治朗（2011）通过"共起性"（涉身性）等说明了隐喻的基础。如"怒りは火"（愤怒是火焰）这一表达建立在愤怒时体温上升的经验基础之上，与谓语推理相关联，即"愤怒时身体发热"且"火焰是灼热的"故"愤怒是火焰"。即便是与身体无关的抽象事物，如"时间很重要"且"金钱很重要"故"时间就是金钱"等谓语的同一性和相似性也被认为是隐喻的基础。阐释隐喻和比喻的谓语逻辑将是今后的重要课题。

4　城戸雪照（2003）指出：在大脑中，识别事物的路径与识别场所的路径是不同的。

5　与"容器"相比，"场所"意象的适用范围更为广泛。"容器"只是人类使用的道具，其中只存在着空间；而"场所"不仅可以指代人类居住和生活的环境，也可以指代概念上的"场"。

6　池田善沼，福岡伸一（2017）指出：在柏拉图之后的两千多年之间，人类的思考并未触及真实世界，而是只针对由人类主观性所构建出来的事物进行了思考。换言之，迄今为止的哲学和科学实际上都是基于"主观性原理"而发展起来的。池田善沼（2014）指出：西方近代科学技术中所谓的客观性其本质上仍是主观性的体现。这种主观性虽然被称为"以人为本主义"，但归根结底仍然不能成为一种"超越主观性"的认识论。具有认知结构的自我对自然加以支配，使其为人类所用，对此西方世界还进行大肆宣传称之为"解放人类"。最终，认知语言学依旧没有跳出主观性原理框架。

7　以下论述来自深田智，仲本康一郎（2008）。此外，池上嘉彦（2004、2005）将其分别称为"客观识解"与"主观识解"。

8　本多啓（2005）从生态心理学的角度出发，没有拘泥于个体与外部的相互作用以及个体内部与外部的区别，而是从整体环境角度追溯能力

的源泉。此外，本多啓还确立了“认识的社会构成”“作为相互行为（多人共同行为）的语言行为”等观点。这与质性心理学中的“相互作用模式”不谋而合，可谓是从唯我论中拯救认知语言学的一次尝试。然而，本多啓自己也承认：“他人的意志虽然可以根据心智理论加以揣摩，但因其隐秘性的本质终究处于无法被彻底知晓的状况中”（本多啓，2005），这也体现出本多的观点依旧无法摆脱自我与他者分离范式的束缚。

9　关于《雪国》的开篇部分，只有永井均（2006）明确表示该部分内容并非描述了某一人物的某段偶然经历。永井均（2006）指出：“如果一定要使用‘我’这个词，则‘穿过长长的国境隧道，便是雪国’这一表述本身便是‘我’，因此不存在体验的主体。引用西田几多郎的话来说，这是主客分离前对于‘纯粹经验’的描写。”

10　“如果需要强调雷声响彻四方的话，可以使用‘我’；如果没有特别强调，则‘我’便不存在（即‘无’）”。（永井均，2006）

11　“所有经验性知识的前提是‘能够被我所意识’，自我知觉成为经验性判断的谓语层面。一般而言，虽然‘我’也可以与物一样，成为拥有各种性质的主语统一体；然而‘我’不能作为主语统一体，而是必须成为谓语统一体。‘我’并非单独的点，而是完整的圆；并非物，而是场所。”（上田閑照，1987）

12　“所谓经验，意为贯彻事实的真相，不掺杂个人加工，完全依照事实去感知；所谓纯粹，意为对经验自身不掺杂丝毫思虑而真正贯彻经验的状态。如观色、听音的刹那间，没有受到任何外界作用，未在自身内部生成任何感受，还未分辨其颜色、其声音究竟为何物时的状况。此时的纯粹经验即直接经验。直接地体验自我意识状态时，主客未分的知识与其对象完全处于合而为一的状态。这就是经验最纯质的状态。”（“善的研究”，出自《西田几多郎全集第一卷》，岩波书店1965年出版。）

13　“使‘环境论的自我’得以成立的视角也促成了超越‘主体’‘客体’对立的契机。自我首先存在于环境中才得以被认知。当处在环境中的自我做出某种行为时，环境也会产生相应变化，能够认识到这一变化就说明了自我也发生了变化。（‘眼前的墙壁向着自己这边移动’这一语言表达）……'环境'概念自身暗含着环境与处于其内部的自我相关联，因此产生变化等同于自我发生变化。更进一步讲，事件不仅发生在环境之中，还作用在自我身上……事件并非发生于环境这一场所中，而是发生在自我这一场所中。该观点与以往的'自我与环境相对立、自我影响环境并按照自我的意志改造环境'思维方式成鲜明对比。后者以自我作为'实行'的主体，而前者强调自己做成了什么——身处其中会如何变化，即场所。"（池上嘉彦，2007）

"……再进一步讲，我们可以试着想象一名舞者身处'场所'之中。其中，舞者作为创作表演的主体，其表演不能像使用身体部位那样灵活，即不存在超越性主体。舞者在'场'中跳舞这一达成事件如同字面含义一样'达成'——亦是一种'生成'。……回到问题中，'行为'自然而然地发生即'无主体行为'的生成，我们必须时刻保持这种认识。"（池上嘉彦，2007）

14 这里需要注意的是，金谷武洋（2004）指出，不能被观察到的发话者（第一人称）与同为不能被观察到的受话者（第二、第三人称）之间存在着鸿沟，如日语主观性表达"悲しい"（悲伤）、"嬉しい"（高兴）以及"飲みたい……"（想喝……）等只能被发话者所使用，被客体化的第二、第三人称无法直接使用这些语言表达。上述观点强调了发话者（第一人称）在语言使用时拥有的特权，因此仍然是一种人称制约的体现。在下一节中将继续探讨"发话者与受话者"以外的区别及其重要性。

15 中村芳久（2016）指出："'寒い！'（真冷！）是一种感情的直接表出，经验主体先于寒冷的感觉而存在，没有与寒冷这一状况保持一定距离，也并未从高处对其进行俯视。主体在感到寒冷的同时而存在，两者融为一体，构筑了经验的'场'。……在发话时，日语的'寒い！'（真冷！）不存在观察与被观察之间的距离，不存在一方包含着另一方的关系。"因此 Langacker 提出的观察与被观察的主客对立思考方式难以对"寒い"（冷）这种主客不分的事态做出合理解释。从中也体现出了认知语法理论的局限性。另外中村芳久还指出："'寒い！'（真冷！）容易被误解为是一种受到'此时、此处、本人'制约的表达，而实际上这种语言表达与感觉是不可分割的，因此不存在时间空间使用人物

等制约。正因为没有制约，所以像（‘春树’感到的寒冷可以被讲述者所体会。因此像‘寒い！’（真冷！）这样的感觉容易引起受话者或读者的共鸣。”中村芳久的这一表述体现了需要以自他不分的立场来把握“寒い”（冷）这一事态。同时还体现了 Langacker 的认知图式无法解释所有语言现象，因此“场”观点的介入是十分有必要的。

16　镜像神经元由意大利的里佐拉蒂等人最先发现。恒河猴的前运动皮质 F5 区域的神经元原本只在运动时才会兴奋，但是当目睹了别的猴子或人做相似的动作时也会兴奋，因此该神经元得以被命名为“镜像”。随后，相关研究逐步揭示了该神经元也存在于人类的细胞群中。大塚正之（2013）对镜像神经元及感情做了如下论述：“迄今为止，我们普遍从自他分离的立场出发，以自己的经验为基准，推测他者的心理和感情。这又被称作‘心智理论’。因为有了‘心智理论’，我们才得以理解他者的所想所感。但是，镜像神经元的发现证明了事实并非如此。人类实际上会直接地、自他不分地从他者行为中感知他者的心理活动、感情以及疼痛等。”

17　当然，我们无法感受到他人突然被刀刺中时的疼痛，这是因为每个人的身体原本就是分离的个体。但是我们仍然可以与别人共情，感受他人的疼痛与感情。在自我与他者分离范式下，只能通过站在他者立场上进行推理来说明这种现象。然而推理和共情是完全不同的两种概念。“场”中共有的自我与他者相互作用催生了共情的产生，共情的基础是最初始的自我与他者不分性。这是一种超越了自我的“原本的自我”的觉醒。

18　对于池上嘉彦（2004）提出的日语第一、第二、第三人称的对立关系，本文持反对态度。本文认为，日语中的发话者与受话者存在的关系为“场”内部及“场”外部关系（也可以理解为第一、第二人称与第三人称的关系）。池上嘉彦（2004）认为，人类的语言从独白发展为对话。从“场”语言学的视角来看，语言的形成以“场”中体验的共有为基础，因此池上的观点站在了与“场”语言学相反的立场上。

19　バンヴェニスト（1983）指出，只有第一、第二人称才可称作人称，第三人称属于“非人称”。另外，佐久間鼎也指出，日语人称代词与指示语“こ、そ、あ”相对应。“第一、第二人称”与“第三人称”（非

人称）的对立关系等同于"こ"与"あ"的对立关系。在库尔德语中，第三人称代词与指示语"あ"为同一语言表达。

20 关于"スル"（する）型表现和"ナル"（なる）型表现的详细内容可以参考本书第 1 章的注释 1。译者注。

21 桜井洋（2017）从理论社会学与复杂理论体系的角度阐明了"なる"的逻辑。

22 "古層"（古层）为丸山眞男自创术语，可以被理解为"韵律""底蕴"等。译者注。

23 "赫拉克利特指出，自然（physis）'倾向于隐藏'，所以总是以隐藏的姿态而存在。但是从逻各斯（logos）的角度出发，自然则完全暴露在人类的理性之中，也正是因为自然的一目了然，万事万物才能够得以被理解。如果某一事物与人类的理性发生矛盾或背道而驰，那么该事物是无法被观察也是无法被理解的，因此没有必要进行关注。赫拉克利特还认为，对于人类的理性而言，矛盾的事物不可见也不可理解，所以没有必要将其视作问题。从赫拉克利特等的自然立场来看，苏格拉底与柏拉图的时代便是探索符合人类理性且事物无所遁形'具体可见'的逻各斯哲学典范的时期"（池田善沼 等，2017）。海德格尔曾言："真正的存在是自然中的存在"。"海德格尔所谓的'此在（Dasein）'正是产生于当前的存在，是切实发生的（生成的）存在，其现实性依据在于此在处于自然的'生成'状态之中，即自然内部。这种自然（physis）已经被西方世界的形而上学主义遗落在历史洪流之中"（池田善沼 等，2017）。西田几多郎再次回归自然世界，试图重塑哲学与科学体系。西田几多郎提出的"自觉"概念是一种对自然的关注，而"纯粹经验"则是一种尝试进入自然世界的体现。

24 浜田寿美男从身体的个别性出发，认为人生来就是以自我为中心的。另一方面，人的身体又具有与生俱来的共性。

25 子安增生（2000）对"错误信念"实验进行了具体说明。一开始通过人偶剧的方式，将以下故事情节讲述给儿童听："在购物时，Maxi 帮助妈妈撑开购物袋装东西。为了以后可以方便地吃到巧克力，所以 Maxi 记住了巧克力被放在了哪里。回到家后，Maxi 就出去玩了。在 Maxi 不在家的时候，妈妈需要用一些巧克力，所以从'绿色'的柜橱

中将巧克力取出来，并用巧克力做了蛋糕。随后，妈妈并没有将剩下的巧克力放回‘绿色’橱柜中，而是放进了‘蓝色’橱柜里。之后，妈妈便出门去买鸡蛋了。此时，饿着肚子的 Maxi 回到了家。”在讲完这段故事以后，对儿童进行提问：“Maxi 认为巧克力被放在了哪里？”对此，如果儿童回答了“‘绿色’橱柜”，就等于正确推测出 Maxi 的信念为“错误信念”。实验结果表明，3~4 岁的儿童几乎无法做出正确回答，而 4~7 岁的儿童回答的正确率有所提升。该实验证明了“心智理论”最早会出现在儿童 4 岁时。

参考文献

［1］　バンヴェニスト．一般言語学の諸問題 [M]. 岸本通夫，编译．東京：みすず書房，1983.

［2］　フランス·ドゥ·ヴァール．共感の時代 [M]. 東京：紀伊國屋書店，2010.

［3］　浜田寿美男．「私」とは何か [M]. 東京：講談社，1999.

［4］　浜田寿美男．身体から表象へ [M]. 京都：ミネルヴァ書房，2002.

［5］　本多啓．アフォーダンスの認知意味論：生態心理学から見た文法現象 [M]. 東京：東京大学出版会，2005.

［6］　細江逸記．我が国語の動詞の相（Voice）を論じ、動詞の活用形式の分岐するに至りし原理の一端に及ぶ [A]// 市河三喜编．岡倉由三郎退官記念論文集．東京：研究社，1928：96–130.

［7］　深田智，仲本康一郎．概念化と意味の世界：認知意味論のアプローチ [M]. 東京：研究社，2008.

［8］　井出祥子，櫻井千佳子．「場」の理論から見た言語 [C]. 日本認知言語学会論文集，2013（13）：612–617.

［9］　池上嘉彦．「する」と「なる」の言語学：言語と文化のタイポロジーへの試論 [M]. 東京：大修館書店，1981.

［10］　池上嘉彦．言語における < 主観性 > と < 主観性 > の言語的指標（1）[A]// 山梨正明．認知言語学論考 No.3. 東京：ひつじ書房，2004：1–49.

[11] 池上嘉彦 . 言語における < 主観性 > と < 主観性 > の言語的指標（2）[A]// 山梨正明 . 認知言語学論考 No.4. 東京：ひつじ書房，2005：1–60.

[12] 池上嘉彦 . 日本語と日本語論 [M]. 東京：筑摩書房，2007.

[13] 澤田治美 . 日本語と主観性·主体性 [M]. 東京：ひつじ書房，2011.

[14] 池田善沼 . 近代主観主義の超克：文明の新しいかたち [M]. 京都：晃洋書房，2014.

[15] 池田善沼，福岡伸一 . 西田哲学を読む [M]. 東京：明石書店，2017.

[16] 金谷武洋 . 英語にも主語はなかった：日本語文法から語千年史へ [M]. 東京：講談社，2004.

[17] 木田元 . ハイデガー『存在と時間』の構築 [M]. 東京：岩波書店，2000.

[18] 城戸雪照 . 場所の哲学：存在と場所 [M]. 東京：文芸社，2003.

[19] 國分功一朗 . 中動態の世界：意志と責任の考古学 [M]. 東京：医学書院，2017.

[20] 子安増生 . 心の理論：心を読む心の科学 [M]. 東京：岩波書店，2000.

[21] 鯨岡峻 .「接面」から見た人間諸科学 [A]// 小林隆児，西研 . 人間科学におけるエヴィデンスとは何か . 東京：新曜社，2015：187–228.

[22] LAKOFF G，JOHNSON M. Philosophy in the Flesh：The embodied mind and its challenge to Western thought[M]. New York：Basic Books，1999.

[23] レイコフとジョンソン . 肉中の哲学 [M]. 計見一雄，译 . 東京：哲学書房，2004.

[24] 町田章 . 認知図式と日本語認知文法：主観性·主体性の問題を通して [A]// 山梨正明 . 認知言語学論考 No.13. 東京：ひつじ書房，2016：35–70.

[25] 丸山眞男 . 忠誠と逆反 [M]. 東京：筑摩書房，1992.

[26] メイナード·泉子 . 情意の言語学：「場交渉論」と日本語表現のパ

トスー [M]. 東京：くろしお出版，2000.
［27］ 三尾砂．三尾砂著作集 I[M]. 東京：ひつじ書房，2003.
［28］ 鍋島弘治朗．日本語のメタファー [M]. 東京：くろしお出版，2011.
［29］ 永井均．西田幾多郎:「絶対無」とは何か [M]. 東京：NHK 出版，2006.
［30］ 中村芳久．Langacker の視点構図と（間）主観性 [A]// 中村芳久，上原聡．ラネカーの（間）主観性とその展開．東京：開拓社，2016：1–51.
［31］ 大塚正之．場所の哲学：近代法思想の限界を超えて [M]. 京都：晃洋書房，2013.
［32］ 岡智之．場所の言語学 [M]. 兵庫：ひつじ書房，2013.
［33］ 尾上圭介．文法を考える 5 出来文（1）[J]. 日本語学，1998（17）：76–83.
［34］ 佐久間鼎．現代日本語の表現と文法 [M]. 東京：恒星社厚生閣，1966.
［35］ 桜井洋．社会秩序の起源:「なる」ことの論理 [M]. 東京：新曜社，2017.
［36］ 澤田治美．『主観性と主体性』序論 [A]// 澤田治美．第 5 巻ひつじ書房意味論講座 5 主観性と主体性．東京：ひつじ書房，2011：iii-xl.
［37］ 清水博．場の思想 [M]. 東京：東京大学出版会，2003.
［38］ 菅井三実．概念形成と比喩的思想 [A]// 辻幸夫．認知言語学への招待．東京：大修館書店，2003：127–182.
［39］ トマセロ·マイケル．心とことばの起源を探る：文法と認知 [M]. 大堀壽夫，等译．東京：勁草書房，2006.
［40］ 辻幸夫．新編 認知言語学キーワード事典 [M]. 東京：研究社，2013.
［41］ 上田閑照．西田幾多郎哲学論集 I: 場所私と汝 [M]. 東京: 岩波書店，1987.
［42］ やまだようこ．やまだようこ著作集第 1 巻 ことばの前のことば

[M]. 東京：新曜社，2010.

［43］ やまだようこ . 質的心理学の核心 [A]// やまだようこ等编 . 質的心理学ハンドブック . 東京：新曜社，2013：4–23.

［44］ 山梨正明 . 認知構文論：文法のゲシュタルト性 [M]. 東京：大修館書店，2009.

第 4 章　日语、英语中的自我语言化——以“场所”为线索

植野貴志子

4.1　引言

通晓欧洲、中东及亚洲等多地语言和思想的语言哲学家井筒俊彦，在其著作（1991、2001）中提出：语言最基本的功能是通过语义将现实进行切分，即语义分节[1]，如果语言不能将其描述的对象语言化（语义分节），语言就失去了指示功能。例如，当我们看到一座山峰时，我们之所以能将眼前景色以“山”这一概念进行定义，是因为语言发挥了最基本的功能，即将“隆起的地块”作为对象，并使其从现实中分离出来，于是“山”这一语言表达形式就被赋予了含义。在跨语言视角下，我们能够观察到语言对现实的分节方式是有所不同的。在不同的语言中存在不同的分节标准，有的语言会将语义作为独立的单位进行切分、认识，有的语言会将事件作为单位进行认识。于是，人们在使用与生俱来的语言时，会透过语言分节所交织出来的网格对事物进行观察、思考，人们无法从这一习惯中摆脱出来，就像是“语言的奴隶”（井筒俊彦，1991）一样。

如果真如井筒俊彦所说的那样，即语言对现实的分节方式各有不同，进而对认识的单位以及对事物的解释也各有不同的话，那么将自我作为对象的语言表达也理应存在不同。是否可以假设随着语言对自我的分节、对象化、语言化方式存在不同，不同语言对自我的认识和解释也有所不同呢？

本章聚焦于日语和英语对"自我"概念的语言表达，如日语的"私"（我）、"僕"（我）和英语的 I，以及表示当下的心理状态"悲しい"[2]（悲伤）、"I am sad"。针对日语和英语如何对自我进行分节、对象化、语言化，又是如何对自我进行认识和解释的这一问题进行探讨，将意识现象视为一个不断发展的过程，即从主客不分的"纯粹经验"到主客分离、进而加以认识、判断和思考的过程，基于"於いてある場所"（存在场所）（西田幾多郎，1987）理论对这种意识现象进行分析。

4.2 "场所"

4.2.1 "场所"和"鲁宾壶"

人们的意识通常处于不断产生的表层意识之中。即使闭上眼静下心，人们也无法停止思考、停止感受。微风拂面，不经意间回忆起过去种种，对某些事物的意识便会延绵不断地产生。探寻人类存在根源的哲学家西田幾多郎（1987）认为：就像"风"这一对象、"迎风"这种意识等，所有的对象、意识皆为"存在场所"中的映射及所见，这便是人的意识活动。我们需要思考这里提及的"场所"具有哪些性质。

首先，意识容易被认为是一种连续性事物，而实际上意识会时刻产生时刻消失。于是，意识现象的"存在场所"也会不断变化，即"无常"（impermanence）（Hanks et al.，2019）。这点可以通过"鲁宾壶"（图 4–1）进行诠释。

图 4–1　鲁宾壶

"鲁宾壶"呈现出的是一副多义图形，我们可以将其看成两个面对

面的人物侧脸图案（黑色部分）或是一个大壶图案（白色部分）。首先我们把目光放在黑色部分的两个人物侧脸上。当持续注视最多 3 秒后，我们会不自觉地将注意力转移到大壶上。进而两种图案会交互出现。三宅没博（2000）通过这一现象总结出了人类意识的循环周期为 3 秒，同时这种现象也反映出显意识会不停受到外部影响的这一事实[3]。在“鲁宾壶”中，当“侧脸”为显意识时，“壶”为意识的外部；当“壶”为显意识时，“侧脸”为意识的外部。“侧脸”显在化时，“壶”是一种存在于显意识外部的、潜在的意识，同时使“侧脸”这一显意识成立。想要了解人类的意识活动，前提是显意识领域以外还存在潜意识活动，因此必须通过显意识活动和潜意识活动两方面来综合把握自我概念（三宅美博，2000）。

正如“鲁宾壶”现象所示，意识是一种“非连续的连续”（西田幾多郎，1987），其中意识和意识之间的断裂深处存在着意识产生以前的某种“深层结构”，这种“深层结构”与西田幾多郎提倡的“绝对无的场所”概念相通。“绝对无”是产生任何“有”的源泉。时刻产生时刻消失的意识也可以被视为一种触碰到“绝对无”之后再次反弹的事物。

Hanks 等（2019）把相当于“绝对无的场所”概念称作“初级场”（primary ba），并将其视为一种可以完善现今语用学的重要补充概念。同时，“绝对无的场所”也可以看作主客不分阶段下大乘佛教中提及的“空”概念，或者是唯识思想中的“阿赖耶识”，即语言作为一种“识”在不停顿的变化中产生（花冈永子，2000；平山洋，2000）[4]。

那么，在考虑“场所”时，时刻出现的意识又是如何在认识、判断发展为思维这一过程中发挥作用的呢？

例如，我们在散步时听到某些声音进而发出“啊”的瞬间，这其实是一种处于主客未分状态下的意识作用于“场所”内侧（interiority）的现象。西田幾多郎（1950b）将其称为“纯粹经验”。纯粹经验也可以被称为“世界の開け”（世界开放）的瞬间，自此开始发生主客分离，作为个体的自我开始产生，这一阶段是以意识经验为支撑的初始层。纯粹经验指的并不是没有任何特别经验之意，而是人在生活中无意识的、根源的、时刻产生的每个瞬间经验。所谓“场所”，既是发现并发展意识、认识和思维的场地，也是反映意识作用的一面镜子。

当纯粹经验反映在“场所”中时，必然会诱发“观察”这一“反省”

（reflexivity）活动。"观察"是一种将对象分节、客体化，并加入判断和认识的一种行为，语言也在这一过程中介入。通过"观察"，将"啊"这一纯粹经验，转换为"是黄莺在啼叫"这一认识和判断，进而使其发展为"春天来了""很久以前曾和祖母一起在深山中听到黄莺的啼叫声"这些思维。像这样"映射"和"观察"的内在关系首先改变了"映射"空间的范围，进而使"观察"本身的对象也发生改变。于是意识自然而然发展下去。"场所"受到无常的影响，又受到"观察、映射"作用带来的自然发展的影响，所以其境界并不会停留在某一特定程度中（scalability）[5]。

4.2.2 "场所"、语言以及自我提及机制

意识的发展和语言密不可分。在图4–1"鲁宾壶"中看到"侧脸"或"壶"时，将其作为对象的意识可以通过"侧脸"和"壶"这些语言表达使自身变得更加显著化，实际感受也会更为强烈。同样在日常生活中，想要更加确切地感受窗外的"天空""山""花"时，可以分别通过"天空""山""花"这些语言表达使意识变得更加显著，更加确切。因此，"映射、观察"中的"观察"，也可以被称为"作为语言功能的意识"（南直哉，2018）。意识和语言时常将某些事物作为对象，彼此互相紧密联结。人的想法及思考就这样孕育而生，进而发展变化。人只要活着，就会处在这一过程中。人类可谓是语言层面上的存在，即"语言内存在"（南直哉，2018）。

那么，将自我作为对象进行认识、进行语言化是怎么一回事呢？把自我作为对象不同于把"壶""山"等自我以外的事物作为对象，自我将自我内部作为对象是一种十分特殊的情形。正是由于这一特点，自我不断意识着自我，并将其语言化，在逻辑上是无法摆脱"意识着自我""被意识的自我"这一无限循环的。换言之就是用"我即是我"来论证"我"，进而继续论证"我即是我"，这样最终会陷入无尽的自我提及悖论中。然而在实际会话时，我们却并不会陷入这一悖论中。实际生活中的自我提及是如何运作的呢？

清水博（2004）认为，自我将自我内部"映射、观察"，这一过程就好比身处英国国内，却仍然不停地企图将包含自己在内的英国地图描绘出来一样，而实际上的自我提及机制并非如此。这是因为实际上的"映射、观察"会根据实时状况，并基于过去的体验与学习，将必要的部分分节化、

客体化，进而“观察”。在“过去的体验与学习”之中，个人的经验、知识和记忆，以及使用的语言和语言共同体的价值观、习惯占据了重要位置。

基于清水博的论述，不同语言的使用者会“习惯于透过语言分节所交织出的网格进行观察和思考”（井筒俊彦，1991），因此在提及自我时，意识现象处在“存在场所”中，当“映射、观察”发挥作用时，自我会根据某些不同的依据被分节、客体化。因此，意识的发展会呈现出不同的样态，这一点是可以被预测到的。英语的发话者在言及 I 时，或是日语发话者在言及“私”（我）、“僕”（我）时，“映射、观察”是如何发生的，I 和“私”（我）“僕”（我）又以何为根据？换言之，I 与“私”（我）、“僕”（我）这样的分节单位，作为一种认识单位在显著化的同时，与其相对应的潜在的、暗在的事物又是何物，这便是问题所在。

第 4.3 节分析英语和日语中提及自我的语言表达，第 4.4 节论述两种语言如何表达自己当下的一种心理状态，通过这两节内容来讨论自我的语言化。第 4.5 节根据“场所”概念对第 4.3、第 4.4 节的内容进行深入探讨。

4.3　英语和日语中提及自我的语言表达

4.3.1　第一人称代词 I

作为印欧语系之一的英语，第一人称代词为 I，和英语同属日耳曼语族的德语第一人称代词为 ich，罗曼语族中的西班牙语则为 yo，同为罗曼语族的法语则是 je。在各种语言中，一方面，第一人称代词作为主格出现时虽然具有不同的形态，但是它们的共同起源都可以归结到“ego”（自我）这个词上。另一方面，第二人称代词的最古老说法可以追溯至“tu”一词。古英语 thou、德语 du 都还残留着“tu”的声音变化痕迹，而西班牙语 tú 和法语 tu 则直接保留其原形。印欧语系的第一人称、第二人称代词从起源开始便具有一致性，皆为语言使用者指代自己的词语和指代对面另一方的词语，这种一致性也一直持续至今（鈴木孝夫，1973；三輪正，2000）。

I 是如何与语言使用者的观察方式及自我认知相关联呢？通过研究印欧语系进而探究西欧世界无意识结构的语言学家埃米尔·本维尼斯特给出了一些线索。

①I和you都与任意概念或者特定个体无关，是一种“虚的符号”（empty signs）。（Benveniste，1971）

②I和you都具有区别于其他指示标记特异性，其在语言内部的位置超过了其他所有语言符号的领域。（Benveniste，1971）

③语言使用者通过使用I将自身放置于主语（subject）位置上的同时，也作为“主体”（subject）[6]对语言加以“执行”（exercise）。I是语言使用的“关键”（key）。（Benveniste，1971）

在阐述①中，I和you是“虚的符号”，其含义是：I和you的指示对象只有被特定，才具有实际意义。在每一个发话中，使用I的人就是I，I所称呼的对象就是you。这点任何人在任何情况下都相同[7]。

“虚的符号”这一性质不仅适用于I和you，它还是指示表现中普遍存在的共性。例如，第三人称代词he也是一种“虚的符号”，因此he在每个发话中都能特定到某个人。但是，I、you与he中间还是存在着一条分界线。一方面，I除了使用者以外不存在其他指示对象，使用者存在于I出现的话语内，这一点是I所具有的、其他词语所不具有的固有性质。另一方面，虽然you存在于I之外，但同时也被暗含在I的内部。这是因为I通过与you进行对比而成立。通过使用I来指代自己的发话者会用you来指代对方，随后被you所指代的受话者变为新的发话者，同时通过使用I来指代自己，因此先前用I指代的人物会变成用you。即I和you可以相互转换，具有反转性（バンヴェニスト·エミール，2007）。这种性质只见于第一人称代词I和第二人称代词you。因此，正如②所提及的那样，I和you的位置超越了其他所有符号的领域之意。

位于超越了其他所有符号领域的I，也如③所示，是对语言加以执行的关键。发话者通过使用I，将自己放置于主语（subject）的位置，成为执行语言的“主体”（subject）。同时将符号体系的语言转变为具体的话语。这点也说明了作为第一人称代词的主格I被置换成为主语。但是这里需要强调的一点是：通过在发话中言及I，使发话者成为执行语言的主体，即I这一分节单位和认识单位与“主体性”相关。

本维尼斯特（バンヴェニスト·エミール，2007）对于主体性进行了说

明：主体性确立了“ego”（自我），并“超越了身上积累的全部经验总和，保证了意识的恒久性，是一种内心的统一状态”。因此 I 具有一种统觉的自我意识，通过这种统觉的自我意识可以描绘出“ego”（自我）的真正面貌。语言的分节单位直接成为认识单位，作为独立的一种存在形式被认识（井筒俊彦，1991），因此通过 I 这一分节单位，我们可以得出以下推断：统觉的自我——“ego”（自我）被认识，即统觉的自我——“ego”（自我）是以 I 为分节、认识的单位而被创造出来的假想事物。

关于 I 即“ego”（自我），也就是“超越了身上积累的全部经验总和，保证了意识的恒久性，是一种内心的统一状态”。本维尼斯特的论述，则使人联想到心理学家皮亚杰、哲学家拉康、梅洛・庞蒂等关于自我形成的探讨。皮亚杰（ピアジェ·エミール，1972）指出，约 2 岁的幼儿“将活动从自己的身体中去中心化”“将自己的身体视为一个客体，这些都存在于一个共同的空间里，认识到自己是活动的起源又或是支配者，在这种主体的协同效果下开始关联其他客体的各种作用”。

皮亚杰所主张的“去中心化”采用了脱离自己身体的视角，将自身视为其他的某一个客体事物。去中心化可以导致“在主体的协同效果下开始关联其他客体的各种作用”，这是因为采用脱离了自己身体的视点，可以将包含自己身体在内的各个客体所带来的作用，有机结合成为一个主体。拉康也提出过幼儿通过照镜子并观察映在镜中的自己，会意识到存在着一种自身的统一成像（福原泰平，1998）。梅洛・庞蒂（2001）认为自己的身体对于自己来说，是一种占据了特权地位的“最容易在身边观察到的事物”。皮亚杰、拉康、梅洛・庞蒂的主张存在着共通点，即自我形成是通过“伴随着身体感觉的统觉自我意识的获得”来达成的。

皮亚杰等主张的自我形成的样态，符合了前文中阐述过的 I 这一分节、认识单位所具备的主体性。这种主体性即“超越了身上积累的全部经验总和，保证了意识的恒久性，是一种内心的统一状态”（バンヴェニスト·エミール，2007）。承担这一主体性的 I 换言之是一种认识单位，它“将自己的身体视为一个客体，这些都存在于一个共同的空间里”，进而“认识到自己是活动的起源又或是支配者”，因此实现了“在主体的协同效果下开始关联其他客体的各种作用”（メルロ·ポンティ·ピアジェ，1972）。

因此，英语母语者的自我形成是获得了I这一分节、认识的单位进而去中心化，以I作为起点将自己的活动和作用进行客体化，随着一系列协同效果的统一，最终获得统觉的自我意识[8]。

通过观察谈话中I的实际使用情况，我们可以发现说话者将I定位起点，在此基础之上展开后续谈话的这一语言现象。谈话资料（1）是为了进行跨语言比较而收集的谈话资料[9]，其内容是一名来自美国女性（30岁，大学教师）的话语内容。她作为发话者，与她第一次见面的女大学生作为受话者，她对这名受话者讲了自己怀孕时做梦梦到生下了一名男婴，而实际真的产下男婴的这样一段经历。

谈话资料（1）：

When...when I was pregnant and I was finding...I have a son. [Okay.] ...and when my husband went...and I went in to find out, um...if it was a boy or a girl...[Uh-huh.]um...When I say this is kind of a half surprise, it’s because, yes I was surprised that it was a boy, [Uh-huh.]um...But at the same time, I had a dream before going in that , you know, I thought it was a boy... but of course I didn’t want to share it with anyone cuz the odds were fifty fifty that it could have been a boy or girl.

构成该谈话的每个句子都是以I作为起点的。而且这些句子都从属于I，在时间与空间上形成了对象与对象的关系。I作为主语在构文上是不可欠缺的，只要有必要可以出现任意次。这一现象也能说明英语是一种主语凸显语言（subject-prominent language），在句法上主语很难被省略。但是，形成这一句法特征的根本原因在于：通过I的提及，发话者将自身置于主语位置，进而使发话者成为语言执行的主体，这种观察及认知的方式已经成为一种惯性。

作为主语凸显语言的英语，不论第几人称，主语必须出现在句中。本维尼斯特（バンヴェニスト·エミール，2007）认为该语法规则是印欧语极端且例外的性质所带来的产物，第三人称需要对照第一、第二人称形成相应的语法规则。据此可以推测：第一、第二、第三人称中具有共通性的语法规则，是作为语言执行关键所在的、作为认识单位的I的产物。

下一节将聚焦于日语中指称自己的语言表达。英语中 I 可以使发话者将自己置于主语位置，并成为执行语言的主体，而日语中却不存在这种现象。

4.3.2　日语的自称词

佐久間鼎（1957）指出，日语的人称代词起源于指示代词“コ·ソ·ア[10]”。“こなた”（此处）、“こちら”（这边）、“こっち”（这儿）代表自我（一侧），“そなた”（彼处）、“そちら”（那边）、“そっち”（那儿）代表对方（一侧），“あれ”（那个）、“あいつ”（那个家伙）、“あちら”（那边）则代表其他情况。因此“コ、ソ、ア”分别对应第一、第二人称和第三人称。从中我们可以看出日语的空间位置关系和人称代词之间有着紧密联系。

在现代日语中，通常情况下可以使用很多词语来指代自己，如“私”（我）、“わたくし”（我）、“僕”（我）、“俺”（我）、“うち”（我）等。“わたくし”（我）还有“对公家、官方提及与自身相关的事项”之意，“僕”（我）则有“下层、身份低位的人”之意，“うち”（我）还包含“属于自己一侧”之意。指代对方时用“あなた”（你）、“おまえ”（你）、“きみ”（你）等词语。“あなた”（你）被认为是从“彼方”（对方）转变而来，有尊重对方之意。“おまえ”（你）和“きみ”（你）最初分别是“身份尊贵之人”和“君主”之意（《广辞苑》第七版，2018 年）。从这些语言表达中不难看出，日语指代自己的词语以及代指对方的词语都具有一定的社会性功能，体现了社会空间中的位置、上下级关系等。

鈴木孝夫（1973）为了说明西欧语言和日语在第一、第二人称代词上有本质区别，进而导入了“自称词”和“对称词”这两个术语。鈴木孝夫以一名 40 岁男性小学教师为例，分析了该名男性在主要生活场景中使用自称词和对称词的情况，如图 4–2 所示。

在图 4–2 中，作为调查对象的男性在自称词使用方面出现了以下情形：在家中面对父亲时使用“ぼく[11]”（我），面对妻子时使用“おれ[12]”（我），面对儿子时使用“お父さん”（爸爸、父亲），面对弟弟时使用“兄さん”（哥哥）；在职场中，面对校长时使用“私”（我），面对学生时使用“先生”（老师）。在对称词的使用上，当对方比自己身份地位高的时候，使用对方的职位（校长，老师）或在家庭中的地位（父亲，哥哥）等词语，对与

自己相同地位或者比自己地位低的人则使用“おまえ”（你）、“あなた”（你），或者直接称呼对方的名字。

在英语中，使用 I 的人一定就是 I，被 I 称呼为 you 的另一方一定是 you，以 I 为起点时，I 和 you 只有这一重含义。而当发话者和受话者出现交替时，I 和 you 也会相应出现反转。与之相对的，图 4–2 中所示的日语自称词、对称词在使用上，需要以身份地位高、身份地位平等、身份地位低为轴，即由人际关系和社会职能关系决定，并非是对称的关系，因此不会像英语那样出现反转使用的情况。在日语中的自称词和对称词实际使用中，使用者需要根据外部的具体环境、场面及状况，把自己置于合适的“场”之中。

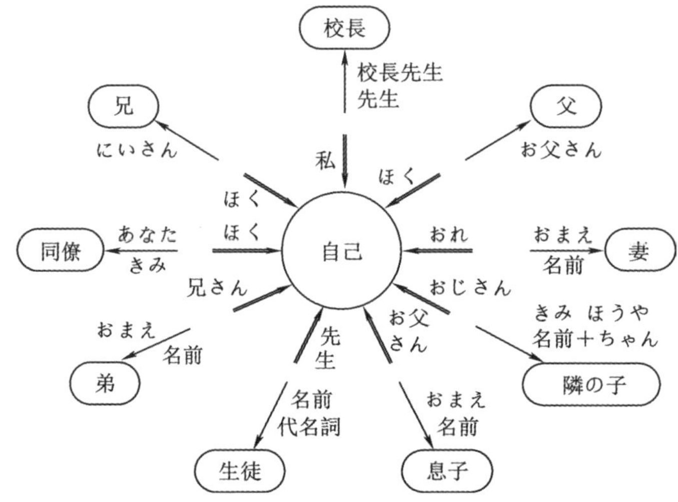

图 4–2　40 岁男性小学教师自称词、对称词的使用情况（鈴木孝夫，1973）

通过对日常生活中的用语进行观察，也会发现人们在自称词的选择上会出现瞬时且细腻的置换现象。电视上曾经播放过 2018 年冬奥会花样滑冰冠军羽生选手及亚军宇野选手的访谈节目。当红搞笑艺人作为节目主持人，和两位选手一起伴随着笑声在和谐的气氛下完成了这次访谈。

谈话资料（2）：

①主持人：羽生選手、改めてね、あの、オリンピック連覇ですけれども、どんなお気持ちなんでしょう

羽生选手，我想再一次（问你），嗯，（对于）蝉联奥运会冠军，是一种什么样的心情呢

②羽生：そうですね、ほっとしてます、幸せですし、ほっとしてます、ここに賭けてきてたので、はい

这个嘛，一种放下心来，幸福，松了一口气（的感觉）。因为（把全部）都赌在这上面了，对……

③主持人：二人で金メダル、銀メダルね、確定したときっていうのは、何かお話しなさったんですか

（你们）两人确定获得金银牌的时候，有交谈了什么吗

④羽生：俺が泣いてたんだよね（宇野選手に顔を向けて）

我哭了起来（把脸转向宇野选手）

⑤宇野：泣いてましたね（笑い）

确实哭了呢（笑容）

⑥主持人：なんで鼻で笑ってんの（笑い）（宇野選手に顔を向けて）

你为什么笑话人家呀（笑容）（把脸转向宇野选手）

⑦宇野：そんなことないです（笑い）（手を振って否定しながら）

没有那回事（笑容）（摆手表示否定）

⑧主持人：ど、どっちが声かけたわけですか

谁先对谁说的话

⑨羽生：俺からかな（宇野選手に顔を向けて）

我对他吧（把脸转向宇野选手）

⑩宇野：うんうん（うなずきながら）

嗯嗯（点头）

⑪主持人：なんとおっしゃったんですか

说了什么

⑫羽生：僕がとりあえずおめでとうという話をしていて……（司会者を見て）

我总之说了一些类似恭喜的话……（看向主持人）

（日本电视台“Going! Sports & News”2018 年 2 月 17 日播出）

在主持人询问“两人确定获得金银牌的时候，有交谈了什么吗”（第

③句）时，羽生选手一边把脸转向坐在旁边的宇野选手一边说："俺が泣いてたんだよね"（我哭了起来）（第④句）、"俺からかな"（我对他吧）（第⑨句）。此时本以为羽生选手会用"俺"（我）来指称自己，但是在下一个瞬间，他却面向主持人说了"僕がとりあえず……"（我总之……）（第⑫句）"俺"（我）和"僕"（我）都是男性使用的自称词，"俺"（我）大多是在非正式场合中对同辈或晚辈使用，而"僕"（我）可以在正式场合中面对身份地位较高之人时使用。羽生选手在面对比自己年轻、取得了银牌的宇野选手时通过使用"俺"（我），体现出了他作为金牌获得者所具有的优越感、强势及高大，同时也表达出了他和宇野选手之间的亲密感情以及取得金牌后的高涨情绪，并自豪地把这些感情传递给了观众。如果羽生选手在面对年长的主持人时没有使用"僕"（我）而是使用了"俺"（我）的话，就会给人一种没有礼貌的印象。通过上述举例，发话者会以时刻变化的文脉、人际关系、状况、场面等"场"为依据，无时无刻地直观选择合适的自称词。

那么，以时时刻刻都在变化的"场"为依据而被选择出来的自称词，在句式结构上又有什么功能呢？正如4.3.1中所阐述的那样，发话者通过使用I将自身置于主语位置，成为语言的执行主体。以英语谈话资料①为例，I作为主语在句式结构上是不可欠缺的，如果有必要的话可以出现任意次。下面会通过对日语的谈话进行分析进而观察日语自称词的使用情况。

谈话资料（3）是与谈话资料（1）在同样条件下收集的谈话内容。一名50多岁的女性大学教师与第一次见面的女大学生讲述了自己的一段体验：考入大学后的儿子日常过着十分繁忙的生活，对此自己觉得十分诧异。在大约两分钟的讲述中，作为指代自己的词语，仅出现了一次"わたくし"（我）。

谈话资料（3）：

えーとね、あのね、もう、こういう、教職についてね［はい］もう25年ぐらいになるんですけれども、初めて、大学1年生の気持ちが、こう、鮮烈にわかったっていう体験をこの春したんですね［はい］えー、もう、プライベートなお話なんですけど、あの、息子が、大学1年生になって［はい］それで、大学に、通い始めて、あの、朝、行ってきますって言って

帰ってくると、もう、ゆ、夕方に帰ってきますと、ま、よる、夜ですね、……大学 1 年生の生活って、あまり、こう、あの、べん、勉強の面ではね、わたくし、こう、おつきあいしててわかってるつもりだったんですけれども、あのう、えっと、いろんな、あの、新歓コンパってのがあるんですってね、[あ、はい]で、あの、そんなのに教員は呼ばれることもないので、……なんか、大学生活、すてきだな、と、い、思う反面[はい]びっくりしました、知らないことで、知らない世界を見せてもらいました。([ ] 里的内容为受话者的反应)

嗯，那个，已经，那个，像这样，拿到教职，[嗯] 已经 25 年了，第一次这么鲜明地理解了大一学生的心情，是今年春天。[嗯] 哎，我要说一些隐私方面的话，那个，儿子成为大一学生 [嗯]，于是，开始上大学，早上说“我去上学了”，回来时已经傍晚了，到了晚上……大学一年级的生活，在学习方面，我，这样跟他相处才觉得理解了，嗯，各方面的，还有那种新生欢迎会，[啊，是] 完全不邀请老师参加，怎么说呢，大学生活真美好，一边这么想，另一方面 [嗯] 也大吃一惊。以前完全不知道，让我了解了不曾知晓的世界。([ ] 里的内容为受话者的反应)

著有《日本语口语文典》的日本学研究者张伯伦（Basil Hall Chamberlain）发现日本人在交谈了将近 1 小时都几乎不使用相当于 I 的词汇时，表示十分震惊（水谷信子，1985）。即便是在谈话资料（3）中，在“えーとね、あのね、(わたくし)、もう、あの、こういう、教職についてね……”（嗯，那个，已经，那个，像这样，拿到教职……）等几处话语中，如果想要加入“わたくし”（我）也并非不可以，然而实际中并没有出现“わたくし”（我）。唯一一次出现了“わたくし”（我）这一语言表达是在“大学 1 年生の生活って、あまり、こう、あの、べん、勉強の面ですね、わたくし、こう、おつきあいしててわかってるつもりだったんですけれども”（大学一年级的生活，在学习方面，我，这样跟他相处才觉得理解了），从发话者的角度出发，体现出作为一名“学习、理解了大学一年级学生的生活”的教师想要强调自身立场的一种心情。一方面，发话者通过使用“わたくし”（我），体现了发话者对受话者强调自己的大学教师身份，加强

对话的正式感，以符合自身品格和礼貌程度为指标进行发话行为等，作为选择发话策略的依据则是发话者所处的外部环境、状况以及场面，即“场”。另一方面，即便在这段谈话中不使用“わたくし”（我），在句式结构上也不会构成任何问题，而且不会对谈话内容的理解带来障碍。

在日语中，提及发话者自身而使用“私”（我）时，正如谈话资料（3）所示，会用在强调自身立场、与他人进行区分、在前后文脉中需要明示、对自己进行内省而故意提及等场合。日语自称词和英语 I 有所不同，即便是提及自身，在句式结构上也并非是不可或缺要素。像英语 I 那样将自己置于主语位置、成为语言执行主体的语言表达，严格来讲，在日语中是不存在的。从这个角度出发，主语这一概念其实不适用于日语。（进而如果以主语概念为前提考虑，则谓语这一概念也不适用于日语。）

4.4 表示当前心理状态的语言表达——“寂しい”（寂寞）与“I am sad”

本节以表示当前心理状态的日语和英语相关语言表达为对象进行分析及探讨，这些语言表达也是自我语言化的一部分。“寂しい”（寂寞）、“嬉しい”（高兴）、“I am sad”“I am happy”等，都是通过语言来表达当前的一种心理状态。这些语言表达体现了发话者目前正经历内心中的某种内部经验。发话者正在经历自己内部经验的这一状态，指的是亲历者与经历事件融为一体的状态，这一状态往往会伴随着某种自我的直观意识（藤澤賢一郎，1998）。英语和日语又是如何将这种自我意识客体化、语言化的呢?

在英语中，通过语言来表达现在自己的某种心理状态，往往会将 I 置于主语位置来构成一个句式。

谈话资料（4）：

I am sad.

I am happy.

I am in pain.

I am scared.

I’m so sad to be leaving.

发话者通过将 I 置于主语的位置上，进而成为语言的执行主体，确保了其“超越了身上积累的全部经验总和，保证了意识的恒久性，是一种内心的统一状态”（バンヴェニスト·エミール，2007）。于是开始去中心化并将自己视为一个客体，作为活动起源的主体和客体发生各种协同作用就成为可能。将正在经历的内部经验，即亲历者和所经历的事件融为一体的这种状态进行客体化、语言化时，作为起点的 I 登场，和 be 动词、形容词或其他成分搭配，构成了“I am sad”等语言表达。

谈话资料（5）：
寂しい（寂寞）
嬉しい（高兴）
苦しい（痛苦）
怖い（害怕）
別れが悲しい（离别很悲伤）

“寂しい”（寂寞）、“嬉しい”（高兴）、“苦しい”（痛苦）、“怖い”（可怕）和“別れが悲しい”（离别很悲伤）这些语言表达是发话者对自身进行的一种阐述。如果加上“私は”（第一人称代词‘我’+助词‘は’）即“私は寂しい”（我寂寞）的话，甚至会让一部分人感到不自然（神尾，2002）[14]。类似于“私は嬉しい”（我高兴）这样在句中添加“私”（我）的表达，只用在一些将自己和别人相互区别的场合、或者进行内省强调自我的场合。

回顾谈话资料（2），在访谈一开始，主持人与羽生选手对话时先称呼他为“羽生选手”，同时使用“どんなお気持ちなんでしょう”（是一种什么样的心情）这一语言表述来询问他当时的心情，羽生的回答是“ほっとしてます、幸せですし、ほっとしてます”（放下心来，幸福，松了一口气）。此时被主持人点名回答问题的羽生，是没有必要和坐在一旁的宇野选手进行区别并强调自己的，因此他没有使用“僕”（我），仅仅阐述了当时自己的心理状态。

谈话资料（2）的部分例句（再次举例）：

①主持人：羽生選手、改めてね、あの、オリンピック連覇ですけれども、どんなお気持ちなんでしょう

羽生选手，我想再一次（问你），嗯，（对于）蝉联奥运会冠军，是一种什么样的心情呢

②羽生：そうですね、ほっとしてます、幸せですし、ほっとしてます、ここに賭けてきてたので、はい

这个嘛，一种放下心来，幸福，松了一口气（的感觉）。因为（把全部）都赌在这上面了

在日语中，当需要说明别人的现在的某种心理状态时，如"花子は寂しい"（花子很寂寞），这种语言表达是不自然的，因为其违反了日语的"人称制约"[15]。当言及别人当前的心理状态时，在日语中通常会加入表示推测的助动词，如"花子は寂しそうだ"（花子好像很寂寞），否则就会不自然。英语则与之相反，在提及别人当前的心理状态时，是可以使用"She is sad"这些表达方式的。对于这一点，可以用前文中提到的观点进行解释，即第三人称是对照了第一、第二人称进而形成了相应的语法规则，是"印欧语极端且例外的性质所带来的产物"（バンヴェニスト·エミール，2007）。甚至可以说是具备了主体性的I作为认识单位与客体相结合进而发挥了作用。

在日语中，应该如何解释发话者可以通过"寂しい"（寂寞）、"嬉しい"（高兴）来反映自己当前的心理状态呢[16]？为何表现他人心理状态的"花子は寂しい"（花子很寂寞）不符合日语的语法规范呢？针对这些问题，我们可以透过日语的自我语言化来进行思考。

"寂しい"（寂寞）、"嬉しい"（高兴）、"苦しい"（痛苦）、"怖い"（害怕）、"別れが悲しい"（离别很悲伤）可以用来形容发话者自身的心理状态，意味着不需要通过I这一统觉的主体便可表达自己现在的心理状态。在日语中，即便不存在像I那样的统觉主体，内部经验本身就会生成自我，内部经验自身便会成为自我。

富士谷成章将"別れが悲しい"（离别很悲伤）中的"が"解释为带来"所接受事物"的根源，即通过"が"来明示"物实"（山口明穂，2004）。

据此可以将“別れが悲しい”（离别很悲伤）解释为：“別れ”（离别、分别）这一“物实”带来了“悲しい”（悲伤）这一“所接受事物”。与以 I 作为起点的“I' m so bad to be leaving”结构不同，在“別れが悲しい”（离别很悲伤）中，从“別れ”（离别、分别）产生了“悲しい”（悲伤）。并非是自我产生于“別れが悲しい”（离别很悲伤）之前，而是“別れが悲しい”（离别很悲伤）本身即自我的发现。

因此在日语中，当使用“寂しい”（寂寞）这一语言表达时，就可以视为自我已经被客体化、语言化了。一部分人认为“私は寂しい”（我寂寞）这种语言表达是不自然的（神尾昭雄，2002），也是因为“寂しい”（寂寞）这一语言表达已经实现了自我的语言化。体现他人现在的一种心理状态的“花子は寂しい”（花子很寂寞）这一语言表达不自然，其原因同样是因为“寂しい”（寂寞）已经包含了发话者自身。

4.5　自我语言化与“场所”

第 4.3 节对第一人称代词 I 和日语自称词“私”（我）、“僕”（我）进行了分析；第 4.4 节探讨了日语和英语如何通过语言来表达自己当前的心理状态。

第一人称代词 I 是通过与 you 的反衬而成立的。I 确立了“ego”（自我），作为具备了主体性的认识单位，“超越了身上积累的全部经验总和，保证了意识的恒久性，是一种内心的统一状态”。发话者通过使用 I 将自身置于主语位置上的同时，还作为语言的执行主体。I 作为主语，在句法结构上不可缺失。

日语中的自称词与 I 存在着本质上的差别。在对“私”（我）、“僕”（我）、“俺”（我）等自称词进行选择时，需要将自我置于“场”内，即自身所处的外部社会环境、人际交往关系以及时刻变化的状况和场合中。表达当前自我的一种心理状态时，只要言明“悲しい”（悲伤）就可以视作将自我进行了语言化。

基于上述分析，本节将继续探讨“场所”。

4.5.1　指称自己的词汇——“映射、观察”中显在及潜在的两个领域

意识活动是将对象和意识在"存在场所"中"映射、观察"。所谓"映射"，即主客分离前，每时每刻的纯粹经验被反映在"场所"中；"观察"则是进行主客分离，将部分经验作为对象进行客体化，进行认识和判断。就像"鲁宾壶"一样，"观察"到的显意识，是以处在显意识外侧潜在的、暗在的活动为依据。语言可以被划分为单个认识单位，同时语言使显在化的意识成形，使其固定下来。

在英语中，纯粹经验在主客分离时，I 会被分节、并被客体化。I 之所以能被凸显，其成立根据就在于潜在的、暗在的 you。I 和 you 在任何概念下，都无法与特定的个人相关联，是一种"虚的符号"（Benveniste，1971）。无论是谁在何种场面下，只要发话者使用了 I，那么 I 和 you 就不存在歧义。发话者将 I 固定于"场所"内部，统合"场所"内部的各种作用，是一种内心的统一状态，保证了意识的恒久性。

相对地，日语自称词经历了从纯粹经验发展为主客分离这一过程，"私"（我）、"僕"（我）被分节、被客体化进而成为一种显意识时，其成立的根据是潜在的、暗在的"场"，即包含了关系、场面和状况等在内的各种社会空间。也就是说，通过在"场所"内部"映射、观察"，"私"（我）、"僕"（我）被分节、被客体化。"观察"即根据时刻变化的状况，将必要的部分进行分节、客体化并"观察"，这一过程会受到语言共同体的价值观、习惯等影响。比如在使用"僕"（我）时，将自己作为"僕"（我）进行分节、客体化，这是一种符合了语言共同体的价值观及习惯的判断。因此在使用"僕"（我）时，不仅局限于某一特定场合，而是要将其映射在"场所"内部，即包含了文化和社会整体的"场"，"场"发挥着暗在的、潜在的机能，使"僕"（我）成为一种显意识。日语中的自称词以"场"为根据，用一种将自称词本身包含在"场"内部的方式来实现自我认识。因此"僕"（我）既是某个个体，同时也是"场"这一整体（Ueno，2017）。

日语人称代词的起源与指示空间位置关系的"コ·ソ·ア"相关，这点也反映出日语中指代自己的词汇不能独自成立，而需要将自身置于外部开放社会空间中的合适位置上。日本的文化越来越被称为是一种"场的文

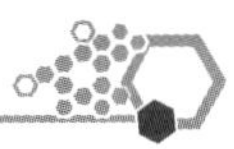

化”“わきまえ”（人际交往的界限、思维滤网）受到重视等，这些都可以用同样的理由来解释。

4.5.2　指代自己的词语——“绝对无的场所”和“非连续的连续”

意识是一种“非连续的连续”，某个瞬间产生的意识是一种会触碰到“绝对无的场所”后再次反弹的事物。

基于纯粹经验而产生的“映射、观察”作用将自我作为对象时，英语的 I 会直接分节并客体化，并被设定为语言活动的起点。随后各种作用与 I 一起作为对象被统合。在谈话资料（1）中，发话者将 I 作为“when I was pregnant and I was finding ... I have a son”的主语而形成了后续一系列的谈话内容；在这一过程中，I 反复触碰意识与意识之间处于断裂的“绝对无的场所”，I 作为主语确保了主体性，从而统合了各种作用各种对象，这个过程即是一种展开判断和思维的过程。

日语中的自称词并非像 I 那样被固定在“场所”内部成为起点。在谈话资料（2）的访谈内容中，羽生选手根据谈话的另一方及实际情况直观地使用“僕”（我）或“俺”（我），也是处在碰触到“绝对无的场所”后又返回的这一意识循环中，将时刻变化着的“场”反映在“场所”内部。因此像“僕”（我）、“俺”（我）等日语自称词的使用，是与“场”相适应的一种选择，进而将自我概念表现出来。因此，日语发话者的语言习惯是：在“观察”中通过映射到“场”中使自我分节、客体化来进行认识。换言之，即作为“场”的一部分进行发话（Ueno，2017）。其中的自我，并不是像 I 所体现出的“自我独立性、统合性”的自我，而是与全体具有关联性的自我，即在“缘起的世界”（河合隼雄，2010）中生成的自我。

4.5.3　描述当前心理状态的语言表达——在“场”中展开的“场所”

主客不分状态下的“纯粹经验”在映射进“场所”的这一过程中，是没有语言介入的。但是主客一旦分化，同时对象被分节、客体化，随即“观察”发生了作用时，英语和日语的区别就显露出来了。

在英语中，表述当下发话者自身的某种心理状态时，确保了统觉主体性的 I 在“场所”内部直接占据主语位置，以 I 为基础而构建出了“I am sad”等语言表达。另一方面，在日语中如果使用了“寂しい”（寂寞）的话，会被视为是发话者自身的心理状态，因此存在不分话者认为"私は寂しい"（我寂寞）这种语言表达是不自然的（神尾昭雄，2002）。这一现象也能说明在"寂しい"（寂寞）的表述中，自我已经被语言化了。通过"场所"的角度如何来说明这种现象呢？

回答这一问题的关键是："寂しい"（寂寞）这一心理状态虽然是发话者的内部经验，但仍然不能单从发话者自身的内部对其进行把握，而是要通过将其在"场"中展开，并进行重新解读。发话者阻断了外部，仅仅依靠自身内部是无法产生"寂しい"（寂寞）这一心理状态的。

"寂しい"（寂寞）被使用就等同于经历了分节和客体化。客体化的发生也就意味着在显意识的外侧存在潜在的、暗在的影响。那么，在"寂しい"（寂寞）这一显意识外侧，又存在着哪些潜在的、暗在的影响呢？

思考以下场景有助于我们寻找问题的答案。当共同生活的家人第二天早上离开了家，发话者在家人不在的情况下醒来，在这一情况中发现自我。此时发话者置身于蕴含"寂しい"（寂寞）的"场"中。在这里，"寂しい"（寂寞）第一次作为显意识而被客体化。换言之，即产生"寂しい"（寂寞）这一契机的、在自我之外而展开的"场"反映在"场所"中，这种"场"带来了一种暗在的、潜在的影响，使"寂しい"（寂寞）显著化。即发话者在说出"寂しい"（寂寞）时已经被"场"所包含在内了[17]。

在日语中，不存在I这一认识单位来确保统觉主体性，取而代之的是"场"成为自我客体化的契机。"场"包含了关系、场面、状况、环境和自然。发话者存在于关系、场面、状况、环境、自然之中，将自己投影在关系、场面、状况、环境、自然之中，从而发现自我。日语中不存在认识单位I——"ego"（自我）来确保统觉主体性，因此发话者就理所当然地融入外界、融入自然，在其中发现自我。

4.6 结语——"场"语言学的可能性

西田幾多郎（1950b）认为"纯粹经验是唯一的存在""个人并非先于经验存在，而是经验先于个人存在"。这可以被看作对于西欧哲学命题"个人先于经验存在"的逆命题。本文认为，"经验先于个人存在"这一主张在英语和日语中是相通的，是一种更加本质的、普遍的观点。

在英语中，I 作为被分节的自我认识单位，是启动各种语言互动的关键，因此“个人先于经验存在”更容易被人所理解。但是，通过规定了“场所”，主客不分状态下的纯粹经验便会先一步产生，然后通过对其进行“观察”从而使 I 分节，因此这一状况也可以用“经验先于个人存在”来解释。

英语中的第一人称代词 I 在“场所”内部只有一个定义，即“保证意识恒久性的统一”；与其相对地，日语中的自我语言化则是以存在于自我之外的“场”为契机而进行的。以上便是自我语言化在英日两种语言中存在的差异。日语在实际使用方面并不局限于自称词的选择，敬语、终助词等人际功能情态的表达也是必需的，这些都是自我语言化的关键。换言之，自我内部捕捉到的动态社会空间——“场”是如何被“映射、观察”的、自我又是如何作为“场”的一部分并在其中拥有一席之地的，这些便是关键所在。

“场”语言学不断探寻着人类最根源的意识现象。将现实分节的分节线所交织出来的网格和认识单位在不同的语言间表现出了多样性，这些语言的网格和认识单位又是如何影响人类的存在方式、意识的存在方式以及人们对于事物的看法呢？“场”语言学是解开这些多样性谜团的关键。

注释

1　本文中的术语“分节”对应日语原文“分節”，为上田閑照、井筒俊彦所使用的术语，对应英语“articulation”。在本书的前言部分中出现过对该术语的解释。译者注。

2　原文中“悲しい”的这一表述，对应英语“I am sad”。在日语的表达习惯中，当谓语为发话者的内心状态（即日语中的“内的状態述語”）时，作为第一人称的发话者一般不出现在句子中。所以“悲しい”对应的汉语表述应为“我很悲伤”，但是为了最大限度地保留日语语言特征，便于读者更好地理解文中观点，所以此处采取直译，没有补充出作为主语的“我”。译者注。

3　三宅美博（2000）提出的“显意识的外侧”相当于清水博（2004）所述的“自我的‘场所领域’发挥作用”。生物物理学家清水博提出了“自我双重领域模型”。其中，自我显著地发挥作用的领域为“自我中心领域”；

自我潜在地发挥作用的领用为"场所领域"。清水博还参考了西田幾多郎的"映射、观察"这一哲学思想，认为"场所领域"的功能对应着"映射的自我"，"自我中心领域"的功能对应着"观察的自我"。对于清水而言，"场"是从自我内部感知的"场所领域"的扩展。

4 小坂国継（1991）认为，西田提出的"绝对无的场所"既相当于位于自我内部深层基底的"点"，同时还相当于无限大的"圆"。花岡永子（2000）认为，"绝对无的场所"是一种将大乘佛教对"空"的体验进行理论化后的形式，是"个体与普遍，一与多这种具有二元性的，处于绝对矛盾中的自我统一"的存在方式。花岡永子指出"绝对无的场所"的相关理论在被差异性和分裂性所支配的现代社会中应作为重点课题进行研究。

5 作为"场所"的特性，Hanks et al.（2019）列举了"无常"（impermanence）、"内在性"（interiority）、"反省"（reflexivity）、"范围不确定性"（scalability）。本章在 Hanks et al.（2019）的基础之上增加了作者自己的一些观点。

6 "主语""主体"都通过"subject"表示。从这里也能看出主语和主体之间存在着紧密联系。

7 "使用 I 的人就是 I，I 所称呼的对象就是 you"，对于该原则，Wales（1996）报告了例外情况，即在本应使用 you 来指代对方的场合中时却使用了 I。其中一例出现在医生对患者进行提议时的场合："I would do that. I' d take plenty of fluids – I' d take that aspirin religiously...and if you need to stay home, stay home..."对此，Wale 认为该发话内容是通过"If I were you"（もし私があなただったら）的视角出发，医生为了顾及患者的面子而采用了相应礼貌策略。如果用"场所"概念进行解释，则上述语言体现了从主客未分到主客发生分化情形的过程中，发话者出于对对方强烈的共情和同情，产生了 I 与 you 交互重叠的情况。对此另文再议。

8 对身体意识二重性进行系统研究的三宅博美曾与笔者就如下内容进行过交流：让参加实验的被验者佩戴护目镜，护目镜上时刻都映着被验者的真实背影。能够正确识别背影为自己的比例会受到语言、文化影响。相比欧美人，日本人的正确率更高。这一实验结果印证了本章的观点，即伴随着去中心化的自我形成（ピアジェ·ジャン，1972）与第一人称

代词所具备的主体性（バンヴェニスト·エミール，2007）的获得有着紧密联系。另外，“上帝视角”（金谷武洋，2019）、“场外观察视角”（岡智之，2022）、“去现场化”（新村朋美，2002）等观点，也体现出了伴随着去中心化的自我形成与第一人称代词的获得是英语的语言特征。本章只针对第一人称代词的主格用法进行了探讨。将主格与对格、与格的关系列入探讨范围也是十分有必要的，并可以增加分析的深度，这一点另文再议。

9　谈话资料（1）和（3）均出自语料库“ミスター·オー·コーパス”，该语料库是平成 2015 年至 2017 年度科学研究费基盘研究（B）No.15320054（负责人：井出祥子）的部分研究成果。语料库以初次见面的大学教师与日本学生组合（13 组）及美国学生组合（11 组）为对象，让各组成员以“感到吃惊的事”为主题进行 5 分钟的自由对话。参加调查的对象均为女性。整个会话过程均被录像，同时会话内容也均被转写为文字内容收录进该语料库。

10　日语的指示体系和汉语的有所不同，分为近称“コ”（这）、中称“ソ”（那）、以及远称“ア”（那），进而衍生出各种指示语，如“これ / それ / あれ”（这 / 那 / 那）、“ここ / そこ / あそこ”（这里 / 那里 / 那里）、“この / その / あの”（这个 / 那个 / 那个）。文中的“コ·ソ·ア”代表所有的日语指示语。关于日语的指示语还可以参考本书第 5 章。译者注。

11　此处“ぼく”和前文中出现的“僕”为同一词语，均为日语第一人称代词，相当于“我”。“ぼく”为平假名写法，“僕”为汉字写法，两种表达方式在语义和语感等方面是完全一致的。译者注。

12　同注释 11，此处“おれ”和前文中出现的“俺”为同一词语，为第一人称代词“我”。译者注。

13　同注释 2，此处的“寂しい”所表达的准确语义应为“我很寂寞”。在日语原文的表述中，第一人称代词“我”是被省略的。为了使读者更好地把握日语的语言特征，所以此处翻译依旧选择遵从日语原文，没有将第一人称在汉语译文中增补出来。本节中还会出现很多类似的日语表达，在翻译时都采取了同样的处理方式。译者注。

14　神尾昭雄（2002）所指出的观点“‘私は寂しい’（我寂寞）的表达方式甚至会让一部分人感到不自然”十分值得深入探讨，但碍于篇幅所限本文对此不进行分析。

15 针对表达内心状态的日语人称制约研究不胜枚举，如神尾昭雄（2002）、篠原俊吾（2002）、岡智之（2022）等。神尾昭雄（2002）认为，由于发话者的感情只能被发话者自身所观察，而将这种认知上的事实反映到句式中去，就出现了日语感情类形容词受到人称制约的这一语言现象。篠原俊吾（2002）从主语选择的观点出发，论述了日语和英语在感情形容词方面的认知模式。对于神尾的“‘私は寂しい’（我寂寞）的表达方式甚至会让一部分人感到不自然”的这一论述，篠原俊吾（2002）则指出“私は寂しい”（我寂寞）是一种“极其自然的”语言表达。岡智之（2022）基于“‘场’语言学”的视角，并批判地借鉴了认知语言学观点，对感情类形容词进行了探讨。关于日语的人称制约还可以参考注释 17。

16 新村朋美曾经与笔者进行了私下交流。新村认为，“寂しい”（寂寞）、“嬉しい”（高兴）等表达心理状态的日语感情类形容词与英语的类似表达相比，其本身具有更为浓重的主观表达色彩。该观点对于本研究具有很大参考价值，有继续探讨的余地。

17 岡智之曾经与笔者进行了私下交流。针对日语感情类形容词，岡从“自我与他者不分”的角度做了如下说明：“寂しい”（寂寞）的感情与“寒い”（寒冷）的这一体感相同，在感情这一事件发生的“场”中存在着自我，同时自我之中还存在着感情。即自我存在于感情之中，感情又存在于自我之中。这与本文观点是一致的。同时岡还基于自我与他者不分的观点对感情类形容词的人称制约做了如下分析：一方面，共有同一体验（＝场）的对方（第二人称），会共有“さびしいね”（真寂寞啊）这一感情；另一方面，第三人称作为他者不共有此种体验（＝场），因此不能使用“花子は寂しい”（花子很寂寞）这种语言表达。但是当花子是自己的好友，同时自己还深知花子和花子母亲的关系时，当听到“花子の母親が亡くなった”（花子的母亲去世了）后，是可以使用“花子はさびしいね”（花子会寂寞吧）这一语言表达的。岡

认为人称制约现象虽然是以“自我与他者分离”为前提进行观察和分析的，而实际上人称制约更像是一种从“场”理论出发、以“自我与他者不分”的视角进行分析的体现。

参考文献

［1］ BENVENISTE É. Problèms de Linguistique Générale[M]. Paris：Editions Gallimard，1966.（バンヴェニスト·エミール．一般言語学の諸問題 [M]. 岸本道夫，编译．東京：みすず書房，2007.）

［2］ BENVENISTE É. Problems in General Linguistics[M]. Florida: University of Miami press，1971.（Benveniste É. Problèms de Linguistique Générale[M]. Paris：Editions Gallimard，1966.）

［3］ 藤澤賢一郎．自己意識[A]// 廣松涉．哲学思想事典．東京: 岩波書店，1988：621.

［4］ 福原泰平．ラカン―鏡像段階 [M]. 東京：講談社，1988.

［5］ 花岡永子．西田哲学における「絶対無の場所」の論理をめぐって [J]. 人文学論集，2000（18）：1–16.

［6］ HANKS W F，IDES，KATAGIRI Y. Scott Saft，Yoko Fuji，and Kishiko Ueno. Communicative interaction in terms of ba theory: Towards an innovative approach to language practice[J]. Journal of Pragmatics，2019（145）：63–71.

［7］ 平山洋．思想の結節点としての西田哲学 [J]. 比較思想研究，2000（26）：20–26.

［8］ 井出祥子．わきまえの語用論 [M]. 東京：大修館書店，2006.

［9］ 井筒俊彦．意識と本質: 精神的東洋を索めて [M]. 東京: 岩波書店，1991.

［10］ 井筒俊彦．意識の形而上学:「大乗起信論」の哲学 [M]. 東京：中央公論社，2001.

［11］ 神尾昭雄．続·情報のなわ張り理論 [M]. 東京：大修館書店，1990.

［12］ 金谷武洋．日本語と西欧語: 主語の由来を探る [M]. 東京: 講談社，2019.

［13］ 河合隼雄 . ユング心理学と仏教 [M]. 東京：岩波書店，2010.

［14］ 木村敏 . 関係としての自己 [M]. 東京：みすず書房，2005.

［15］ 小坂国継 . 西田哲学の研究：場所の論理の生成と構造 [M]. 京都：ミネルヴァ書房，1991.

［16］ MERLEAU P M. Les relations avec autrui chez l' enfant[M]. Paris: Centre de Documentation Universitaire，1975.（メルロ·ポンティ·モーリス . 幼児の対人関係 [M]. 木田元 , 滝浦静雄，译 . 東京：みすず書房，2001.）

［17］ 南直哉 . 超越と実存：「無常」をめぐる仏教史 [M]. 東京：新潮社，2018.

［18］ 三輪正 . 一人称二人称と対話 [M]. 京都：人文書院，2005.

［19］ 三宅美博 . コミュニカビリティーと共生成：歩行介助ロボットの開発を通して [A]// 清水博 . 場と共創 . 東京：NTT 出版，2000：339–397.

［20］ 水谷信子 . 日英比較話しことばの文法 [M]. 東京：くろしお出版，1985.

［21］ 新村朋美 . 直示表現に見る「日本語の場」と「英語の場」の違い [A]// 岡智之，等 . 場と言語·コミュニケーション . 東京：ひつじ書房，2022：123–146.

［22］ 西田幾多郎 . 西田幾多郎全集第二巻 [M]. 東京：岩波書店，1950a.

［23］ 西田幾多郎 . 善の研究 [M]. 東京：岩波書店，1950b.

［24］ 西田幾多郎 , 上田閑照 . 西田幾太郎哲学論集 I[M]. 東京：岩波書店，1987.

［25］ 岡智之 . 認知言語学から場の言語学へ：新しい言語学のパラダイムの展開 [A]// 岡智之，等 . 場と言語·コミュニケーション . 東京：ひつじ書房，2022：61–96.

［26］ Piaget Jean. L'é pistémologie génétique[M]. Paris: Presses Universitaire de France，1970.（ピアジェ·ジャン . 発生的認識論 [M]. 滝沢武久，译 . 東京：白水社，1972.）

［27］ 佐久間鼎 . 現代日本語の表現と語法 [M]. 改訂版 . 東京：恆星社厚生閣，1951.

[28] 清水博 . 自己に関する科学的研究 [M]. 東京：場の研究所，2004.
[29] 篠原俊吾 .「悲しさ」と「さびしさ」はどこにあるのか：形容詞文の事態把握とその中核をめぐって [A]// 西村義樹 . 認知言語学 I：事象構造 . 東京：東京大学出版会，2002：261–284.
[30] 鈴木孝夫 . ことばと文化 [M]. 東京：岩波文庫，1973.
[31] UENO K. Speaking as Parts of a Whole：Discourse Interpretation from Ba-based Thinking（Unpublished dissertation）[D]. Tokyo：Japan Women's University，2017.
[32] 植野貴志子，井出祥子 . “I” と “YOU” が、なぜ言えないのか？：日英語の根源的異なりの一考察：[J/OL]. 言語学習と教育言語学 2019 年度版：1–7.
[33] WALES K. Personal Pronouns in Present-day English[M].Cambridge: Cambridge University Press，1996.
[34] 山口明穂 . 日本語の論理：言葉に現れる思想 [M]. 東京：大修館書店，2004.

第5章　“日语的场”与“英语的场”在指示功能上的差异

新村朋美

5.1　引言

任何语言中都存在着一个成为交流基础的“场”，发话者和“场”的关联方式根据语言的不同而存在差异。本章通过对比分析日语和英语的指示功能，揭示出“日语的场”与“英语的场”的不同之处，论证在日语和英语中发话者和“场”的关联方式有何差异。

指示（deixis）原本是通过手势来表达对象存在的一种身体语言。如“この本”（这本书）、“this book”是一种发话者根据发话时的场“此时、此处”来直接理解对象的一种语言表现。指示一种并非指明特定对象，而是表达说话者在何处通过何种角度来理解指示对象的认知活动。这种以发话者为中心、以I、here、now为坐标轴原点的指示现象存在于世界上的所有语言之中（Lyons，1981）。本章主要通过对比分析日语和英语中具有代表性的现场指示功能和人称指示功能，进而揭示出“日语的场”和“英语的场”的差异。

首先在第5.2节会探讨日语和英语关于现场指示功能方面的差异。日语的指示词是将指示对象置于发话现场的一种语言表现；而英语的指示词使指示对象“去现场化”（新村朋美，2006），即作为一种偏离了现场的抽象概念来理解认识。故发话者和“场”的关联方式在日语中体现为现场依存，在英语中体现为一种去现场化的倾向，二者形成了对比。

之后的第5.3节论证了同样的对比分析方法也适用于人称表现。发话者和“场”的关联方式以及对话者的认识方式在日语和英语中有所不同。在现场依存倾向的日语中，发话者和受话者无须将双方共有的具体的“场”

进行语言化，因此日语中的人称指示通常为零指代。当需要将发话者或受话者进行语言化处理时，日语中会出现多种多样的表述方式，这些表述方式都要以当时的现场具体状况和社会人际关系等为基础。与必须依存于现场的日语不同，英语中指代发话者及受话者的人称代词则是一种抽象概念，偏离了会话时的现场。第一人称代词（I）是“语篇中的发话者”，第二人称代词（you）则是“语篇中的受话者”，二者都通过抽象概念来表达语篇中的具体角色。第 5.3 节的结论仍然体现出了日语和英语的明显不同：日语的人称指示同样依存于现场，而英语则表现出了“去现场化”。

从以上对指示功能的对比分析中，可以总结出“日语的场”和“英语的场”的差异，这些将在第 5.4 节进行探讨。一方面，“场”作为指示对象和事态认知的基础，在日语中表现为发话者的“此时、此处”，即发话时的具体现场，因此“日语的场”是以具有涉身性的发话者为中心所构成的“场”；另一方面，指示在英语中则呈现出“去现场化”倾向，即一种偏离了具体现场的、抽象化的、概念上的“场”，一种抽象谈话的“场”。本章将以发话者和“场”的关联方式的不同为线索，分析其与“场”理论的关系。

本章中对日语和英语分析将以漫画为例。漫画作为一种有效的学习材料，接近自然的语言表现，并可以较容易地理解发话者、受话者以及指示对象之间的关系。分析将以英、美、日母语者（每组 50 至 70 人）的直观判断作为验证的数据（Niimura，2003；新村朋美 等，2012）。

5.2　现场指示表现的日英对比分析

指示用法（现场指示用法[1]）中的指示词，体现为发话者将对象作为近处事物进行理解还是作为远处事物来进行理解，而这种对远近的理解方式不具有普遍性。本节主要对英语指示词 this/that/it 和日语指示词“コ(“这”，近称）、ソ（“那”，中称）、ア（“那”，远称）[2]”的现场指示用法进行对比分析。同时本节还将论证日语的指示词只是一种现场依存的语言表现，而英语的指示词则是将指示对象从现场中抽象化，即通过“去现场化”来理解的一种语言表现。

日语中的指示词使用要从发话者的角度出发，根据指示对象存在于发话现场的不同物理空间位置，进而分为近称、中称、远称，分别对应"コ、ソ、ア"。同时，"发话者的领属区域"和"受话者的领属区域"（佐久間鼎，1936）这两种对"场"的不同理解把握则通过"コ、ソ"来体现。日语的指示基础通常来源于现场及现实经验（金水敏 等，1990）。因此，"コ、ソ、ア"是一种现场依存的语言表现，是一种发话者在发话现场基于眼观耳听等通过五感获得的直接经验为对象，并将其"置于'场'中的一种语言表现（locating expressions）"（Niimura，2003）。

相对地，英语指示词并非将指示对象置于现场的物理空间之中。离发话者较近的对象，即便该对象处于自己的手掌上，当以一种嫌弃的态度或者在心理上想将其疏远时，就可以使用"What' s <u>that</u>?"等表述（Lyons，1981,）。在物理距离上发话者无论与对象相隔多远，都可以通过 this 和 that 来表达好恶等心理距离（Lakoff，1974；Quirk et al.，1985）。除此以外，Halliday 等（1976）和 Strauss（1993）等还提出了将 it 加入指示词范畴的必要性，指出 it 是不包含"近""远"这些"场"的信息的指示词。Strauss（1993）通过分析了近 4 万例自然的英语语篇内容，指出了传统研究（Halliday et al.，1976；Levison，1983；Fillmore，1982；等）所主张的"指示词表示以发话者为起点的远近"观点难以合理解释数据中的全部现象，并提出 this、that、it 实际上包含了对对象的关注度（focus）程度不同，即发话者通过使用这些指示词来提醒听话者对指示对象应该付出多少关注度。This 代表 high focus、that 代表 medium focus、it 代表 low focus。综上所述，和现场依存的日语指示词不同，英语中的指示词是"通过去现场化来理解对象各种侧面的一种语言表现(presentational expressions)"(Niimura，2003）。

下面我们对前文中提出的日英语在指示功能方面的差异进行考证。图 5–1 的例证（1）是针对距离发话者较近的对象进行指示的例子。这是美国漫画 Betty 开头的第一个分镜，其描绘的场景是：主人公 Betty 拿起眼前已经读过的一本书说"<u>これ</u>は面白かった、もう一度読みたい"（<u>这本书</u>真有趣，我还想再读一遍）。在日语中，由于指示的对象（书）距离发话者较近，就在发话者的手中，因此该对象位于"发话者的领属区域"这一"场"的内部，因此自然地使用了"コ指示"。然而正如例证（1）所示，英语则同时使用了 this、that、it 来指示手中的对象（书）。

That was a wonderful book!
Once I started **it**, I couldn't put **it** down! I definitely will want to read **this** one again!

图 5–1 例证（1）（*Betty*, 2001）

最初的 that 表达了读完的书在时间上处于过去，即对象在时间上处于远处；第二句话中的 it 表达了作为指示对象的书已经被导入进对话中，是一种单纯的旧信息（即 low focus）；最后一段话中的“もう一度ぜひ読みたい”（我还想再读一遍）使用了 this 来指代书这一指示对象。这里的 this 表达出了发话者对这本书抱有极大的兴趣和感动，在心理上处于较近的位置，或者表达“不是其他的书，就是这本书”这一强烈对比的心情，也就是 high focus。这里 this 的使用并不表示物理距离较近。

将漫画中的指示词位置替换为空栏，让母语者通过直观感受填入指示词后取得的数据也颇为有趣：日语母语者无一例外都使用了コ来指代距离发话者较近的指示对象；而英语母语者的回答出现了多种情况。

（1）a.[That（49%）/This（36%）/It（15%）] was a wonderful book.

[これ（100%）]は面白かった。（这本书真有趣。）

b.I definitely will want to read [this one（78%）/that one（16%）/ it（5%）]again.

きっとまた読みたくなるわ。（我绝对要再看一遍。）

（1a）中，约有半数回答者和原文一致，将读完的书视为处在时间上较远的位置上，因而选择了 that 来进行指示。但仍有 36% 的回答者将对象视为处于空间上较近的位置，或是出于感动的心理而填写了 this。甚至还有 15% 的回答者认为随着情节的推进，对于发话者来说，书已经从“场”中偏离了，单纯是一种旧信息而已，因此选填了 it。

（1b ）中，前文中充当话题的对象（书）在日语中通过零指代来表示（但同时如果想把其置于“场”中，仍可以使用“コノ本”（这本书）的语言表达方式来实现）。绝大多数的英语母语者（78%）选择使用了和原文一样的 this 来进行指代，但是这里的 this 并不表示对象处在离发话者很近的“场”中，而是因为这一本读完令人很感动的书在心理上处于近处，作为一种强烈注目的对象（high focus）被人所理解，进而使用 this 来指代。

像这样，一方面，日语母语者将拿在手中这一直接经验通过コ指示来指代对象（书）的现场位置。另一方面，英语母语者比起将指示对象置于现场，反而更倾向于将对象从现场中抽象出来进行理解和把握，发话者会根据不同的情绪状态、关注度、时间上的空间距离以及语篇中的新旧信息等，对对象作出不同的理解进而选择不同的指示词。与日语“现场依存”相对，英语呈现出“去现场化”倾向，二者形成了对比。

图 5–2 的例（2）是姐弟对话的场景，指示对象处于发话者和受话者的近处。在这个美国漫画 *Snoopy* 的同一场景中，我们来对比分析一下英语原文和谷川俊太郎的日语译文。

在第二个分镜中，姐姐一边拿着弟弟画的牛看，一边说“これは牛じゃないわ”（这不是牛）。在日语中，发话者会将自己手中持有的对象置于“发话者的领属区域”内，而无一例外地使用コ指示。然而英语中却用 that 进行了指示，即“That's not a cow.”。这说明发话者认为手中的画和自己心中想象出来的牛差别太大，因此感到不快，在心理上想要将其疏远，即心

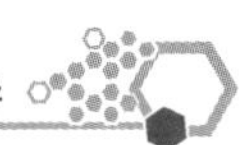

理上处于远处；或是发话者将完成绘制的画理解为存在于时间上的远处，因此使用了 that 指示。

何描いるの？　牛　これは牛じゃないわ　あのね、ぼく本物の牛見たことないの.　犬みたいよ

图 5–2　例证（2）（*SNOOPY 9*，2004）

在第三个分镜中，姐姐针对会话另一方（弟弟）手里拿着的画说“It looks more like a dog.”，这里使用了 it 进行指示。此处的 it 不包含“场”的信息，表达了一种偏离“场”的抽象认知。换言之，这幅画在语篇中属于旧信息，是对话双方已经知晓的信息，所以此处表现出了 low focus 的倾向。对此，日语中的旧信息采用零指代，即“犬みたいよ。”（像一只狗。）。两种语言的母语者分别对此场景的认知理解如下所示。

（2）a.[That's（69%）/This is（28%）/It's（3%）] not a cow.
　　[これ（100%）]は　牛じゃないわ。（这不是牛。）
　b.[It（75%）/That（17%）/This（8%）] looks more like a dog.
　　犬みたいよ。（像一只狗。）

（新村朋美 等，2012）

在第二分镜（2a）中，大多数英语母语者（69%）选择使用和漫画台词一致的 that 进行指示；但是，也有一些英语母语者将手中拿着的画理解为处于空间上的近处，抑或是有意强调（high focus）对象进而使用 this 指示（28%）；甚至有的人认为指示的对象为姐弟已经知晓的信息，因此使用了 it 指示。日语母语者则无一例外地将指示的对象置于“发话者的领属区域”内的“场”中进行理解，遂用了コ指示。两种语言在此处形成了对比。

在第三分镜（2b）中，大多数英语母语者（75%）选择使用和漫画台词原文一致的 it 指示，代表指示对象已经被导入语篇中，是旧信息，即姐弟已经共有的信息，因此使用 it 来体现 low focus。除此以外，一些母语者选择使用 that 来表现指示对象存在于空间上或心理上的远处，另一些母语者还会使用 this 表达出强调（high focus）之意。

在谷川的日语译文"犬みたいよ"（像一只狗）中，虽然没有出现指示词，但如果将其改成把对象置于"场"中的语言表述也是极其自然的，如"それ、犬みたいよ"（那更像是一只狗）。这里使用了ソ进行指示，表示将对象置于"受话者的领属区域"之内进行理解认知。

上述事例表明，日语母语者更倾向将作为直接经验的对象置于现场中来进行理解和把握，是一种现场依存的认知；相反，英语母语者将对象从现场中抽象出来进行理解，通过关注对象的各种侧面信息进而使用不同的指示词。

下面通过图 5–3 的例证（3）来观察距离受话者较近对象的指示情况。史努比把手中的指示对象伸向了路西，因此路西询问史努比说："それ何"（那是什么）。因为日语需要把距离受话者较近的指示对象置于"受话者的领属区域"内，因此这里使用了ソ进行指示。日语母语者的回答也显示出了相同倾向：几乎所有母语者（94%）都选择使用了ソ指示。而英语母语者的回答则呈现出了以下情况：64% 的母语者使用了"What' s that?"；36% 的母语者使用了"What' s this?"（新村朋美 等，2012）。这表明发话者并非将指示对象置于发话现场之中，而是使用 this（high focus）或 that（medium focus）来表示对眼前的对象抱有多大兴趣。

图 5–3　例证（3）（*SNOOPY 8*，2004）

在图 5–4 的例证（4）的场景中，指示对象距离发话者较远。姐姐海螺看到了对面长椅上弟弟旁边的男人，于是询问她身后背着的妹妹裙带菜：

“あの人だれ？”（那人是谁）？相对地，在这一场景中英语则需要使用 that 指示，即“Who is that?”。ア系列的指示词似乎和 that 一样，表示距离发话者较远的认识对象，然而实际上两者存在着差别，这种差别和前文中提到过的“现场依存”和“去现场化倾向”相对应。“あの人”（那人）表现为：发话者（姐姐海螺）将作为指示对象的男性置于与自己所在场所的较远的位置上，这是一种直接经验，一种必然和现场相关联的语言表现，说明发话者和指示对象之间存在着场的共享情况；相反地，英语使用“Who is that？”，这和目前分析过的例子一样，that 并非表示与现场存在着某种较强的物理关联性[3]。同时在这个场景中，英语还可以使用“Who is he？”，进而继续弱化对象与场的关联性。

图 5–4　例证（4）（《サザエさん（海螺小姐）》，1994）

接下来我们通过观察 3 个例子来探讨日英两种语言是如何对用眼睛无法观察到的直接经验进行指示的。

（5a）是以味觉为对象进行指示的例子（图 5–5）。当刚吃完一个面包圈后，日语会使用“こんなうまいジェリードーナッツは食べたことないよ”（从没吃过这么美味的果酱面包圈），即使用コ来进行指示；相反地，英语中对这种吃完以后就会变成无法看见的对象，会认为其在时间上处于过去（远处），故使用 that 进行指示，即“That’ sthe best jelly doughnut I ever tasted”。

在以嗅觉和触觉为对象并对其进行指示的场合中，日语和英语也存在着认知上的差异，如下所示例证（（5b）及（5c）的图像省略）。

（5）b. 以嗅觉为对象："Sniff! Sniff！ What's <u>that</u> disgusting odour?"

「クンクン、なんだ、<u>この</u>嫌いなくさいは？」

（咳咳，<u>这</u>恶心的气味是怎么一回事？）

（*Beryl the Peril*，1994）

（5）c. 以触觉为对象："Brr! <u>That</u>'s a cold wind."

「ブルル、<u>これ</u>は冷たい風だ。」

（呜呜，<u>这</u>真是一股寒风。）

（*The Numskulls*，1994）

如上所示，日语母语者在发话现场使用コ指示将味觉、嗅觉、触觉等身体上的直接经验作为对象与自身相联系；而脱离了涉身性、具有将对象抽象化倾向的英语母语者则将这些无法看到的气味或寒风等通过抽象概念来进行认知，故使用了 that。

图 5–5 例证（5）a（*SNOOPY 4*，1991）

下面我们来观察一组英语母语者使用倾向更为显著的例子。例证（6）为一对英国姐妹（R 和 N）的部分对话。发话者 R 在说话过程中希望妹妹注意到 <u>this</u> guy。这一指示对象（guy）不在现场，前文中也没有出现，是一个抽象对象。发话者通过 this 指示突然将这一对象导入了对话中。

（6）R：Two or three weekends ago we were going out: it was <u>this</u> guy's birthday. Umm and-

N：whose?

（*Niimura*，2003）

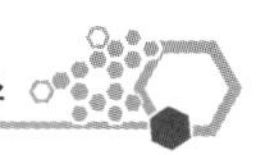

这里的 this 所指示的对象既不在对话的现场，也未出现在前文中，对于受话者来说是一个未知的存在，仅为发话者脑海里的一个 guy（男性）形象。将不存在于“场”中或文脉中的对象导入到语篇里时，正确的说法应该是“it was a guy's birthday”，然而发话者在这里却使用了“it was this guy's birthday”，即使用了 this 指示来导入对象。这里的对象（guy）是发话者脑海里的某种抽象形象，发话者在该场景中通过使用代表高关注度（high focus）的 this 来导入对象，包含了一种强烈的感情，即希望引起受话者的共鸣，使受话者也能强烈地感受到指示对象的形象。上述例子表明 this 可以将场中不存在的抽象对象导入进语篇中。

——He used to be just a regular writer, when he was home. He wrote this terrific book of short stories, The Secret Goldfish, in case you never heard of him. The best one in it was "The Secret Goldfish." It was about this little kid that wouldn't let anybody look at his goldfish because he'd bought it with his own money. It killed me.

（*The Catcher in the Rye* by J.D. Salinger, Brown and Company，1945：1–2）

——昔、うちにいた時分には、まともな作家だったんだ．兄貴のことは知らんだろうな。「秘密の金魚」っていうすごい短編集があるよ。その中で一番いいのは、「秘密の金魚」っていう奴だ。自分の金魚をどうしても人に見せたがらない子供のことを書いたものなんだ。どうして人に見せたがらないかいというと、自分の金で買ったからだっていうんだな。これには参ったね。

（《ライ麦畑で捕まえて》野崎孝（译），白水社，1984）（下划线为作者标记）

——很久以前，他还在家里的时候，曾是一名普通的作家。你可能没有听过这位老兄的名字，但是他出过一部非常有趣的短篇故事集，书名是《秘密的金鱼》。其中最有意思的一篇就是“秘密的金鱼”。这个故事讲了一个孩子花自己的钱买了金鱼，因此无论如何都不想给别人看他的金鱼。我太喜欢这个故事了。

划线部分 this terrific book 以及 this little kid 所表达出的细微语感无

法在日语中被还原出来。Halliday 等（1976）将这种常见的指示用法称作 non-phoric；Strauss（1993）更指出了这种用法在日常对话中出现的频率几乎和现场指示用法（exophoric）持平。以上内容都说明了原本距离"场"较近的指示词 this 倾向于指示抽象对象，且这一倾向十分明显。

通过上述日语和英语的对比分析，可以发现二者之间存在的区别。一方面，日语的指示词是"在具体的发话现场里，将对象置于以发话者为中心而展开的'场'中"的一种语言表现；另一方面，英语的指示词反映出发话者的一种抽象认知，体现了去现场化倾向。日语的"コ、ソ、ア"是一种以现场及发话者的涉身性为基础的语言表现，而英语的 this/that/it 则表达了一种偏离现场及发话者涉身性的抽象概念。

5.3　人称表现的日英对比分析

接下来我们通过观察发话者和受话者的人称表现分析日语和英语的差别。在英语中，无论说话的双方是谁，所有的发话者都为 I，受话者都为 you。这里的 I 和 you 并不指代发话现场中特定的发话者或受话者，而是在具体的谈话现场里表示"抽象的发话者"和"抽象的受话者"。人称代词 personal pronoun 中的 person，其语源为希腊语中代表舞台剧表演时所戴的假面 persona。you 改为戴上 I 的假面后，则发话者就成为受话者（Benveniste，1971）。像这样的第一人称代词和第二人称代词所表示的抽象概念"发话者角色""受话者角色"并不属于"发话的现场"，而是属于"谈话的场"这一抽象概念世界。

原则上，英语在句法结构上是不能省略主语或宾语的，在英语中通过使用 I、my、me、myself 将发话者语言化，这种被语言化的自我则成为一种可以被客观观察到的对象（Lyons，1982；Langacker，1990）。本多啓（1994）也指出：第一人称代词是（经过了概念上的分裂、移行后的）感知、认知者将"视野"中所包含的自我作为指示对象的表达形式。

在日语中，这种作为抽象概念的发话者（I）和受话者（you）并不存在。实际上，日语中所谓的人称代词完全没有发展起来，而是采取多种多样的语言表现来指代人称（田窪行則，1990）。辻村敏樹（1986）总结了从古日语到现代日语的情况。其中，指代第一人称的表述形式共有 51 种，

第二人称则有 81 种。与英语有所不同，日语第一人称表述形式的选取以对话的另一方为依据（鈴木孝夫，1973）；不仅是第一人称，第二人称的表述形式也能反映出强烈的上下、公私、强弱、内外等语言色彩（三輪正，2005）。

然而，只有在具体场合下需要强调自己或对方时，日语中才会出现多种形式的自称词或对称词。一旦没有这些必要性，那么日语中的发话者（以及受话者）通常以零指代来表示。日语的发话者会将自己置于发话现场中，在以自我为中心而展开的“场”中，将视野中的事物进行语言化。即第 5.2 节中提到的发话者处于坐标轴的原点，因此发话者是无法看到自身的。“看不到的自我也是不能被言及的自我”（本多啓，1994），因此在日语中会出现上述零指代情形。

那么，发话者和受话者在日语和英语中又是如何被认知、被表达出来的呢？我们来分析一下两者的区别。在图 5–6 的例证（7）中，老人突然停下了脚步，对自己发问：“ハテなんで走ってたンだろう？”（刚才为什么要跑呢？）。这个例子中，日语没有使用自称词，以零指代的方式指代发话者更为自然。前文中曾经提过，日语环境下的发话者是在发话现场将视野中的事物进行语言化的。这名老人通过周围的事物明白了自己刚才正在跑步。但是由于他自身处于“场”的坐标轴原点，未能看到自己，因此自己也未被语言化。即“看不到的自我也是不能被言及的自我”（本多啓，1994）。

而在英语语言环境下，发话者通过说出“Eh? Now why was I running?”将自我进行语言化。发话者将自我从（经过了概念上的分裂和转移）现场转移，成为一种抽象的发话者，因此可以被客观视角所观察到。发话者将这一认识通过第一人称代词 I 来表现出来。在该漫画的第 4 分镜中，日语“トシはとりたくないテ”（真是不想变老）同样未将发话者语言化，而英语却通过使用“How I hate old age！”，即通过第一人称代词将发话者自身通过语言表达出来。英语基本上是一种具有较强的参与者动作（an actor-action form）句式倾向的语言（Bloomfield，1993），表示发话者的主语通过第一人称代词被体现出来、被语言化。以上分析表明，英语的发话者通常会将自己从现场中转移出来，成为抽象的发话者（I），进而能够被客观视角所观察到；而日语发话者的认知基础为发话时的现场，发话者将自我直观地置于“场”的中心，以涉身性为出发点理解外界和自我。由于“自我”没有处在发话者的视野中，因此通过零指代形式来表示。日语发话者的认知基础是“以现场中的发话者为中心展开的场”，这点和呈现出去现场化、抽象化倾向的英语截然不同。

图 5–6　例证（7）（《サザエさん（海螺小姐）》，1997）

图 5–7 的例证（8）是通过对话中另一方的视角来观察发话者和受话者的例子。姐姐对弟弟说“<u>You</u>’re kidding”，然后弟弟回答“<u>No</u>, I’m serious”。姐姐将弟弟视为文脉中的抽象受话者并通过 You 进行指示，而弟弟将自己从现场中分裂、转移出来，作为抽象概念上的发话者进行认识，

并通过第一人称代词 I 来表现这一认识。

谷川俊太郎的日语译文为“うそでしょ”（骗人的吧）、“いや、本気だよ”（不，是认真的），其中没有出现人称代词，即便如此也是十分完整自然的日语表述。姐姐和弟弟都具有涉身性并存在于同一个现场之中。因为具有相同的“场”，所以姐姐即便是在向对方进行确认，也仅仅使用了“うそでしょ”（骗人的吧）这一表述，因此并不需要将对方语言化。同时弟弟也说了“本気だよ”（是认真的），通过零指代来指示自己。日语语言环境下的对话双方在发话的现场面对着对方，共享着同一个“场”；而在英语语言环境下，发话者和受话者会作为一种偏离现场的抽象概念，不存在日语环境中对话双方共享的“场”。日语是发话现场里的对话，英语是去现场化的、抽象概念世界里的、处于语篇的“场”之中的对话。

图 5–7　例证（8）（*SNOOPY 3*，1997）

我们继续观察日语中发话者和受话者被语言化的用例。在日语中，有时会出现需要与他人对比、强调自我的场合。通过图 5–8 的例证（9）可以观察到自称词的一些使用情况。这是三个打棒球的孩子看到飞过来的球都叫着“我来接”的场景。

图 5–8　例证（9）（*SNOOPY 2*，2022）

在英语的语言环境下，三个孩子都不约而同地喊着"I got it！"。这是因为发话者从现场移位，成为抽象的（去现场化的）发话者，因此三人都是I。与之相对的，谷川的日语译文分别使用了"ぼくんだ!"（我的！）、"おれんだ！"（我的！）、"私のよ！"（我的！），这反映了根据发话现场的具体情况、人际关系、社会文化背景而产生了不同的自我认知，所以通过不同的自称词[5]来表示。

我们继续观察自称表现的用例。图 5–9 的例证（10）是一位母亲面对刚刚入学的孩子发牢骚的场景。母亲说道："ナマエもかけないなんて、ママははずかしいワ"（连名字都不会写，妈妈都得丢人）。日语环境下的发话者需要体现出发话现场的具体人际关系，因此在该场合中，发话者将自身视为对话另一方（孩子）的母亲，并将这一认知通过"ママ"（妈妈）的形式进行了语言化。

图 5–9　例证（10）（《サザエさん（海螺小姐）》，1997）

但是英语语言环境下的发话者在同一场合中会说"You can't even write your name? I'm ashamed."。这反映出了对话双方在概念上从发话现场分裂、转移，成为抽象的发话者（I）和抽象的受话者（you），同时没有必要表达出现场中的具体人际关系。

下面通过图 5–10 的例证（11）继续观察指示对话另一方（受话者）的情况。图 5–10 是一段出租车司机与乘客对话的场景。在日语的语言环境中，出租车司机说：オヤ！お客さん、いつかも乗ってたねエ"（哎？客人，以前总坐我的车吧）。司机根据现场情况，即基于司机和乘客这一社会人际关系的认知，继而称呼对方为"お客さん"（客人）。但是在英语的场合下，司机会使用"Hey! You were in my cab before, weren' t you?"，这是一种将受话者抽象化的认知，体现出了对话双方处于一种平等的关系。

例证（12）（图 5-11）表现了日语发话者以及受话者同处于一个现场中。在描写打雪仗的场景时，使用的语言表达方式为“こっちは二人、そっちは一人”（这边两个人，那边一个人），即通过近称“コ”表达发话者，通过中称“ソ”表达受话者。在日语中，发话者和受话者处于同一场景时，发话者从“ココ”（这里、这边）视角出发，通过“ソコ”（那里、那边）来指代受话者，两者具有相同的“场”。从古至今，日语里就有很多表示“场”的指示词作为人称代词而被广泛使用，如“こっち（这里）、そっち（那里）、こちら（这边）、そちら（那边）”等（李長波，2002）。这也意味着日语在历时变化中都有将发话者和受话者置于现场的倾向，与“场”发生了一体化。

图 5–10　例证（11）（《サザエさん（海螺小姐）》，1997）

さあ、やれよ．
ぶつけてみろよ！

こっちは二人、
そっちは一人．

图 5–11　例证（12）（*SNOOPY 3*，2002）

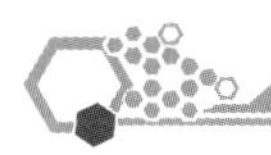

在英语中，如图 5–11 中“There’s two of us and only one of you”所示，发话者和受话者都从发话现场转移出来成为抽象的对话双方（us 和 you），既不置身于具体的“场”中，也不共享“场”。从第 5.2 节的分析中也能发现英语的指示词与现场物理空间的关联性较弱，指示词不将对象置于现场中进行理解把握，而是去一种现场化的、抽象化的、概念上的认知。

Lakoff（1974）对英语指示代词和人称代词之间的关系作了如下论述。作为问候对方病情时的语言表现，如“How's that throat?”其表现出了一种同情对方、与对方共情的语感。如果使用了“How's your throat？”则没有同情之意。作为指示患者生病的部位而使用 your throat 时，形成了 your 对 my 的对立，是把对方置于自己之外的一种表述方式。但是如果使用了 that throat，即便这是一种代表着“较远”关系的语言表述形式，但此处的 that 仍体现出了与对方或指示对象处在“场”的某些关联之中。因此，该表述还体现出同情、共情和连带感。但值得注意的是，在 Lakoff 的阐述中，that 所表示的“场”是一种概念上存在关联性的“场”，这和日语的ソ指示所体现的“将对方的存在理解为和自己处于同一个现场依存关系”的“场”是不同的。

上述例证（7~12）表明，一方面，英语环境下会将对话者从现场转移，使对话者成为抽象的发话者和抽象的受话者来进行理解，并将这一理解反映在抽象谈话的“场”中，分别使用第一人称代词（I）和第二人称代词（you）来表示。而另一方面，在日语中，双方存在于发话的现场，发话者处于坐标轴中心，因此视野中不包含自我，所以发话者本身不会被语言化。发话者和受话者共同置身于发话现场，共享着“场”，这种“场”的共享又与共同主观性相联系，因此发话者和受话者都通过零指代表示。如果需要将对话的一方进行语言化，则需要根据当时现场的具体情况、社会人际关系来选择不同的语言表达形式。无论如何，日语的发话者是不能脱离发话现场而存在的。

5.4 日语的“场”与英语的“场”的区别

本章通过第 5.2 节对现场指示表达的对比分析以及第 5.3 节对人称表达的对比分析，论证了日语和英语中关于“场”的区别。“场”既是识解

的基础，同时还是沟通交往的基础。将日语和英语的“场”的区别进行简化后，就形成了图 5–12，从中可以概括出两种语言在“场”方面的区别。

日语表现出的是一种现场依存关系，发话者（S）、受话者（H）以及“コ、ソ、ア”的指示对象都被置于发话现场的物理空间之中。而英语中的发话者（S）、受话者（H）以及 this、that、it 的指示对象都倾向于去现场化，是一种偏离了现场的、抽象概念上的表达形式。“日语的场”以发话现场的发话者为中心而展开，“英语的场”则是一种从偏离了具体现场的概念上的“场”、抽象谈话的“场”。

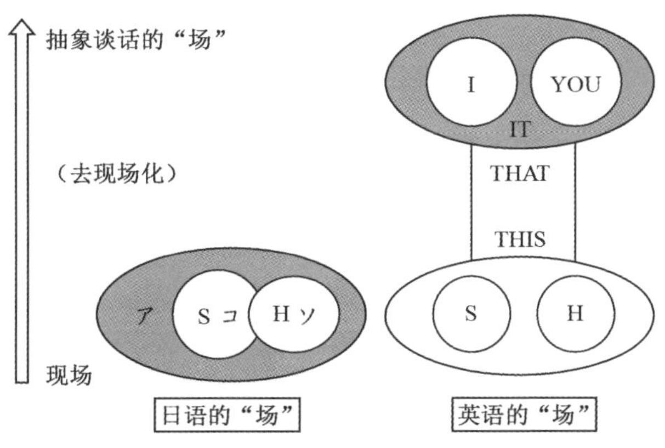

图 5–12　日语的“场”vs 英语的“场”

如第 5.2 节所述，在日语里，以存在于发话现场中的发话主体（发话者）为中心展开的“场”中，距离发话者近的对象使用コ、距离受话者近的对象使用ソ、距离受话者较远的对象使用ア，日语的“コ、ソ、ア”发挥的指示功能如上所示，将指示的对象置于“场”中。“コ、ソ、ア”的指示对象全部被置于发话现场中，即以发话者为中心而展开的“场”中，反映出发话主体与指示对象相互共享着“场”。这种“场”的共享能够将发话者和指示对象一体化。日语的谈话以发话者的涉身性以及五感为基础，从“场”的内部视角进行把握。

而另一方面，英语发话者呈现出了去现场化倾向，即不将现场和身体相联系，而是以抽象化的方式进行理解。英语中的 this、that、it 都是抽象度很高的指示形式，对于去现场化的、抽象化的指示对象，呈现出多种认知方式。this 和 that 等通过不同的侧面体现出了指示对象在心理上、时间上和空间上的远近距离，同时还反映了对指示对象的关注度以及谈话中的新旧信息等内容。脱离了涉身性并发生了去现场化的发话者与指示对象之间，类似日语中的"场"的共享情形是不存在的，因此没有形成主客一体。英语的发话者发生概念上的转移，从发话现场移至抽象谈话的"场"中，将自我作为I并通过客观视角进行观察，同样指示对象也发生了去现场化，也可以通过客观视角被观察到。因此英语的发话是一种通过"场"的外部视角所进行的行为，这一点与日语形成了对比。

第5.3节关于人称表达的验证，说明了在发话者与"场"的关联方式中，日语和英语也存在着很大的差异。在日语中，发话现场是以发话者为中心的"场"，位于中心（坐标轴原点）的发话者通常以零指代方式出现。位于坐标轴原点上的发话者"视野"内不存在自我，成为"看不到的自我也是不能被言及的自我"，因此通过零指代来体现。相对地，英语的发话者发生概念上的转移，成为抽象的发话者，因此通常以第一人称代词被语言化。

如例证（12）所示，日语中的发话者和受话者共同位于现场之中。コ表示"发话者的领属区域"，ソ表示"受话者的领属区域"，这也表示了发话者从"ココ"（这里）对"ソコ"（那里）的受话者进行认知观察。换言之，发话者和受话者通过涉身性共享同一个"场"。在此基础之上，发话者和受话者的视角也进行共享，这又与发话者和受话者的共同主观性相关联。

另外，在日语中如果需要将发话者（或者受话者）进行语言化时，如例证（9~11）所示，这种情况要与发话时的"场"相关联，即具体的说话者在发话中必须要反映出现场具体情况和社会人际关系等。无论如何，日语中的发话者和受话者体现出了涉身性，同在发话的现场中，不能从"场"脱离出去，二者在"场"中相互作用，并和"场"融为一体。这种"场"的相互共享、相互作用与无意识的共同主观性相联结，在"场理论"中属于一种主客不分的识解方式。

相对地，英语中的发话者和受话者偏离了现场，成为极其抽象的对话双方，即"抽象的发话者（I）"和"抽象的受话者（you）"。在发话现场中抽象化，进而形成的发话者和受话者不具有涉身性。于是在句法结构上必须存在主语或宾语的英语里，通过I、my、me等语言形式来表示抽象

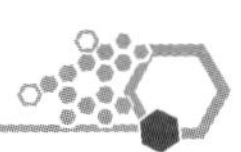

的发话者，以一种客观的视角来观察自我。英语的发话者与受话者共有的“场”并非发话时的现场，而是去现场化的、抽象谈话的“场”。在这种抽象谈话的“场”中进行的交际与沟通，不会出现日语中发话者与“场”融为一体的现象，而是发话者在意识上通过客观视角观察自我，同时受话者和指示对象也被这一客观视角所观察，也就形成了一种主客分离的识解。

5.5 结语

本章探讨了日语和英语在把握发话者、受话者以及指示对象方面的认知基础，这一认知基础即“场”在两种语言里是不同的，同时还对比分析了发话主体与“场”在关联性方面存在的区别。本章认为，在日语中作为识解基础的“场”是一种以发话现场的发话者为中心而展开的“场”，而英语中的“场”则是一种去现场化的、抽象谈话的“场”。

在英语中，从现场抽象出来进而被认知的发话者和受话者在谈话的“场”中，处于一种对等且独立的对话者地位。Grice（1975）的“合作原则”、Brown 等（1978）的礼貌理论都是基于这种抽象对话者的理论框架；在日语中，实时洞察发话现场的具体情况，遵循人际交往中的“わきまえ”（界限、分寸）（井出祥子，2006）进行沟通交往是极为重要的，然而对于会话双方来说，这点在实际运用上是比较难以把控的。同时，英语中还存在视角基点移动的情形，如在“May I <u>come in</u>?”和“I’m <u>coming</u>”表述中，视角的基点移动到了受话者一方（Fillmore，1973；Brown et al.，1978）。只有通过英语中的抽象对话者才能实现上述语言现象，而通过日语的发话者则无法实现该语言表现。另外，在以认知语言学为中心的研究领域中，Langacker（1990）所提出的“ground”概念也包含了发话者、受话者以及对象，然而这里的“场”是从发话现场中抽象出来的“场”，这和日语中的“场”有所区别，日语的“场”是发话者、受话者以及指示对象所置身的发话现场。

日语中的发话者和受话者在发话现场中具有涉身性，是共同存在的。日语的发话者通过“场”的共享，将对方的存在视为处于己方范围之内，无时无刻不思考着对方与自己的关系，而进行语言交际活动。在这种沟通交际的过程中，除了信息的获取与给予，与对方进行适当的感情沟通，体现出共同的主观态度也是十分必要的。日语以共同主观性为导向，发话者和受话者以互相共有视野为目标。多种多样的指示语表现形式、“发话者的领属区域”“受话者的领属区域”等反映了“场”的意识都与其相关，因此在日语中会通过终助词来表达感情、对事件以“なる[6]”的视角进行识解，各种委婉语言的表现方式也就此产生。日语具有上述英语所不具备的特征，将发话现场作为识解的基础，发话者与“场”融为一体。本书将研究视点聚焦于“场”，通过完善“场”语言学的理论体系，以期对今后的日语、英语学习及教学有所贡献。

注释

1 本文中的现场指示用法包含“現場指示”（现场指示）、“知覚指示”（知觉指示）以及“観念指示”（观念指示）。（堀口和吉，1978）

2 日语中存在着丰富的指示词，如“コレ·ソレ·アレ、コノ·ソノ·アノ、コチラ·ソチラ·アチラ、ココ·ソコ·アソコ、コンナ·ソンナ·アンナ”等。这些指示词在文中用“コ、ソ、ア”代表。

3 日语ア系列指示词和英语 it 的对比分析研究详见新村明美（1998）。

4 Lyons 对比分析了“I remember switching off the light”和“I remember myself switching off the light”；Langacher 对比分析了“Vanessa is sitting across the table”和“Vanessa is sitting across the table from me”。上述例句中的后者都是将自我进行语言化并通过客观视角进行观察的例子。

5 在此处的例句“ぼくんだ！”（我的！）、“おれんだ！”（我的！）、“私のよ！”（我的！）中，出现了三个日语自称词“ぼく”“おれ”“私”，均为“我”之意。这三个自称词本身使用的场合不同，如“ぼく”一般用于男性自称，“おれ”则是一种比较粗鄙的说法且为男性使用，“私”比较正式不分性别。这些自称词的使用，正如文中所提及的那样，需要“根据发话现场的具体情况、人际关系、社会文化背景”等进行选择。关于日语自称词的区别以及与“场”的关系详见本书第 7 章。译者注。

6 日语被称为“なる”型语言。在描述同一事件或行为时，日语倾向于使用以“なる”为代表的自动词（不及物动词）。译者注。

例证出处

例证（1）*Betty* Kathleen Webb（script）. 2001. Acrhie Comics Publications, Inc.

例证（2）Sunday Special Peanuts Series *SNOOPY 9* どうしてなんだろ?
Charles M. Schulz 著 谷川俊太郎译 2004：45. 角川書店

例证（3）Sunday Special Peanuts Series *SNOOPY 8* いとしのあなたへ
Charles M. Schulz 著 谷川俊太郎译 2004：58. 角川書店

例证（4）サザエさん 1.1994：83. 長谷川町子 朝日新聞社

例证（5）a.A Peanuts Book featuring *SNOOPY 4*
Charles M. Schulz 著 谷川俊太郎译 1991：127. 角川書店
b.*Beryle the Peril* in Dandy. 1994. D.C. Thomson & Co.Ltd.
c.*The Numskulls* 1994. D.C. Thomson & Co.Ltd.

例证（6）*Niimura*, Tomomi. 2003：77

例证（7）（对译）サザエさん Vol.12. 1997：43. 長谷川町子著
講談社インターナショナル株式会社

例证（8）Sunday Special Peanuts Series *SNOOPY 3* どうだいすごいだろ?
Charles M. Schulz 著 谷川俊太郎译 2002：25. 角川書店

例证（9）Sunday Special Peanuts Series *SNOOPY 2* みんなそろったかい?
Charles M. Schulz 著 谷川俊太郎译 2002：26. 角川書店

例证（10）（对译）サザエさん Vol.12. 1997：19. 長谷川町子著
講談社インターナショナル株式会社

例证（11）（对译）サザエさん Vol.12. 1997：11. 長谷川町子著
講談社インターナショナル株式会社

例证（12）Sunday Special Peanuts Series *SNOOPY 3* どうだいすごいだろ?
Charles M. Schulz 著 谷川俊太郎译 2002：7. 角川書店

参考文献

[1] BENVENISTE E. Problems in General Linguistics[M]. Florida：University of Miami press，1973.

[2] BLOOMFIELD L. Language[M]. London：George Allen and Unwin

Ltd，1933.

［3］ BROWN P，S C Levison. Politeness[M]. Cambridge：Cambridge University Press，1978.

［4］ FILLMORE C J. May we Come in? [J]. Semiotica：Journal of the international Association for Semiotic Studies，1973，9（2）：97–116.

［5］ FILLMORE C J. Towards a descriptive framework for spatial deixis[A]//R. J. Jarvella & W. Klein（eds.）Speech，Place and Action. New York：John Wiley & Sons Ltd，1982：31–59.

［6］ GRICE H P. Logic and conversation[A]//P. Cole & J.L. Morgan（eds.）Syntax and Semantics Vol3，Speech Acts. New York：Academic Press，1975：41–59.

［7］ HALLIDAY M A K，Ruqaiya Hasan. Cohesion in English[M]. London：Longman Group Ltd，1976.

［8］ 本多啓 . 見えない自分、言えない自分：言語にあらわれた自己知覚 [J]. 現代思想，1994，22（13）：168–177.

［9］ 堀口和吉 . 指示語の表現性 [J]. 日本語·日本文化，1978（8）：23–44.

［10］ 井出祥子 . わきまえの語用論 [M]. 東京：大修館書店，2006.

［11］ 金水敏，田窪則行 . 談話管理理論からみた日本語の指示詞 [J]. 認知科学の発展，1990（3）：85–116.

［12］ LAKOFF R. Remarks on This and That[C]. Papers from the tenth regional meeting，Chicago Linguistics Society，1974.

［13］ LANGACKER，RONALD W. Subjectification [J]. Cognitive Linguistics，1990（1-1）：5–38.

［14］ LEVINSON S C. Pragmatics[M]. Cambridge：Cambridge University Press，1983.

［15］ LYONS J. Language, Meaning and Context[M]. United Kingdom: Fontana Paperbacks，1981.

［16］ LYONS J. Deixis and subjectivity：Loquor，ergo sum? [A]//R. J. Jarvella & W. Klein（eds.）Speech，Place and Action. New York：John Wiley

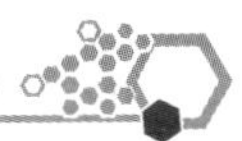

& Sons Ltd，1982：101–124.

[17] 三輪正．一人称二人称と対話 [M]. 京都：人文書院，2005.

[18] NIIMURA，TOMOMI. Contrastive Analysis of Japanese and English Demonstratives：Differences in Speaker Stance[D]. London：University of London，2003.

[19] 新村朋美．日英指示詞対照（その 2：「ア」系指示詞と that）[J]. 講座日本語教育，1998（33）：75–94.

[20] 新村朋美．日本語と英語の空間認識の違い [J]. 月刊言語，2006（35.5）：35–43.

[21] 新村朋美，单娜，鄭若曦，ハヤシブレンダ．日本語·中国語·英語の指示語表現にみるダイクシス構造の違い [J]. 日本認知言語学会論文集，2012（12）：349–361.

[22] QUIRK R，S GREENBAUM，G LEECH，et al.. A Comprehensive Grammar of the English Language[M]. London：Longman Group Ltd，1985.

[23] 李長波．日本語指示体系の歴史 [M]. 京都：京都大学学術出版会，2002.

[24] 佐久間鼎．現代日本語の表現と語法 [M]. 東京：厚生閣，1936.

[25] STRAUSS S G. A discourse analysis of ‘this’ and ‘it’（and their plural forms）in spontaneous spoken English[D]. Los Angeles：UCLA，1993.

[26] 鈴木孝夫．ことばと文化 [M]. 東京：岩波書店，1973.

[27] 田窪行則．ダイクシスと談話構造 [J]. 講座日本語と日本語教育，1990（12）：127–147.

[28] 辻村敏樹．敬語の史的研究 [M]. 東京：東京堂出版，1986.

第 6 章　英语和日语绘本的差异及其原因——基于“场”理论的分析

成岡惠子

6.1　引言

They heard the wind.	ねえ、きこえたよ（啊，听到了哟）
They had a scare.	かぜのおと（风的声音）
They’re afraid to stay	なんだかこわくて（不知不觉地害怕了起来）
in their beds over there.	ねむれないの（睡不着啦）

图 6–1　*Bears in Beds*（第 52~55 行）《おやすみくまちゃん》（小熊们晚安）（第 51~54 行）的插图

以上是英语绘本中的一部分内容和日语译文以及插图（图 6–1）。对于同样的内容，为何两种语言呈现出了不同的表达方式呢？在我们读英语绘本时，轻松易懂的内容却总会给我带来一种异样的不和谐感。我们对儿童的用词、说法不习惯，而且绘本中的语顺也经常发生改变，这些都是导致我们产生不和谐感的原因之一。然而在仔细阅读了上述绘本内容后，不难发现其中还存在某些更深层次的原因，进而导致了这种不和谐感的产生。

本章通过分析英语绘本中的内容及其日语译文，探讨英语和日语对于同一个故事内容在表达方式上存在着哪些差异，并探讨产生这些差异的原因。

灰島かり（2005）指出：翻译绘本时，在理解了原文内容后，还需要在脑海中建立起这些内容的场景形象，并思考如何通过目标语言将其表现出来的。换言之，绘本翻译并非是通过某种语言将原来的内容直接翻译出来，而是考虑如何通过另一种语言将同样的故事重新创作出来的。绘本翻译还需要用到丰富的语言表达形式，这样才能经受住人们的反复阅读；同时绘本是一种大人读给孩子的读物，因此其内容必须在听觉上容易理解（灰島かり，2005）。所以即便绘本翻译是一种翻译书面语的行为，其译文也必须是母语者容易接受的、“自然的”语言表达的。

考虑到儿童会通过绘本进行学习，那些尚未识字的幼儿也会通过父母反复地讲读从而背诵其中的内容，因此绘本对于语言习得有着重大影响。从这一意义上来说，绘本的语篇内容中出现的各种语言表现其实都是十分重要的语言数据，其在很大程度上反映了使用该语言的母语者在进行会话、写作时的立场与态度。

本研究使用英语绘本和日语译文，聚焦绘本的故事是通过哪些视角进行展开的。在视角移动的相关研究中，以小说为分析对象的研究占了大多数。与小说相比，绘本的故事情节更加单纯、篇幅更短，因此读者能够比较容易地把握整体内容。而且绘本融合了语篇及插图，在对其中的故事情节进行分析时，可以引入“场理论”的相关观点。在英语版中，如“They heard the wind.”所示，讲述者以一种脱离“场”的视角（外在视角）对故事进行讲述；相对地，日语译文则使用了“ねえ、きこえた かぜのおと”（啊，听到了哟 风的声音），即故事的展开通过了“场”中登场人物的视角（内在视角）进行。本章将根据“场”理论的观点对这些语言现象进行分析。

6.2　作为分析对象的绘本

作为分析的对象，本研究使用了在美国出版的 *Bears in Bed*（2012 年出版，Shirle Parenteau 著，David Walker 绘图）以及在日本出版的日语译本《おやすみくまちゃん》（小熊们晚安）（2012 年出版，福本友美子 译。在后续论述中，将前者简称为“英语版”，后者简称为“日语版”）。两种语言的绘本页数都是 32 页，插图和文字内容排版几乎一致。具体的绘

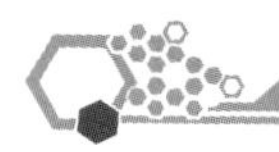

本内容收录在附录中。

绘本里的登场人物为主人公 <Big Brown Bear/ ちゃいくまちゃん >[1]（大棕熊）和另外 4 只小熊。在插图中，作为主人公的大棕熊比其他的几只小熊体型更大一些，虽然在故事中并没有做出直接说明，但是读者可以推断出他是其他几只小熊的父亲[2]。前半部分（第 1~33 行）介绍了作为登场人物的每只熊，描绘出 5 只熊分别睡在 5 张床上的场景。后半部分（第 34 行开始）为半夜突然传来了巨大的风声导致主人公们都被惊醒，随后所有熊都挤到一张床上继续睡觉的场景。

6.3 日语版和英语版绘本的语篇分析

本节将通过分析以下三个方面的内容来观察讲述者的视角位置及其动向：（1）指代登场人物的专有名词和人称代词；（2）表现了感情和感觉的语言表现；（3）叙述形式（疑问句、终助词、寒暄语）[3]。

6.3.1 指代登场人物的专有名词及人称代词

人称的表现形式是观察小说在叙述过程中的视点位置及其动向的重要语言要素之一（守屋三千代，1992）。于是，本文观察了指代登场人物的专有名词和人称代词在两种不同语言绘本中的使用情况。专有名词在英语版中共出现 15 次，人称代词也出现了 15 次（主格 11 次、宾格 2 次、所有格 2 次）。而在日语版中仅专有名词出现了 8 次，人称代词没有出现。众所周知，日语是一种通过文脉就可以判断主语和宾语的语言，所以上述情况其实并不局限于绘本。然而在本研究中，我们的关注重点仍然是专有名词和人称代词在绘本故事情节中的体现以及其具体语言表现形式。

故事的前半部分一边介绍登场人物，一边描绘出 5 只熊分别爬上床上的场景。在第 5~8 行中，作为主人公的 <Big Brown Bear/ ちゃいくまちゃん >（大棕熊）初次登场，在英语版中，先后出现了专有名词"Big Brown Bear"和人称代词"He"来对该登场人物进行了指代。

5. Here comes sleepy	5. ちゃいくまちゃん（大棕熊）
6. Big Brown Bear.	6. ねむいねむい（好困好困）
7. He climbs into bed.	7. ベッドにはいって（爬上床）

8. He's happy there.	8. おやすみなさい（晚安）

第 9~12 行以及第 13~16 行采取了同样的形式介绍了其他登场人物。最初介绍其他小熊时，使用了名字即专有名词，如“Yellow Bear”“Fuzzy”，随后在介绍登场人物的具体活动如爬上床等行为时，使用了人称代词 He 或 She。换言之，英语版中的表现方法是讲述者通过场外的视角对登场人物进行描述；而在同样的场景中，日语版在介绍初次登场的对象时虽然也会使用专有名词如“ちゃいくまちゃん”（大棕熊）（第 5 行）、“きいろいくまちゃん”（小黄熊）（第 9 行）、“ふわふわくまちゃん”（毛绒熊）（第 13 行），然而在随后同一页中再次指称这些登场人物时则不使用专有名词或人称代词。

接下来我们对第 22~29 行的英语版和日语版内容中出现的人称表现形式进行对比分析。在英语版中，第 23、第 27 行出现了专有名词“Big Brown Bear”，随后的第 24、第 26 行使用人称代词 He 对其进行指代。相对地，日语版仅在第 23 行使用了一次“ちゃいくまちゃん”（大棕熊）对人物进行了语言化，而人称代词则完全没有出现。

22. "It's time to sleep!"	22.「もうねるじかんだよ！」（已经是睡觉的时间了！）
23. says Big Brown Bear.	23. ちゃいくまちゃん（大棕熊）
24. He gets out of bed	24. ベッドからでて（从床上起来）
25. to untangle that pair.	25. ふたりをつかまえた（抓住了他俩）
26. He tucks them in,	26. ベッドにねかせて（哄上床）
27. then Big Brown Bear	27. おふとんかけて（盖上被）
28. blows a kiss good-night	28. ひとりひとりの（在每一个）
29. to all four bears.	29. ほっぺにチュー（脸颊上亲吻）

由于绘本中传递信息的途径除了语言还有插图，在第 22~25 行的那一页上，描绘了一只棕色的大熊 <Big Brown Bear/ ちゃいくまちゃん >（大棕熊）从床上下来后抱起两只小熊的场景。然后在第 26~29 行的那一页上，描绘了 <Big Brown Bear/ ちゃいくまちゃん >（大棕熊）从床的一侧亲吻

4 只小熊的场景。因此，不需要将行为主体进行语言化，就能够清晰地表现出谁做了什么事情。在日语版中，第22行的内容"もうねるじかんだよ！"（已经是睡觉的时间了！）后面出现了该发话行为的主体即"ちゃいくまちゃん"（大棕熊），在后续行为中（从床上下来，抱起两只小熊），行为主体并未被语言化，而是通过插图被表示出来。

回到文章一开始举的例子上。在英语版中，They 出现了 3 次，their 出现了 1 次，每一行都出现了人称代词，以此对 4 只小熊从床上下来的原因进行了解释说明。

52. They heard the wind.	52. ねえ、きこえたよ（啊，听到了哟）
53. They had a scare.	53. かぜのおと（风的声音）
54. They're afraid to stay.	54. なんだかこわくて（不知不觉地害怕了起来）
55. In their beds over there.	55. ねむれないの（睡不着啦）

在英语版中，像这样在同一页内，专有名词和人称代词反复出现，因此我们可以非常明确地判断出讲述者的视角处于"场"的外侧。而另一方面，通过观察日语版中同样的内容时，我们会发现专有名词和人称代词几乎不出现。从"ねえ、きこえたよ"（啊，听到了哟）（第 51 行）、"ねむれないの"（睡不着觉）（第 54 行）就可以发现，说这些话的是<くまちゃんたち>(小熊们)，在最开始的插画(图 1)中，描绘的是 4 只小熊站在床边，抬着头向着<ちゃいくまちゃん>(大棕熊)说话的场景。即在日语版中，叙述者的视角进入了故事中的"此时、此处"，叙述者和登场人物处于同化状态下。在这个意义上，日语版和英语版的视角以及故事展开方式完全不同。另外在日语版中，出现了"ねえ"（啊、喂）、"きこえたよ"（听到了哟）、"ねむれないの"（睡不着啦）等带有终助词[4]的语言表现，以及第 53 行"こわくて"（害怕）等抒发感情的语言表现，各种语言要素都体现了叙述者和登场人物的视角处在一种同化的"自我与他者不分"状态中[5]，后文会对这些内容进行详细分析。

使用英语时，即便在绘本里也会从"场"的外侧对故事内容进行描写，因此讲述者与登场人物之间存在着距离。换言之，讲述者与登场人物处在

一种分离（自我与他者分离）的状态下，因此在语篇中对行为和感情进行描述时，也要使用专有名词或人称代词来指代行为主体。相对地，日语则更倾向于将视角置于“场”的内部，而“场”的设定又取决于发话内容，因此在绘本中，既有发话内容（语篇）又有插图这种视觉要素，导致更高层次的“场”的产生得以实现。这又进一步降低了主体语言化的必要性。

6.3.2　感情和感觉的语言表现

本节将对绘本中出现的感情和感觉语言表现进行观察和分析。首先我们将注意力放到<ちゃいくまちゃん>（大棕熊）登场之后的“ねむいねむい”（好困好困）（第 6 行）这一语言表现上。

5. Here comes sleepy	5. ちゃいくまちゃん（大棕熊）
6. Big Brown Bear.	6. ねむいねむい（好困好困）
7. He climbs into bed.	7. ベッドにはいって（爬上床）
8. He's happy there.	8. おやすみなさい（晚安）

登场人物在“此时、此处”的“场”中，通过“ねむいねむい”（好困好困）来直观地将自己的感受表达出来。即我们可以很自然地将其理解为:“ねむいねむい”（好困好困）是通过登场人物“ちゃいくまちゃん”（大棕熊）的视角被讲述出来的。与之相对的是，英语在这一场合中通过使用表达感情的形容词和表示第三人称的专有名词、人称代词构成了“sleepy Big Brown Bear”和“He's happy there.”等语言表现，即讲述者从“场”的外侧对登场人物的样子进行观察和描述，没有像日语那样以登场人物的视角进行描述。

另外，日语版中还出现了其他以登场人物的视角来表达感情的语言表现，如“いいきもち”（真舒服）（第 33 行）、“なんだかこわい！”（总觉得很害怕！）（第 41 行）、“なんだかこわくて”（不知不觉地害怕了起来）（第 53 行）。而英语在表达感情时总会伴随着第三人称的使用，如“five tired bears”（第 33 行）、“Big Brown Bear wakes up in a fright!”（第 37~38 行）、“They had scare.”（第 53 行）、“They're afraid to stay in their beds over there”（第 54~55 行）。通过对这些登场人物感情和感觉

的语言表现进行观察后不难发现，一方面，日语中的讲述者进入到故事的"场"中，通过与登场人物一致的视角来表达感情和感觉；另一方面，英语中讲述者的视角脱离了故事中的登场人物，从"场"外侧来表达感情和感觉。在这一点上，日语和英语的区别十分明显。

在英语版的第 34~42 行以及日语版的第 34~41 行中，对于同一内容，两种语言在表述上虽然有着提前或滞后的区别，但是英语版中讲述者都一致通过"场"外的视角对状况进行描述，日语版讲述者则都通过"此时、此处"即存在于"场"内的登场人物视角对感觉和感情进行描述。这是两种语言存在区别的表现之一。

34. Whoosh	34. ひゅーっ（咻——）
35. goes a sound	35. まよなかに（半夜）
36. in the middle of the night.	36. とつぜんきこえた（突然听到了）
37. Big Brown Bear	37. へんなおと（奇怪的声音）
38. wakes up in a fright!	38. いったいなあに？（到底是什么？）
39. Whoosh! Whoosh! Whoosh!	39. ひゅーっ！ひゅーっ！ひゅーっ！（咻咻咻！）
40. Moans fill the air.	40. かぜのおとかな？（是风的声音吗？）
41. Is that wind,	41. なんだかこわい！（总觉得很害怕！）
42. Big Brown Bear?	

在第 34 行的那一页，<Big Brown Bear/ ちゃいくまちゃん >（大棕熊）表情有些害怕（图 6–2）；在第 39 行那一页，<Big Brown Bear/ ちゃいくまちゃん >（大棕熊）躲进毛毯中，显得很害怕（图 6–3）。在英语版中，讲述者从场的外侧来观察登场人物害怕的样子，使用的语言表现是"Big Brown Bear wakes up in a fright!"（第 37~38 行）。日语则相反，以 < ちゃいくまちゃん >（大棕熊）的视角出发，使用了"なんだかこわい！"（总觉得很害怕！）（第 41 行）这一语言表现。

同时，英语版里对听到声音时的场面进行描述时，使用了"Whoosh goes a sound"和"Moans fill the air."（第 40 行）。前者表达的是声音充

满了房间，后者直译为“低鸣的声音响彻四周。”英语版十分明显地从一种脱离“场”的视角出发，对听到声音时的场景进行了描写。相反，日语版以一种表达登场人物感觉的方式进行了语言化处理，即“とつぜんきこえた へんなおと”（突然听到了 奇怪的声音）（第 36~37 行）。英语版中的讲述者一如既往地以脱离了“场”的视角对状况进行描述，日语版的讲述者则采取了与“场”中登场人物融合的视角进行表述。

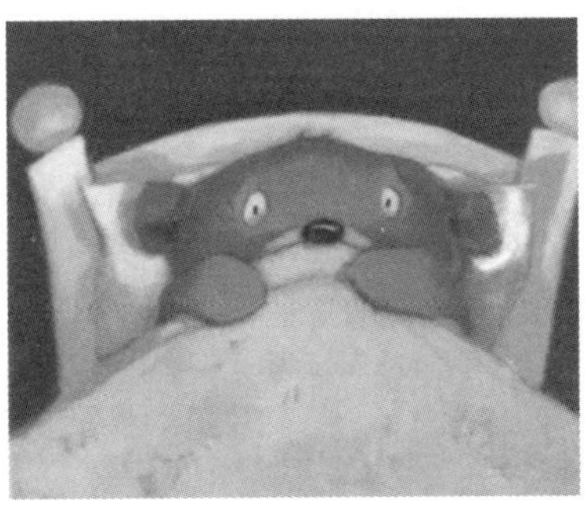

图 6–2 *Bears in Beds*《おやすみくまちゃん》（小熊们晚安）（第 34~38 行）插图

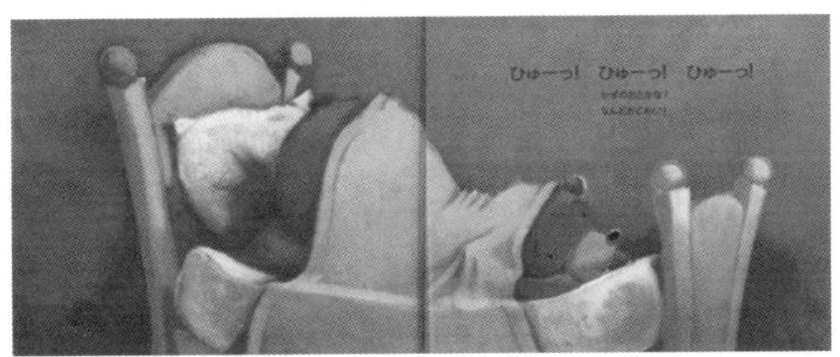

图 6–3 《おやすみくまちゃん》（小熊们晚安）（第 39~41 行）插图

井出里咲子（2020）分析了以日语作为母语的讲述者和受话者的对话内容，研究发现当讲述者分享自己的地震经历并在讲到高潮部分时，讲述者和受话者往往会发出一种“超越了自我与他者不分的声音上的共鸣”，是讲述者的感情被创造被抒发出来的体现。同样地，在日语绘本的语篇内容中，尤其是后半部分，讲述者的视角频繁地与场中人物视角发生同化，体现出了自我与他者不分的性质。同时，这种自我与他者不分又如同即兴表演一样会发生移动，在绘本的某一行中以讲述者的视角被呈现出来，然而在下一行里又会转变为登场人物视角，这种视角的置换现象频繁发生。因此，一方面，英语绘本中的讲述者一旦被确立，整个故事都会从外部视角展开；另一方面，日语绘本中讲述者所承担的功能并不是固定的，就像没有剧本的即兴表演一样，每个“场”都是瞬息万变的、栩栩如生的。

6.3.3 讲述表现

在一些日语小说里，作者往往不单是对状况进行“叙述”，而是以一种向读者讲述的口吻来展现小说内容。菅沼文子（2001）以日本童话故事与其英语译文为分析对象，对讲述者的声音进行了研究。研究结果表明，在日语的童话故事中，经常会出现讲述的语言表现，如“于是，你猜怎么着？”；而同样的情况并不会出现在英语译文中。本研究通过对英语和日语绘本进行比较分析，也能得出类似结论，即日语版中讲述者通过各种途径来为孩子等听众进行讲解。本节会通过以下三个方面对讲述表现进行说明：（1）疑问句；（2）日语终助词；（3）寒暄语。

由于绘本往往由大人读给孩子们听，因此与面向读者本人的小说相比，绘本中会出现更多的讲述表现。在本文分析对象的绘本中也出现了表示问询的疑问句。绘本第一页中就出现了“Where are the bears?”（第 4 行）、“だれがねるのかな？”（谁在睡觉呢？）（第 4 行），在两种语言版本中出现的这两句话，并非是对登场人物进行描写，而是通过脱离了故事场景“卧室”的外侧视角对 5 只熊进行观察，进而提出了疑问。

第 18 行的“Is that a bear?”是作为讲述者本人的疑问而出现的（故事的内容围绕着几只熊展开，所以如果这句话是故事中登场人物的台词，则会显得极其不自然）。日语版中的台词为“ごろんごろんしてるのだあれ？”（滚来滚去的是谁？）（第 18 行），这句话虽然也可以视为由讲述者自身发出的疑问，但是通过观察插图内容，会注意到<ちゃいくまちゃん>（大棕熊）和已经钻进被窝的两只小熊正盯着在地板上玩耍的另外两只小熊，因此上述疑问句可以被理解为是从<ちゃいくまちゃん>（大棕熊）的视角进行提问的，或者是从大棕熊以及床上两只小熊的共同视角出发而提问。

“Is that the wind, Big Brown Bear?”（第 41~42 行）这句话是“讲述者”对<Big Brown Bear>发出的提问。相反，日语版里在同样的场景中使用了“いったいなあに？”（到底是什么？）（第 38 行）和“かぜのおとかな？”（是

风的声音吗？）（第 40 行），这两句话虽然也是疑问句，但不同的是，这两句话是从<ちゃいくまちゃん>（大棕熊）发出的提问。从图 6–2、图 6–3 中<ちゃいくまちゃん>（大棕熊）不安的表情、之前出现过的“とつぜんきこえた へんなおと”（突然听到了 奇怪的声音）（第 36~37 行）、“なんだかこわい！”（总觉得很害怕！）这些感觉感情表现，都表明这两个疑问句是基于<ちゃいくまちゃん>（大棕熊）的视角而产生的。

接下来我们对日语版中出现的终助词进行观察和分析。在日语版的一些表述中，出现了通过使用终助词来表达对登场人物或对读者进行提问的情况。不表示疑问语气的终助词一共出现了 6 次，具体情况为：“よ”（yo）出现了 3 次，“ね”（ne）出现了 1 次，“ねえ”（ne-e）出现了 1 次，“の”（no）出现了 1 次。

终助词在日语交际中是一种不可或缺的语言要素。终助词具有人际关系功能，只有在受话者存在的场合里出现。作为表达情态的一种语言要素，终助词不具备命题 / 指称意义（referential meaning），只具备社会文化 / 非指称意义（sociocultural/non-referential meaning,（参照）Silverstein，1976），其语义由发话者和周边要素的关系所决定，如发话者与受话者的关系等。终助词在日语中尤其是在日语口语中不可或缺。在本文分析对象的绘本中，出现次数最多的终助词是“よ”（yo）。白川博之（1992）对终助词“よ”（yo）的解释为：通过在发话中使用“よ”（yo），可以使该发话对受话者的指向性变得更为明确。甘露統子（2004）分析了小说中出现的终助词，其研究表明在小说的叙述中不会出现终助词“よ”（yo）。然而“よ”（yo）却出现在了绘本中，这是因为绘本的“讲述者”和小说的“讲述者”机能略有不同。

在绘本中出现了 3 次的“よ”（yo）原本用在发话中，其发话内容所包含的信息仅为发话者本人所掌握。因此当发话者对受话者要进行某些说明、或者对某一场景进行描述时会使用“よ”（yo），这时的“よ”（yo）是一种针对受话者的终助词。“ベッドがいつつ ならんでいるよ”（5 张床并排摆着哟）（第 1~2 行）、“となりのベッドに はいったよ”（爬上了旁边的床哟）（第 11~12 行），这些语言表现都是在向读者讲述绘本中的场景。在这些场合中，使用或不使用“よ”（yo），读者以及听故事的孩子们的注意点会发生变化。不使用终助词“よ”（yo），即“ベッドがいつつならんでいる（ならんでいます）"（并排摆着5张床）、"となりのベッドにはいった（はいりました）"（爬上了旁边的床），这些不使用"よ"（yo）的语言表现和使用了"よ"（yo）的语言表现区别是显而易见的。"よ"（yo）的出现假定了受话者存在于场中，讲述行为没有从故事的场中脱离出来，因此不论是读者还是听故事的孩子们都处在场中。

"よ"（yo）在本文最初的例句中也出现过。在<くまちゃんたち>（小熊们）对<ちゃいくまちゃん>（大棕熊）说的"ねえ、きこえたよ"（啊，听到了哟）（第51行）这句话中，"よ"（yo）与唤起对方注意的"ねえ"（哎、啊）一起出现，表达了某一登场人物主动向其他登场人物搭话的情形。在该场合中，英语和日语存在明显差异，英语版是通过"场"的外侧视角进行描述，而日语版则采用了<くまちゃんたち>（小熊们）与<ちゃいくまちゃん>（大棕熊）互动的表达方式进行描述。即便两种语言版本的插图是一样的（图6–1），然而在对情节进行描述时，两种版本的语言化策略却大相径庭。

在日语中，当发话内容的信息为对方所知晓时，或向对方进行确认时会使用终助词"ね"（ne）。在绘本的对话中，出现了"なあんだ くまちゃんたち こわくなって めがさめたんだね"（原来是 小熊们 因为害怕 就醒了啊）（第47~50行）这句话，描绘了<ちゃいくまちゃん>（大棕熊）向 <くまちゃんたち>（小熊们）确认半夜起床原因的这一场景。

通过使用以上的终助词"よ"（yo）和"ね"（ne），单方面削弱了日语绘本中"讲述者"的存在感，以一种置身于"场"中的相互行为来推进故事情节，是一种由讲述者向登场人物、讲述者向读者和听故事的孩子们、又或是其中的某个登场人物向另一个登场人物进行讲述的方式推进故事情节。绘本中的"讲述者""登场人物""读者以及听故事的孩子们"之间发生的相互行为，只能通过基于"场"中的内在视角进行把握和理解。

最后，我们将视线聚焦到日语版中出现的寒暄语"おやすみなさい！"（晚安！）上。在日语版中，该表达共出现了3次，而英语版中却未曾出现过"good night"，反而使用了和日语完全不同的语言表达。

5. Here comes sleepy	5. ちゃいくまちゃん（大棕熊）
6. Big Brown Bear.	6. ねむいねむい（好困好困）

7. He climbs into bed.	7. ベッドにはいって（爬上床）
8. He’s happy there.	8. おやすみなさい（晚安）
30. Out goes the light!	30. でんきをけして（关上灯）
31. It’s cozy in there.	31. おやすみなさい！（晚安！）
32. Five warm beds	32. みんなぐっすり（大家都沉沉睡去）
33. hold five tired bears.	33. いいきもち（真惬意）

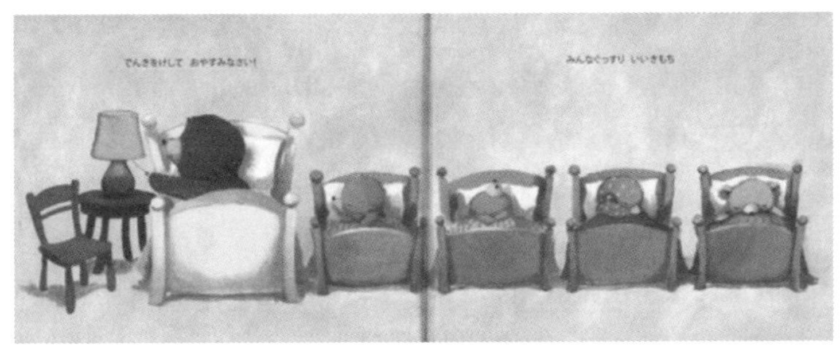

图 6–5 《おやすみくまちゃん》（小熊们晚安）（30~33 行）插图

64. Their eyes slowly close.	63. だんだんおめめがくっついて（渐渐闭上了眼睛）
65. Soft snores fill the air	64. ねむいねむいくまちゃんたち（小熊们好困好困）
66. from one big bed full	65. ひとつのベッドで（挤在一张床上）
67. of five sleeping bears.	66. おやすみなさい（晚安！）

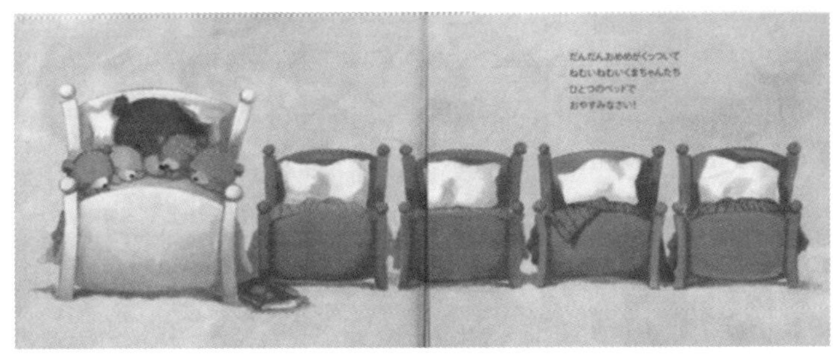

图 6–6 《おやすみくまちゃん》（小熊们晚安）插图

与日语版寒暄语“晚安”所对应的英语表述部分，则是讲述者以一种外在视角对登场人物的行为或感情、床与房间的状况等进行的描写。甚至在绘本的书名中也能体现出两种语言的差异：英语版书名为 Bears in Bed，而日语版则是《おやすみくまちゃん》（小熊们晚安）。这也体现了本章对日语版中寒暄语“晚安”进行分析的重要性。

寒暄语的使用以对话中存在着另一方为前提，因此对于绘本中出现的寒暄语，我们可以认为其使用者即“讲述者”进入故事之中，成为“场”的一部分。同时，上述寒暄语既可以被视为讲述者对登场人物发出的话语，也可以被理解为通过某一登场人物的视角向另一登场人物进行发话的行为。例如，第 30~31 行的插图描绘了 <ちゃいくまちゃん>（大棕熊）关灯的场景（图 6–5），因此我们可以将此处的“晚安”视为 <ちゃいくまちゃん>（大棕熊）向其他 4 只小熊说出的话语。考虑到父母给孩子们读绘本的实际情景，上述寒暄语也可以被解释为绘本中登场人物对听故事的孩子们发出的话语，寒暄语的使用甚至起到了促使读者及孩子们与登场人物进行对话的作用。另外在最后的“ひとつのベッドで おやすみなさい！”（挤在一张床上，晚安！）一句中，插图描绘了五只熊挤在一张床上并闭上了眼睛的场景（图 6–6），因此这里的“晚安”可以被解释为讲述者向登场人物们发出的话语。同时，也可以将这一场景想象为读绘本的父母和听故事的孩子都进入故事情节中，他们一起对登场人物道晚安。像这样，日语版通过使用寒暄语，实现了将讲述者、登场人物以外的读者以及孩子们也一起放入同一个“场”中，作为“场”的要素之一融入故事情节中去。

6.4 绘本与口语的共同点

前文通过分析而剖析出日英绘本的特征。这些特征其实并不局限于绘本，本节将对绘本和日语口语的共同特征进行分析。

在上一节的分析中我们得出结论：在英语原著 *Bears in Bed* 中，讲述者自始至终都通过绘本外侧的视角对故事情节进行描写；相对地，日语译本《おやすみくまちゃん》（小熊们晚安）中的语言表达反映出讲述者进入到故事的“场”中，时而通过与登场人物融为一体的视角发话，时而将自身置于故事情节内并对登场人物和读者们做出发话行为。像这样的日语

语言特征也反映在了日语话者的相互行为中，日语话者将自我和他者置于一种自他融合的位置关系里（藤井洋子，2016）。在对日语口语进行分析后，会发现发话者与受话者的身份角色并不清晰，甚至会出现无法区别两者的情况，双方共同构筑起会话，与“故事的共创”（井出祥子，2016）观点、“融合的谈话”（植野貴志子，2016）观点、被带入进会话中的双方在对话过程中超越了发话者与受话者身份角色的“声音的共鸣”（井出里咲子，2020）观点相通相融。上述研究表明，通过将话者带进某种场面的语言活动（频繁地附和对方、重复、抢话、话语重叠等），引导会话参与者共同创造故事情节，会话参与者被带进“场”中，“声音的共鸣”就这样被创造出来了。

绘本中的语言表达和实际对话中的语言表达还是有所区别的。在实际对话过程中，对话双方处在一种双向的关系里，而绘本中的语言表达方式与实际中的对话方式不同，因此，绘本中的语言表达容易被定义成“单方向的语篇内容”。但是本章的分析结果表明，讲述者、登场人物、读绘本的人和听故事的孩子们等共享同一个“场”，这些参与者产生了相互行为。英语绘本在被翻译成日语时，参与者们融入“场”中并推进故事的发展，故事内容不通过某一个参与者的视角进行语言化，而是通过参与者之间共享的“场”，连同插图这一视觉信息一并进行语言化。

在英语版中也能见到对登场人物进行发话的语言表达形式，其目的在于加强临场感。但是英语在叙事的语言化过程中，讲述者的视角位于“场”外，从故事情节以外的立场出发进行发话行为。于是，讲述者和故事中的登场人物呈现出“自我与他者分离性”，两者的视角不存在融合的情况。英语会话者在语言交际过程中，“发话者”和“受话者”分工明确，“发话者”确定会话的基础，“受话者”不对其进行干涉，这种形式与绘本中讲述者视角一直处于“场”外是一致的。

儿童会模仿父母等监护人以及其他孩子们的语言交际方式来习得语言。其中，监护人使用的绘本就成为十分重要的语言学习材料。语言习得过程，不仅是对语言的命题/指称意义（referential meaning）进行习得的过程，还是对语言与文脉的关系进行习得的过程（“language socialization”）（Ochs，1986），其中包括在某种语言环境下对事物的语言化是否出于“义务”、如何进行语言表述、通过使用语言是否会产生社会文化 / 非指称的

意义（sociocultural/non-referential meaning）。

例如，在何种场合下要言明主语或宾语、在何种场合下不需要言明主语或宾语、感情感觉如何通过语言进行表达等，通过语言的命题 / 指称意义的相关知识对上述内容进行“和母语者水平相近”的语言化几乎是不可能的。同时，正如本节所分析的那样，在会话过程中，英语语言环境下的“发话者”和“受话者”角色分工明确，“受话者”不干涉由“发话者”构筑的会话基础，会话由发话者单独引导；而在日语环境下，“发话者”和“受话者”的角色分工并不明确，双方共有“场”，共同构筑会话。换言之，在不同语言中，作为前提的语言交际形式、对话双方共同倾向的相互行为模式等非明示要素也是儿童的习得对象。

Slobin（2003）指出：儿童的语言习得从“listening （and watching） for understanding”逐渐向“thinking for speaking”转变。其中，不同语言的特定语言模式在较早的阶段被儿童所习得。在语言习得过程中，与每时每刻都不尽相同的日常会话体验有所区别，绘本中的同一场景同一语言表达被不断复读，这正是一种实践“listening （and watching） for understanding”的机会。绘本起到了教科书的作用，向儿童传授着最自然的语言表达方式。对于听读绘本内容的儿童们，即正处于语言习得过程中的受话者来说，谁是动作的施事者、谁又感受到了什么等，通过明示的语言表达则更容易被理解。但是反之，在同样的场合下，不言明动作的施事者，又或是通过各种不同的视角对故事内容进行叙述等也会作为某种语言的基本特征，同时这些基本特征可以在绘本中得以维系，因此绘本能够帮助儿童成为语言交际活动中的一员融入社会中去。

6.5 结语

本章分析了英语版绘本和日语版绘本的语篇内容，就两种语言在绘本语篇中产生的差异进行了探讨。这两种语言的母语者在语言交际活动中采取的方式不同，即对语言交际活动基础——“场”的理解方式不同，是上述差异产生的原因。

在《绘本的力量》一书的前言部分中，作者河合隼雄指出了绘本的下列优点：“即便是文化之间存在差异，（绘本）仍可以被读者们很自然地接受，

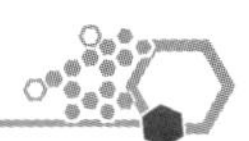

这是（绘本的）共性”（河合隼雄，2001）。当下，人们在儿童时期所接触的绘本，大部分是从外文翻译过来的，然而不论是儿童还是大人都不曾意识到这一点。这也是前文中所提到的“很自然地接受”的体现。众多绘本在被翻译成日语的过程中，译者都会顺应日语母语者的语言交际偏好来组织语言表达。如果从这一观点出发来尝试阅读绘本，我们就能发现很多“日语的特质”。

注释

1　以<>表示的内容为本文在分析时所使用的专有名词。

2　英语版对主人公<Big Brown Bear>进行指称时使用了指代男性的人称代词“he”。在日语的译本中由于没有出现人称代词，因此不能轻易地判断主人公的性别。中村（2007）对日本的小说进行了分析，提出如果小说中的话者为女性时，其发话内容中会出现十分明显的“女性用语”表述。然而对研究所使用的绘本内容进行观察后，可以发现<ちゃいくまちゃん>（大棕熊）的直接发话内容（绘本原文中以「　」形式出现的语言表达）如“もうねるじかんだよ！”（已经是睡觉的时间了！）（第 22 行）以及“じゃあ、こっちにおいで”（那么，过来我这里）（第 55 行）中并没有出现明显的“女性用语”。另外从<ちゃいくまちゃん>（大棕熊）视角出发的语言表述中也没有出现“女性用语”。因此可以判断日语版遵从了英语版(原著),对<ちゃいくまちゃん>(大棕熊）的性别进行了同样的设定，或是日语版有意模糊主人公的性别。

3　本文在分析中，使用“ ”来表示引用的内容（日语论文原文中对英语的引用使用了“”，对日语的引用使用了「　」，译者注）。引用的内容所在行数使用（　）表示。

4　终助词出现在句尾，表达了发话者对受话者传递的一些态度。是日语的情态、语气等得以实现的重要语言形式之一。(译者注)

5　“自我与他者不分”概念用于描述发话者（自我）与受话者（他者）之间的一种状态。在本研究对英语和日语的讲述者视角进行分析中，可以将讲述者认定为“自我”，故事中的登场人物认定为“他者”。

使用数据

［1］ Parenteau，Shirley. Illustrated by David Walker. Bears in Beds[M]. Somerville，MA：Candlewick Press，2012.

［2］ パレントー，シャーリー．おやすみくまちゃん [M]. 福本友美子，译，ディビット·ウォーカー绘图．東京：岩崎書店，2012.

附录

表 6–1 *Bears in Beds* 以及《おやすみくまちゃん（小熊们晚安）》的文本

Bears in Beds	《おやすみくまちゃん（小熊们晚安）》
1.Five empty beds	1. ベッドがいつつ（五张床）
2.are waiting there.	2. ならんでいるよ（并排摆着哟）
3.It's time to sleep.	3. もうねるじかん（到睡觉的时间了）
4.Where are the bears?	4. だれがねるのかな（谁在睡觉呢）
5.Here comes sleepy	5. ちゃいくまちゃん（大棕熊）
6.Big Brown Bear.	6. ねむいねむい（好困好困）
7.He climbs into bed.	7. ベッドにはいって（爬上床）
8.He's happy there.	8. おやすみなさい（晚安）
9.Now comes drowsy	9. きいろいくまちゃん（小黄熊）
10.Yellow Bear.	10. よっこいしょ（一、二、三）
11.He takes the bed bear	11. となりのベットに（爬上了）
12.Big Brown Bear.	12. はいったよ（旁边的床）
13.Fuzzy whirls in	13. ふわふわくまちゃん（毛绒熊）
14.like a circus bear.	14. ひょいととびのり（轻松一跃）
15.She swirls into bed	15. サーカスみたいに（像马戏团表演一样）
16.with a twirly flair!	16. くるりとまわる（飞快地翻身）
17.There's a blur of fur.	17. ちょっとちょっと（等一等）
18.It that a bear?	18. ごろんごろんしてるのだあれ？（扭来扭去的谁？）
19.Yes!	19. おやおや（哎呀哎呀）
20.It's Calico tumbling	20. ぷよぷよくまちゃんと（是晃晃熊和）

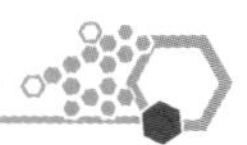

表 6–1 （续 1）

Bears in Beds	《おやすみくまちゃん（小熊们晚安）》
21.with Floppy Bear!	21. ぽちぽちくまちゃんだ！（点点熊）
22.“It’s time to sleep!”	22.「もうねるじかんだよ！」(已经是睡觉的时间了！)
23.says Big Brown Bear.	23. ちゃいくまちゃん（大棕熊）
24.He gets out of bed	24. ベッドからでて（从床上起来）
25.to untangle that pair.	25. ふたりをつかまえた（抓住了他俩）
26.He tucks them in,	26. ベットにねかせて（哄上床）
27.then Big Brown Bear	27. おふとんかけて（盖上被）
28.blows a kiss good-night	28. ひとりひとりの（在每一个）
29.to all four bears.	29. ほっぺにチュー（脸颊上亲吻）
30.Out goes the light！	30. でんきをけして（关上灯）
31.It’s cozy in there.	31. おやすみなさい！（晚安！）
32.Five warm beds	32. みんなぐっすり（大家都沉沉睡去）
33.hold five tired bears.	33. いいきもち（真惬意）
34.Whoosh	34. ひゅーっ（咻——）
35.goes a sound	35. まよなかに（半夜）
36.in the middle of the night.	36. とつぜんきこえた（突然听到了）
37.Big Brown Bear	37. へんなおと（奇怪的声音）
38.wakes up in a fright!	38. いったいなあに？（到底是什么？）
39.Whoosh! Whoosh! Whoosh!	39. ひゅーっ！ひゅーっ！ひゅーっ！
40.Moan fill the air.	（咻咻咻！）
41.Is that the wind,	40. かぜのおとかな（是风的声音吗？）
42.Big Brown Bear?	41. なんだかこわい！（总觉得很害怕！）
43.Oh, no!	42. がた　がた　がた（喀哒喀哒喀哒）
44.Rattle, rattle, rattle	43. いすのしたから（从椅子的下面）
45.From under the chair.	44. へんなおとがする（传来奇怪的声音）
46.He turns on the light	45. でんきをつけて（打开灯）
47.to see what’s there.	46. みてみよう（看一看）

表 6–1 （续 2）

Bears in Beds	《おやすみくまちゃん（小熊们晚安）》
48.It’s Fuzzy, Yellow, 49.and Calico Bear! 50.Floppy peers from 51.under the chair!	47. なあんだ（原来是） 48. くまちゃんたち（小熊们） 49. こわくなって（因为害怕） 50. めがさめたんだね（就醒了啊）
52.They heard the wind. 53.They had a scare. 54.They’r e afraid to say 55.in their beds over there.	51. ねえ、きこえたよ（啊，听到了哟） 52. かぜのおと（风的声音） 53. なんだかこわくて（不知不觉地害怕了起来） 54. ねむれないの（睡不着啦）
56.“Come snuggle close,” 57.says Big Brown Bear. 58.So the four little bears 59.scramble up there.	55.「じゃあ、こっちにおいで」（“那么，过来我这里”） 56. ぎゅっとぎゅっとくっついて（紧紧地挤在一起） 57. いっしょにいれば（在一起的话） 58. だいじょうぶ（就没关系了）
60.He reads them a story 61.about three bears 62.and a pesky girl 63.with golden hair.	59. ちゃいくまちゃん（大棕熊） 60. おはなしよんで！（快讲故事！） 61. 3びきのくまと（于是讲了三只小熊） 62. おんなのこのおはなし（和一个女孩的故事）
64.Their eyes slowly close. 65.Soft snores fill the air 66.from one big bed full 67.of five sleeping bears.	63. だんだんおめめがくっついて（渐渐闭上了眼睛） 64. ねむいねむいくまちゃんたち（小熊们好困好困） 65. ひとつのベッドに（挤在一张床上） 66. おやすみなさい！（晚安！）

以实线区分的单元格表示绘本的一页内容。当文本内容跨越两页时，则以虚线表示。在原文中存在比其他内容字号更大的文本内容，此部分内容在上述表格用以下画线表示。绘本前半部分的英日文本行数一一对应，但是在第 39 行的那页上，英语的文本内容为 4 行，日语则是 3 行，因此从那页开始，英日文本内容的行数开始错位，不再一一对应。

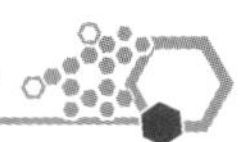

参考文献

［1］ 甘露統子．人称制限と視点 [J]. 言葉と文化，2004（5）：87–104.

［2］ 藤井洋子．日本人のコミュニケーションにおける自己観と「場」：課題達成談話と人称詞転用の分析より [A]// 藤井洋子，高梨博子．コミュニケーションのダイナミズム自然発話データから．東京：ひつじ書房，2016：1–37.

［3］ 灰島かり．絵本翻訳教室へようこそ [M]. 東京：研究社，2005.

［4］ 井出里咲子．語りにおける声の共鳴：<場所的領域>にみるあいづち、薄い笑いと引き込み現象 [A]// 井出祥子，藤井洋子．場とことばの諸相．東京：ひつじ書房，2020：105–130.

［5］ 井出祥子．グローバル社会へのウェルフェア·リングイスティックスとしての場の語用論：解放的語用論への挑戦 [J]. 社会言語科学，2016（18–2）：3–18.

［6］ 河合隼雄，松居直，柳田邦男．絵本の力 [M]. 東京：岩波書店，2001.

［7］ 守屋三千代．小説の『語り』と『文法』：人称制限との相関 [J]. 講座日本語教育，1992（27）：108–122.

［8］ 中村桃子．「女ことば」はつくられる [M]. 東京：ひつじ書房，2007.

［9］ OCHS E. Introduction[A]//Bambi B. Schieffelin and Elinor. Ochs（eds.）Language Socialization across Cultures，New York：Cambridge University Press, 1986：1–13.

［10］ 白川博之．終助詞『よ』の機能 [J]. 日本語教育 ,1992（77）：36–48.

［11］ SILVERSTEIN M. Shifters，Linguistic Categories，and Cultural Description[A]//Keith Basso and Henry Selby （eds.）Meaning in Anthropology，Albuquerque：University of New Mexico Press，1976：11–55.

［12］ SLOBIN D I. Language and Thought Online：Cognitive Consequences of Linguistic Relativity [A]//D. Gentner and S. Goldin-Meadow（eds.）

Language in Mind：Advances in the Study of Language and Thought，Cambridge，MA：MIT Press，2003：157–192.

［13］菅沼文子.テクストにおける語り手の働き—『注文の多い料理店』とその英訳版の比較対照 [J]. 日本女子大学英米文学研究，2001（36）：71–91.

［14］植野貴志子.融合的談話の『場の理論』による解釈 [J]. 待遇コミュニケーション研究 ,2016（13）：18–34.

第 7 章　对称词的置换因何而起——基于“场”理论的分析研究

小森由里

7.1　引言

我们在会话中如何称呼自己，又是如何称呼对方的呢？在使用英语时，无论人们处在何种场景中，发话一方自称 I，并将听话的一方称作 you；而在使用日语进行会话时，需要考虑会话场景、会话双方的关系等，进而通过多种多样的语言表达形式来对发话者和受话者进行指称。藤井洋子（2016）对发话者和受话者如何互相指称进行了研究。藤井洋子将这种相互行为视作自我与他人的一种位置安排，通过与英语进行比较后分析出了日语在指称上的特征：日语在进行指称时要考虑家庭、社会中自我与他者的身份，使用符合身份规范的指称方式。藤井洋子进而指出了套用西方理论的研究范式对日语指称进行解释具有局限性。而“场”的思维方式可以帮助我们更有效地理解日本人在使用语言时的意识结构，这种意识结构也是语言使用的根本所在。井出祥子（2016）对“场”进行了定义：“场”是由人的意识而创造出来的空间，该空间不断重复着生成及消亡过程，“场”并不等同于场面、文脉等。同时，井出还主张通过内在视角对语言现象进行解释，通过双重领域来思考作为语言主体的自我的成立，并以此为前提，提供了“场”语用学的研究视野。井出祥子（2020）对内在视角做了如下定义：对于发话内容，不通过处在整体外侧的视角进行解释，而是作为发话的“场”的一部分，与其他要素互相关联，从“场”的内部进行解释。

本章引入“场”的研究视野，以指代人称的词语即人称代词为研究对象，通过内在视角分析人称代词的实际使用情况。将日语人称代词作为对象的先行研究不胜枚举，然而对人称代词置换现象进行重点研究的文献则较少见。并且多数研究都将重点放在发话者与受话者的属性、会话场景等方面，尚未出现基于“场”理论的相关研究。因此本章将人称代词置换这一容易被人忽视的语言现象作为研究对象，通过不同于以往的研究角度——“场理论”对其进行观察分析。

7.2 日语的人称代词与“场”

人称代词包含了指代发话者自身的“自称词”（第一人称）、指代受话者的“对称词[1]”（第二人称），以及自称词和对称词以外的“他称词”（第三人称）。日语里既有“私”（我）这样的人称代词，也有直接称呼别人姓氏和名字的专有名词，还有“社長”（社长）等称呼别人地位职位的名词、“運転手さん”（司机师傅）等称呼别人职业的名词，以及“お母さん”（妈妈）这种称呼家人的亲族称谓语。日语里存在着数量众多的人称代词，这也是日语的语言特征之一。

在面对这些数量众多的人称代词时，发话者需要根据不同的受话者而选择相应的人称代词。鈴木孝夫（1973）就自称词和对称词的使用情况进行了调查，调查以一名40岁男性小学教师为对象，分析了该对象在面对校长、同事、学生、父亲、兄长、妻子、儿子和邻居家的孩子时分别使用了哪些称谓形式。调查结果表明，该名男性教师在面对校长时称呼自己为“私”（我），称呼对方时使用“校長先生”（校长老师）或“先生”（老师）；在家中面对儿子自称为“お父さん”（爸爸），称呼儿子时使用他的名字或“おまえ”（你）。在日常生活中，该发话者面对不同的受话者时，一共使用了7种包括“私”（我）在内的自称词，使用了11种包括“おまえ”（你）在内的对称词。鈴木孝夫对这一现象做了如下阐述：“自称词和对称词的使用反映出一种有条不紊的规则性，这种规则性以发话者和受话者之间存在的年龄辈分等人际关系为基础。”同时鈴木孝夫还指出，自称词和对称词的使用体现了发话者对自我身份的认定。在西方语言中，发话者对自我身份的认定是一种绝对的认定，与周围状况和受话者无关；而日语自称词和对称词的使用则依赖于对象，首先对受话者进行认定，其次再对自我进行认定。

对于自我的理解，此处援用清水博（2003）提出的“场理论”来进一

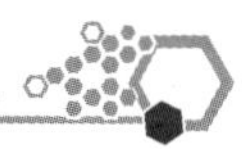

步分析思考。清水认为“自我”是一种“双重生命”，基于“自我中心领域”和“场所领域”而存在，并提出了“双重生命鸡蛋模型[2]”。“自我中心领域”是作为个体的、思考的自我，拥有人格和自律性；“场所领域”的自我是身体的自我，作为生命与其他生命相互关联。“双重生命”的自我就像是一枚鸡蛋，“自我中心领域”是蛋黄，“场所领域”是蛋清。清水博认为，当两个人在一个“场”中进行会话时，就好比是两枚生鸡蛋被打入到一个碗里。此时，碗中的两个蛋黄相对独立，然而蛋清却会融合到一起，正如对话双方一边保持着“自我中心领域”，一边通过蛋清的部分相互接触、融合。在“双重生命鸡蛋模型”基础之上，清水博又提出了“即兴表演模型”：现实社会中的人类生活是通过即兴表演而成立的，家庭和职场等构筑起了人们即兴表演的舞台，即“场”，人们作为演员在其中进行即兴表演。作为即兴表演的舞台，“场”并未被提前确定下来，而是处在无时无刻的运动变化中。

从“场”的观点出发，我们便可以对自称词和对称词在使用上存在分歧的现象作出合理说明。发话者和受话者共处于动态的“场”中，此时对称词或自称词呈现出多样的语言形式，这是因为发话者顺应“场”的变化而选择使用了相应的语言表达。作为一名小学教师，在与家人说话时使用亲族称谓语等自称词，而在职场中称呼上司时则使用代表对方身份职位的专有名词。会话的“场”不同，即便是同一名发话者，也会使用不同形式的人称代词。换言之，日语的人称代词是在“场”中被确定下来的。

发话者在面对不同受话者时会使用不同的人称代词，然而在面对同一名受话者时，发话者使用不同的人称代词进行指称这种现象也时有发生。在上述鈴木的调查中可知，发话者在面对自己的儿子时，同时出现了使用名字和“おまえ”（你）来称呼对方的情况。这种对同一人物使用不同对称词的现象往往会在日常生活中被观察到，因此相同的发话者和相同的受话者并不需要使用相同形式的人称代词进行指称。不仅是日语，在其他语言中也观察到了同样的语言现象。关于称谓，Brown 等（1964）曾指出，在美式英语中，当面对亲密度较高的对象时会使用多种称谓方式（Multiple Names）。例如，在称呼名为 Robert Williams 的密友时，会出现使用 Williams、Robert、Bob 和 Willie 这四种称谓的情况。

小森由里（2008、2011）就亲属间对话中出现的人称代词置换现象进行了分析，前者关注了自称词，后者则将焦点放在了对称词上。在对自称词的研究中，小森由里调查了发话者分别在面对侄女、岳父及表妹时所使用的不同语言表达形式。调查结果表明，一方面，自称词的使用受话题性质、有无旁观者存在、发话者心情等因素影响，这些因素导致了同一名发话者在实际会话中使用了多种自称词表达形式。另一方面，在针对对称词所进行的研究中，小森由里着重调查了父亲如何称呼女儿以及女儿如何称呼母亲，调查结果表明，对称词的使用受发话者的心情、发话目的、前后文脉等因素影响。上述研究表明，发话者在主观上似乎有意区分并使用了多种形式的自称词和对称词。但是在实际中对发话者使用人称代词的目的进行调查后，结果表明大多数发话者都不曾记得人称代词的具体使用情况，即便他们确实在发话过程中使用过人称代词。这进一步说明发话者往往在无意识的情况下对人称代词进行了区分并使用。

根据目前的语言学理论，我们难以对发话者在无意识间使用不同形式的人称代词现象作出合理解释。对此，本研究将以笔者自身也参与到会话场景中的方式进行，进而探寻会话参与者的心理状态。在人称代词的选取方面，本研究聚焦于父母称呼女儿时使用的对称词[3]，对“场”的变化与对称词置换之间的关系进行分析。

7.3 调查方法

本研究以笔者家人为对象，实施“参与性观察”。参与性观察，顾名思义，即研究者在进行观察的同时，也作为被观察者而参与其中。鲸岡峻（2005、2013）认为量的研究存在局限性，对此鲸岡提出参与性观察作为质的研究方式之一，在观察过程中进行情节记述[4]是十分有必要的。本研究也援用了鲸岡的观点，肯定了参与性观察作为一种有效手段，可以帮助我们更好地通过“场”的观点来解释对称词置换现象。

在参与性观察过程中，无论作为观察方还是参与方，调查者都要在现场观察对象。对此，鲸岡峻提出了两种十分必要的观察方法。第一种方法是调查者客观地、脱离自我感受地进行观察；另一种方法是感受调查对象的心情和当场的实际感觉，间接主观地进行观察。间接主观观察，即调查者在主观上理解、把握某人的内心活动。鲸岡峻举了以下事例进行详细说

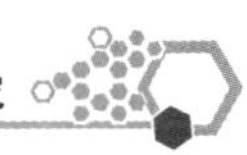

明。当母亲看到孩子十分开心的笑容时，会不由自主地发出“真开心呀”的赞叹。此时，孩子的心情和母亲的心情相互重叠，孩子的想法以母亲的话语为形式所表现出来，母亲知道孩子开心的心情就是一种间接主观的体现。鲸岡峻还指出了“感同身受”“心意相通”“深有同感”等表达都是一种间接主观上的理解。

以往的研究多是站在客观主义的立场上收集数据，以数据反映出的共性为事实依据，进而归纳总结出一般性和普遍性。因此，越是体现共性的数据越被人们重视，而那些偏离共性的数据则会被当成误差而舍弃。作为本研究分析对象的人称代词置换或许也是因为上述理由所以一直难以得到重视。然而鲸岡峻认为在这些所谓的误差中蕴含着“人生的实相”，而基于参与性观察的情节记述可以帮助我们关注一些个别数据。

同时鲸岡峻（2013）还指出，人类的各种科学研究活动都力争做到客观，能够客观地进行数值化的研究活动受到了人们的重视，因此难以作为客观证据的心理活动及意识活动被排除在外，这已经成为一个不可忽视的问题；客观主义、行动中心主义的研究框架都要求以第三者视角从外侧观察研究对象，这种研究立场只能观察到可视化的行动，然而人与人产生关联时的内心活动以及人际关系中发生的细微变化是无法被观察到的。因此，当下需要对以往的客观主义研究范式进行革新，研究者应作为当事人主动与他人接触，进而通过自己的身心去体会当时所发生的一些事物，间接主观地加以理解。这样才能把握那些肉眼观察不到的心意相通的部分。

第 7.2 节中曾提到过发话者往往在无意识的情况下区别并使用了人称代词。因此，在分析对称词置换过程中，研究者本人需要出现在会话现场，真实地记录对称词的实际使用情况；同时，研究者需要与研究对象接触，才能感受到这一过程中所产生的事物，间接主观地理解发话者的心情。综上所述，参与性调查[5]与本研究十分契合。

针对参与性调查，鲸岡峻（2005）对调查者和调查对象之间关系的重要性作了阐述：调查者和调查对象以何种方式相处、从中体验到了何种经历，这些都会影响对间接主观的理解。在绝大多数场合中，调查者和调查对象通过长时间的持续接触，可以设身处地站在他人立场上看待事物时，才能达到间接主观。本研究的调查对象为笔者的家人，笔者曾和调查对象们长期密切接触，对人物的性格和特点有着较深刻的理解，因此在观察过程中，能够间接主观地理解调查对象的心理活动。

本次调查于2002年8月、12月以及2023年1月间进行，背景为儿子（山下和义）一家来到了位于和歌山县的父母家中，调查一共记录了24个场景，参与性调查的总时长为24小时12分58秒。调查对象是一个家族（山下一家）[6]中的成员们，家族成员间的关系如图7–1所示。本研究着重观察了36岁的"和义"、37岁的"香"如何使用对称词来称呼他们2岁的女儿"八重"。为了能够正确记录对称词的实际使用情况，本研究使用迷你录音机录下了家人之间的对话，并将其转写为文字资料。在进行调查时，山下和义一家生活在大阪，"和义"出生于调查地的和歌山县，"香"出生于东京都。"和义"的两个姐姐都曾因为上学原因在东京生活过。因此图7–1所示的家庭成员们会使用和歌山方言[7]、东京方言以及大阪方言。

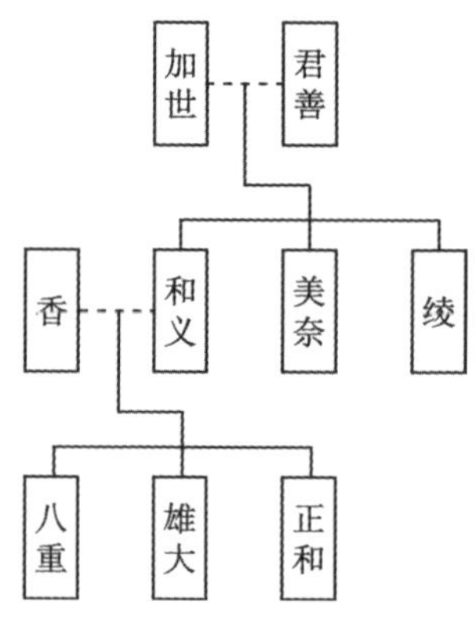

图7–1　山下一家的家庭成员关系图

7.4　对称词分析

本研究的分析对象为母亲"香"和父亲"和义"在称呼女儿"八重"时使用的对称词。如图7–1所示，2岁的八重是家族里最年幼的孩子，她有两个哥哥，分别是6岁的"正和"、4岁的"雄大"。由于八重是父母盼望许久的小女儿，再加上只有2岁，因此受到父母极大的宠爱。而对于和义的父母即八重的爷爷奶奶来说，两位老人虽然有4名孙辈亲属，但是孙女只有八重一人，因此八重同样获得了爷爷奶奶的喜爱。和义的父母以及他的两位姐姐日常会称呼八重为"八重ちゃん[8]"（小八重）。家庭成

员会比较普遍地称呼八重为“八重ちゃん”（小八重）。作为父母的和义、香则会有区别地选择不同形式的对称词来称呼八重。

本研究通过 24 个会话场景，记录了以八重为受话者时父母对其使用的称谓形式，明确了对称词在实际使用中的整体情况。在此基础之上，通过对 4 组会话进行分析，探讨对称词的实际使用情况。这 4 组会话都发生在“和义”父母家的饭厅里。在对这 4 组会话进行分析的过程中，先对会话的发生背景进行说明，之后展示会话语音资料。由于笔者也在会话现场，因此可以间接主观地对会话中对称词的使用进行分析及说明。

7.4.1　母亲（37 岁的“香”）称呼女儿（2 岁的“八重”）时使用的对称词

调查得出的数据结果表明，香称呼八重时共使用了 6 种对称词。在 24 个场景中，香的对称词使用次数达到了 159 次，其具体语言形式及相应使用次数如表 7–1 所示。

表 7–1　母亲（香）对女儿（八重）的对称词使用情况（159 例）

八重ちゃん（小八重）	あんた（你）	八重	八重たろう（八重太郎）	あなた（你）	おまえ（你）
136	13	7	1	1	1

通过表 7–1 可以看出在 6 种对称词之中，“八重ちゃん”（小八重）出现的次数最高，因此我们可以判断出母亲香在称呼八重时使用的最为普遍的对称词即“八重ちゃん”（小八重）。出现次数比较多的对称词还有人称代词“あんた”（你），另外直接使用“八重”的情况也 7 次。相反地，“八重たろう”（八重太郎）、“あなた”（你）以及“おまえ”（你）各只有 1 次，因此可以推断出其中存在着某些原因，导致了这形式被其他更为普遍的称谓形式代替。后续分析会逐一探讨这三种对称词的使用情况，以及这些对称词的使用动机。

1. 对称词“八重たろう”（八重太郎）

“八重たろう”（八重太郎）这一称谓形式在香与绫（和义的姐姐、八重的阿姨）对话时“八重”跑过来的场景中出现。在会话（1）中，八

重将两只手握在一起并竖起食指，说了3次"ただいま参上　帰りました"（在下特来参见 我回来了）。香和绫都注意到了八重包含某种意义的姿势以及"ただいま参上"（在下特来参见）这句台词，进而展开了以下对话。标有下线的部分即香和绫称呼八重时所使用的对称词。

会话（1）：

八重：ただいま参上　帰りました（在下特来参见 我回来了）

绫：はい（好）

香：何やっんの　ポーズが（摆那个姿势干什么）

绫：何の真似ですか？（是在模仿谁吗？）

香：さあ　わかりませんけど　何か　怖いですね（这个我也不知道，觉得有点害怕）

绫：え？（啊？）

香：女の子のほうが（（举止）应该更像女孩子一点）

绫：やっぱり　お兄ちゃんたちのほうが（看来还是更像哥哥们呀）

八重：ただいま参上　帰りました（在下特来参见 我回来了）

绫：かっこいい　八重ちゃん（真酷啊 小八重）

八重：ただいま参上　帰りました（在下特来参见 我回来了）

绫：それ忍者の真似？　違うの？（这是模仿忍者吗？是不是呀？）

八重：違うよ（不是的）

香：何なの　それ（那到底是什么）

八重：え　何にしてないもーん（哎 人家什么也没做呀）

香：八重たろう（八重太郎）

八重：違う　八重たろうじゃない　八重たろうじゃないもーん（不是 不是八重太郎 人家才不是八重太郎）

绫：バイバイ　八重ちゃん（拜拜 小八重）

香：さよなら（再见）

在八重跑过来时，香和绫虽然都注意到了她摆出的姿势，但是完全忽略了她说出来的台词"ただいま参上　帰りました"（在下特来参见 我回来了），取而代之的是立刻将话题从八重转移到了她的两个哥哥。于是八

重再次说出了“ただいま参上 帰りました”（在下特来参见 我回来了）。这次一边说着“ただいま参上”（在下特来参见），一边摆出将两手握在一起的姿势，于是绫猜测八重可能是在模仿忍者，随后香则在绫的推测基础之上称呼八重为“八重たろう”（八重太郎）。

香说出的“八重たろう”（八重太郎）为仅出现过1次的对称词。由于绫推测八重是在模仿忍者的姿势，于是香就联想起了NHK教育电视台播放的讲述忍者故事的动画片“忍者乱太郎[9]”，因此将八重和“乱太郎”结合，创作出了“八重たろう”（八重太郎）这个对称词。对称词“八重たろう”（八重太郎）可谓是汇集了在场者的共同思绪而被创造出来的：八重做出了让人联想到忍者的动作姿势，绫从她说的那句台词推断出八重在模仿忍者，最终导致香说出了“八重たろう”（八重太郎）一词。

清水博（2003）用鸡蛋模型来解释在同一个“场”中和人进行会话的情形，蛋黄各自独立，蛋清相互融合，即“场所领域”的融合。会话（1）就是典型。八重一边说着“ただいま参上”（在下特来参见），一边摆出让人联想到忍者的姿势来扮演忍者。最初香和绫没能理解这段即兴表演的含义，但是通过八重不断重复台词“ただいま参上”（在下特来参见）的举动中，绫推测八重的意图并指出她的举动像“忍者”，最终香称八重为“八重たろう”（八重太郎），将八重比作儿童动画节目里的忍者角色。换言之，八重进入了香和绫共有的空间中，香、绫以及八重3人在“场所领域”中融合，香与绫接受了八重的即兴表演，进而创造出对称词“八重たろう”（八重太郎）。

2. 对称词“あなた”（你）

“あなた”（你）出现在一家人吃完饭后开始吃蛋糕的场景中。在这一场景里，除了八重和香以外，美奈（和义的姐姐、八重的阿姨）以及加世（和义的母亲、八重的奶奶）也参与到了会话中。香、美奈和八重提前一起买了蛋糕回来，然后八重从这些各式各样的蛋糕中挑选自己喜欢的蛋糕，会话从这里开始。

会话（2）：

八重：これ何？　美奈おばちゃん（这个是什么？ 美奈阿姨）

香：テレビの音1回消そうね　はい　全然食べてない　八重ちゃん（我先把电视的声音关上 好了 怎么一口都不吃呀 小八重）

八重：あれが良かった（那个更好）

美奈：どれ？（哪个？）

香：八重ちゃん　ぶつよ　お母さん（小八重 妈妈可要生气了）

加世：あれがよかったって（她说那个更好）

八重：うーん（嗯）

香：怒るよ　そんなことしちゃいけないです（我真生气了 不能这样做）

八重：け　け（咳 咳）

香：け　け　じゃないよ　あなたねえ　そんなことばっかりしてたら　お母さん

買ってあげないからね　もう（别咳咳的 你啊 要是总这样 那妈妈以后再也不给你买了 真是的）

八重在买蛋糕时提出想吃南瓜蛋糕，所以就让妈妈香给她买了这款蛋糕。然而到了实际要吃蛋糕的时候，八重又开始重新挑选其他蛋糕，所以她没有吃当初选择的南瓜蛋糕。于是香用了较为严厉的话语"生气了""真生气了"来警告她。面对香不断积累的愤怒情绪，八重却没有做出任何回应。这是因为在场的美奈和加世都默许了八重的任性做法。美奈和加世从八重说的那句"那个更好"中，明白了八重并不想吃自己之前选的蛋糕，于是按照话语的字面意思进而询问八重所说的"那个"指代的是哪个蛋糕，以及通过重复八重说过的话对八重的行为予以支持。八重也意识到了阿姨和奶奶都站在自己这边，所以即便被香警告也不反省自己的行为，反而半开玩笑地用"咳咳"来回应。最终香甚至提出了对八重不吃蛋糕的惩罚措施"以后再也不给你买（蛋糕）了"。

在会话（2）中，"八重ちゃん"（小八重）一共出现了2次，分别用在了"全然食べてない 八重ちゃん"（怎么一口都不吃呀 小八重）、"八重ちゃん ぶつよ"（小八重 妈妈可要生气了）中，这些发话内容都是对不吃蛋糕的八重做出的提醒。不仅香使用"八重ちゃん"（小八重），参与会话的加世（婆婆）和美奈（丈夫的姐姐）同样在称呼八重时使用"八

重ちゃん”（小八重），这也是家庭成员在称呼八重时使用的最为普遍的对称词。香在称呼八重为“八重ちゃん”（小八重）时，虽然受话者是八重一人，但此时香还考虑了在场的其他家庭成员，因此香、八重以及其他在场家庭成员形成了一个共同空间。香一边有意识地考虑其他家庭成员，一边与八重对话。而婆婆和姐姐也感受到了香的这一思虑，因此在香教育八重的时候插进会话中，与香的态度相反，她们接受了八重的任性行为。但是香的愤怒情绪不断积累，不仅教育了八重，还提出今后不再买蛋糕这一惩罚措施，此时香对八重使用的对称词为“あなた”（你），即对称词在这一刻发生了置换，由“八重ちゃん”（小八重）变为了“あなた”（你）。这种置换情况的发生与香在脑海中所意识的空间变化有着很大关系。香虽然一边有意识地考虑其他家族成员感受而使用“八重ちゃん”（小八重），而另一边却越来越将焦点转移到了八重身上，香与八重的两人空间逐渐形成，因此出现了使用人称代词“あなた”（你）的情况。

田窪行則（1997）就人称代词和其他称谓形式的区别进行了比较分析。在使用亲族称谓或人名等专有名词来指代特定人物并进行会话时，如果引入了人称代词，那么此时人称代词会起到将特定人物规定为发话者或受话者的功能。其中，人称代词“あなた”（你）只有确定发话者和受话者的功能，是一种直接指代的语言表达方式。基于田窪行則的观点重新分析香在对称词使用上出现的置换现象，不难发现：香在使用专有名词“八重ちゃん”（小八重）时旨在从现场几人中对八重进行指称，而香将指代八重的对称词换为“あなた”（你）时，则是将受话者指定为了“八重”。对此可以使用“场”的观点进行解释。在使用专有名词“八重ちゃん”（小八重）时，香考虑了在场的美奈和加世，脑海中形成的是包含了自己、八重、美奈和加世的 4 人空间。但是在使用人称代词“あなた”（你）称呼八重时，则弱化了在场的其他人物，将注意的焦点集中在八重身上，进而创造出香与八重的 2 人空间。

另外，同样作为人称代词，我们还需要考虑香在会话（2）中使用的“あなた”（你）和“あんた”（你）的区别，而后者“あんた”（你）在日常生活中更为常见。“あなた”（你）在全部参与性调查过程中，仅出现在了会话（2）中，为香所使用的人称代词。在会话（2）中，香还使用了“あんたね”（你啊）这一语言表现，这里加入了“ねえ”（啊）与八重进行

对话。由于八重完全不在意香对她的警告，因此为了让八重更仔细地听自己说话，随后提出了“再也不买（蛋糕）了”的这一惩罚措施。换言之，使用“あなた”（你）比使用“あんた”（你）更能体现出香的愤怒情绪。通过将受话者限定为八重来表现自己的愤怒情绪，这时所形成的“场”与使用“八重ちゃん”（小八重）时的“场”是完全不同的，这也说明了为何会发生“八重ちゃん”（小八重）被“あなた”（你）替代的情况。

3. 对称词“おまえ”（你）

“おまえ”（你）仅出现了一次，发生在香一家与姐姐一家分别要动身返回大阪和东京那天吃午饭时的场景里。在会话（3）的场景中，除了香、八重、八重的哥哥正和以外，还有姐姐一家，所有人都聚在了饭厅中准备开始用餐。在会话（3）里，“正和”特意提前将薯条预留出来准备之后吃，然而他却发现薯条不见了，会话从此处展开。

会话（3）：

正和：え　小さなポテト　ここにさ　置いてあったの　ぼくが　ちゃんと　じゃ……
（哎 小土豆 我明明好好地放在这里了 那么……）

正和：あれ　おかしいなあ　そん　そんな違うの　細い　細い（哎 好奇怪啊 那个不是 是那种更细的 细的）

香：端っこで硬いだろうから（因为两端会变硬）

正和：違う　こんな細い（不是的 像这样细细的）

香：だから　たぶん食べちゃったから（所以说 可能已经被吃掉了）

正和：小さい（小的）

香：もう無いの　はい（已经没有了 好了）

正和：何で食べたの（你为什么吃掉了）

香：だって　硬そうだったから　私が食べてあげようと思ったの（我说了我看要变硬了 所以就替你吃掉了啊）

正和：ねえねえねえねえねえ（哎哎哎哎）

香：いいじゃない　おんなじ小さい大きさなんだから（有什么不行的（其他薯条）不是同样大小的吗）

正和：嫌だ……（不行……）

正和：食べたかったのに（我明明就很想吃的）

香：じゃあ　おんなじもの探してあげるよ　そんなことで泣くだったらねえ　あんたねえ　アフリカ行きなさい　そんなことで泣くんだったら　食べる物ひとつつも無いんだから　そういうことで泣いちゃいけないって言ったでしょ　もう何にも食べるもんが無くってねえ　赤ちゃんとかねえ　皆死んでっちゃうんだよ　小さいポテト一つ無いぐらいで泣くのやめなさい　わかった（那么 我找同样的给你 因为这种事情就哭 你啊 你就去非洲吧 因为这种事情哭（非洲那边）什么吃的都没有 我以前说过不许因为这种事情哭对吧 真是的（那边）什么吃的都没有（那边的）婴儿呀 大家全都饿死了 因为一个薯条没了你就哭 不许哭明白了吗）

正和：はい（嗯）

香：おんなじこと何度も言わせないの　もう　はい　こんなにいっぱいねえ　食べる物があるっていうことはねえ　恵まれてるんだからねえ　泣くのやめなさい　ほんとに　もう　ああ　やだやだ（你要让我说你多少次 真是的 好了 像这样有这么多 吃的东西 你已经很幸运了 真的不许再哭了 真是 啊 太烦了）

八重：ママ（妈妈）

香：はいはい（好了好了）

八重：早く（快点）

香：はい（好）

八重：あ　あ（喂我 喂我）

香：何がいいの（你要吃什么）

八重：いただきます（我要开始吃了）

香：あ　はいはいはい　取ってあげるから（フォークで）刺さないで　イカ？　イカが欲しいの？（啊 好了好了好了 我给你拿 别（用叉子）乱扎 鱿鱼？你想吃鱿鱼？）

八重：うん　イカ　いだだきます（嗯 鱿鱼 我要开始吃了）

香：ああ　わかった　取ってあげるから　おまえ　また　もうギャ

グじゃないんだから（啊 我知道了 我给你拿 你又（开始了） 不要再耍宝了）

八重：いただきまあす（我要开始吃——了）

香：ああ　はいはい　取らないで（啊 好了好了 （你自己）别拿）

八重：いただきまあす（我要开始吃——了）

香：はい（好了）

在会话前半部分，香与正和围绕着薯条展开了一系列对话。由于很期待的薯条被妈妈吃了，正和责怪了香。作为母亲的香虽然吃了薯条却并没有直接承认，而是说出"たぶん食べちゃったから"（可能已经被吃掉了），其中出现了"可能"这种委婉表现。同时当面对正和时，香称呼自己时往往使用自称词"お母さん"（妈妈），这里却使用了第一人称代词"私"（我），因此可以推断出她当时是有些慌张的。香虽然提出了帮正和找同样的薯条给他，然而正和还是哭了起来，对此香突然就生气了，对正和的哭泣行为进行了制止和告诫。平日性格较为沉稳的香，在夫家面前因为一些意想不到的琐事而被儿子埋怨，因此情绪出现波动，无法平静接受儿子的指责，从而出现了生气的情形。

此时阻止两人争吵的是八重说出的"ママ"（妈妈），八重希望香帮她拿取食物，因此对香使用了对称词"ママ"（妈妈）。之前还十分生气的香，在听到八重叫出来的"ママ"（妈妈）后，情绪上出现了转变，开始与八重进行互动。八重在说"鱿鱼"和"我要开始吃了"时故意把开头第一个音节[i]拉长[10]，因此香说了那句"不要再耍宝了"，其中香称呼八重时用的对称词是"おまえ"（你）。

人称代词"おまえ"（你）是一个较为随意的对称词，一般用在长辈称呼晚辈的场合中，较为亲密的朋友互相之间也会使用"おまえ"（你）。香因为在夫家面前被儿子责怪，作为母亲的面子荡然无存，所以对因一些小事就哭泣的儿子说了苛责的话。此时被八重的那句"ママ"（妈妈）所打断，作为母亲需要承担给女儿拿取食物的职责，因此香又回到了日常母女的空间，从中我们可以感觉到香从母子对立的空间中解脱了出来。本来身处被儿子责怪而有些狼狈的状况中，由于八重的帮助，香才得以安心下来，此时便出现了会话（3）中对称词"おまえ"（你）的使用。此后，被"おまえ"

（你）指代的八重也许是为了逗妈妈开心，重复说了两遍“我要开始吃了”。由于香和八重两人的“场”被创造了出来，母子对立的情形立刻发生了变化。

对会话（2）进行分析时已经明确了使用人称代词对人物进行指代与使用名字对人物进行指代是有所区别的，人称代词指代具有将某一人物特定为受话者的功能。将人称代词作为对称词进行使用时，会将发话者和听话者限定于两人的空间之中，换言之，此时的“场”可以被理解为仅有两人。在会话（2）和会话（3）的场景中也不例外，多位家庭成员使用第二人称代词来指代八重，将焦点指向八重，将其特定为受话者。同时，在使用第二人称代词时，香没有使用日常的“あんた”（你），而是选择使用了“あなた”（你）、“おまえ”（你），这也反映出了她当时的某种心情。会话（2）中由于八重不听警告因此愤怒地提出了惩罚措施、会话（3）中由苛责转变为安心，这些场面虽然体现了香和八重的两人空间，但是和通常情况相比较，此时的“场”还是有所不同的。因此在这些情境中，发话者没有使用更为普遍的人称代词“あんた”（你），而是使用了“あなた”（你）和“おまえ”（你）。

7.4.2 父亲（36 岁的“和义”）称呼女儿（2 岁的“八重”）时使用的对称词

调查结果表明，父亲和义在面对女儿八重时使用了 5 种对称词。对称词的使用总数达到了 135 次。表 7–2 列举了对称词的具体语言形式所对应的使用次数。

表 7–2　父亲（和义）对女儿（八重）的对称词使用情况（135 例）

八重すけ（八重助）	やえちゃん（小八重）	おまえ（你）	あんた（你）	八重
62	40	28	3	2

通过观察表 7–2，我们可以发现“八重すけ[11]”（八重助）的使用频率最高，这个专有名词是和义对八重最普遍的一种称谓形式。而且这一称谓没有其他家庭成员使用，为和义专用。另外，人称代词“おまえ”（你）也多次出现。在后文中将重点分析“八重すけ”（八重助）、“八重ちゃん”

（小八重）以及“あんた”（你）这三个对称词，观察和义称呼八重时是如何有选择性地使用对称词，进而讨论对称词的置换现象。

会话 4 的场景是：一家人用餐后，饭厅中突然出现了蟑螂，在场的人乱作一团。和义的姐姐美奈指挥众人捕捉蟑螂，然而和义却将蟑螂放跑了，因此十分厌恶蟑螂的美奈生气地指责和义愚钝，然后离开了房间。此时屋内还剩下和义、八重、香以及和义的另一位姐姐绫。针对之前美奈训斥和义的行为，众人展开了以下对话。

会话（4）：

绫：「とろい」って言われたね（被姐姐说“愚钝”了呢）

和义：あんなん取れへんよ　向こうだって必死なんやから（那种情况根本捉不到　对面（的蟑螂）也会拼命（逃跑）的）

绫：そんなことないよ（没有那回事）

香：綾さんだったら（如果是绫呢）

绫：あんまり取ったことないんやろ（你平时没怎么捉过吧）

和义：取らへんよ（根本捉不到）

绫：え？（啊？）

和义：お前が取ればよかったやないか（你刚才去捉不就好了）

绫：そやけど「和義」言うたから　ご指名やから遠慮したんやよ　よっぽど行こかな思たん　近くまで行ったあたやろ？（话是这么说　但是（美奈）点名叫你捉了　我哪好再去捉 我还以为会跑很远 结果就跑到你附近了吧）

八重：ととろ　ととろ（TOTORO TOTORO）

和义：八重すけ　眠くないだろ（八重助 不困吗）

绫：うん　3 時間寝たもん　4 時ぐらいでしたよね　あ　もうちょっと前か（嗯 因为睡了 3 个小时 4 点多才起来 啊 不对 好像更早一些）

和义：ととろ　ととろ（TOTORO TOTORO）

和义、八重：ととろ　ととろ（TOTORO TOTORO）

香：4 時間くらい寝ちゃってるから　もう絶対寝ない（（八重）睡了将近 4 个小时左右　肯定不睡了）

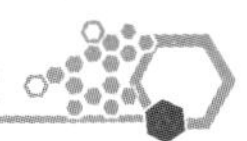

和义、八重：ととろ　ととろ（TOTORO TOTORO）

绫：時差ボケ状態ですね　八重ちゃん（在倒时差呢 小八重）

香：ねえ（是啊）

八重：あっちっちっちっち（啊嘻嘻嘻嘻）

和义：八重ちゃん　もう寝ちゃうよお父さん　お風呂入って　八重すけ（小八重，爸爸要睡觉了 去洗澡吧 八重助）

八重：嫌だ　ととろ　ととろ　ととろ（不要 TOTORO TOTORO TOTORO）

和义：あんた元気だね（你真有精神啊）

香：だって 4 時間も寝たんだから（毕竟睡了 4 个小时）

八重：ととろ　ととろ（TOTORO TOTORO）

和义：あんた　1 人で寝られなくなっちゃうよ　寝んねしちゃうよ（你 一会儿一个人该睡不着了 快睡觉吧）

八重：ととろ　ととろ　ととろ　ととろ（TOTORO TOTORO TOTORO TOTORO）

因为没有捉到蟑螂而被两位姐姐责怪的和义，使用了“おまえ”（你）来称呼姐姐绫，还反驳说道“你刚才去捉不就好了”。对此，绫解释道自己没有被要求去捉蟑螂，所以就没有强行出手，然后以一种开玩笑的语气继续指责和义。和义也许考虑到如果这样争论下去是没有意义的，所以之后无视了绫的发话，转而突然向八重说了“八重すけ　眠くないだろ”（八重助 不困吗）这句话，并以此为契机，将话题从自己放跑了蟑螂转为八重没有睡意上。之前还在责备和义的绫以及妻子香也开始与八重对话。对此，和义仿佛没有听到其他两人的话语一样，开始与八重一起重复起了“TOTORO[12]”，并催促八重去洗澡。

在会话（4）中，和义使用的对称词始于“八重すけ”（八重助），然后又通过 3 种不同的形式来称呼八重。

八重すけ	⇒	八重ちゃん	⇒	八重すけ	⇒	あんた	⇒	あんた
八重助		小八重		八重助		你		你

如上所示，"八重すけ"（八重助）是在全体家庭成员中唯一被和义使用的对称词，这体现出了和义对八重特殊的宠爱之情。在会话（4）中，和义打断了绫的话语，继而将对话的目标转向八重，此时就使用了"八重すけ"（八重助）。在之后的会话中，通过分析会话内容可以判断出和义开始以八重为对话的焦点，这些内容包括"爸爸要睡觉了""真有精神啊""一个人该睡不着了"。上述发话内容都以八重为对象，几乎无视了一同在场的绫和香。和义似乎希望通过将注意力转移到八重身上，来摆脱被姐姐责怪后产生的不快。而且随着八重开始重复"TOTORO TOTORO"，和义作为回应也开始重复起了"TOTORO"，最终和义与八重两人共同念着"TOTORO"，表明和义与八重的两人空间被创造出来。即便父女二人的空间已经形成，然而似乎受到了绫对八重使用了"八重ちゃん"（小八重）的影响，在绫发话后，和义也使用了"八重ちゃん"（小八重），随后又改回了"八重すけ"（八重助），劝说八重去洗澡。

随着和义与八重的对话继续进行，在会话后半段，八重拒绝了和义的洗澡提议，和义当时立刻就改用了人称代词"あんた"（你）来称呼八重。就像在会话 4 中和义称呼姐姐时使用的"おまえ"（你）那样，和义往往会在面对孩子、姐姐、表弟时使用"おまえ"（你），反而不太常用"あんた"（你）。在对全部 24 个场景进行分析后，发现和义总共使用了 3 次"あんた"（你），其中有两次出现在了会话（4）中。在会话（4）的中段，和义虽然附和八重一起念起了"TOTORO"，创造出了两人的空间，然而在八重拒绝了和义提出的洗澡建议后，似乎是为了照顾八重的情绪，和义在这里使用了比"おまえ"（你）更为客气的"あんた"（你）。

正如前文中所分析的那样，在同一场景中，和义称呼八重时以"八重すけ"（八重助）为开端，随后分别使用了"八重ちゃん"（小八重）、"八重すけ"（八重助），最后这些称谓又被置换为"あんた"（你）。和义在意识中形成的空间不断发生改变，导致了上述情况的产生。和义先是为了逃避姐姐的刁难，因此在意识中创造了与八重的两人空间，此时使用的对称词为"八重すけ"（八重助）。之后姐姐使用家庭成员们称呼八重时较为普遍的对称词"八重ちゃん"（小八重），所以在后面的会话过程中，和义也使用了一次"八重ちゃん"（小八重）。但是随后和义再次将焦点放在了八重身上，所以又使用了"八重すけ"（八重助）。对于和义使用"あ

んた”（你）的这一情况，则与会话（2）、会话（3）中出现的“あなた”（你）、“おまえ”（你）一样，即使用和日常对话不同的语言形式与当时的情绪有关。由于和义想要照顾八重的心情，因此创造出了另一个空间，该空间和原本的和义、八重两人空间有所不同，体现出“场”发生了变化。因此在会话（4）和义的发话中，出现了他在日常中不会用到的对称词“あんた”（你）。

7.5　结语

本研究援用了“场”的观点，分析了父母在称呼女儿时出现的对称词置换现象。通过对日常生活中各种场景进行观察，可以发现父母在称呼女儿时并非一直使用同一种对称词，而是有选择地使用不同形式的对称词，即对称词发生了置换现象。本研究选取的几个场景分别为：家庭成员聊天的场景、吃饭时的场景、饭后聚在一起的场景。然而即便在同一场景中，“场”也是时刻变化的。清水博（2003）把人的生活比喻成即兴表演。以会话（3）吃饭的场景为例，在夫家成员面前，母亲因为一些琐事被儿子埋怨进而导致自身情绪出现了波动。虽然母亲对孩子进行了训诫，但在女儿要求母亲替自己拿取食物时，母亲还是表现出了一些情绪上的平复。一幕一幕的舞台剧就这样被创造了出来，母亲和其他家庭成员共同出现在舞台上，顺应不同的“场”即兴发挥表演。对称词也顺应着“场”的变化，在多个语言形式中，发话者会挑选出最适宜的对称词应用在不同的会话场景中。

“场”这一抽象空间是在发话者的意识中被创造出来的。发话者将何人规定为受话者加以认知，又是以何种心情来与受话者进行接触的，这些都会给“场”的形成带来影响。在发话者的认知中，参与会话的人物不一定就是受话者。发话者会根据会话的进展情况，或将多人确定为受话者，又或是只将其中一人作为会话焦点。同时在会话过程中，由于发话者的情绪时而愤怒时而平静，这些情绪上的波动会导致被创造出来的空间不同于以往的空间。当多个家庭成员共享同一个“场”时，家庭成员们往往会使用一个较为普遍的对称词；但是当“场”中家庭成员仅为两人时，会话中就会出现其他形式的对称词或人称代词。“场”的形成与发话者自身的情绪息息相关，当不能保持平常心时，就会产生与平时不同的“场”，在这种情形下，发话者甚至会创造出特殊形式的对称词。综上所述，在本研究中，笔者通过参与到4个会话情景中去，与观察对象接触，在感受会话现场气氛的同时，对具体会话例句进行了相应分析，对父母根据“场”发生的变化进而选择不同形式的对称词来称呼女儿这一现象进行了说明。

到目前为止，与人称代词相关的研究不计其数，然而人称代词的置换现象却鲜有学者问津。利用现有的语言理论难以解释发话者在无意识间使用人称代词的语言机制，这也是上述现象产生的重要原因。对此，本研究通过实施参与性调查，得以通过内在视角，间接主观地感受会话参与者的内心活动，捕捉到那些连发话者都不曾意识到的对称词使用情况，并将其与“场”的变化相联系，最终揭示了对称词置换现象所蕴含的语言机制。

注释

1 发话者指称受话者时使用的称呼语，与“自称词”（发话者指称自己）相对应。译者注。

2 二重生命の卵のモデル。译者注。

3 鈴木孝夫（1973）认为对称词有“呼格”用法和“代词”用法。“呼格”用法起到了引起受话者的注意、向受话者表达某种感情等作用；“代词”用法则体现为受话者是具体发话内容的主语或宾语。鈴木孝夫还指出日语在自然谈话中往往会省略助词，因此难以像印欧语那样对两种用法进行明确界定。本文同样不对这两种用法进行区分，并将这两种用法都列为研究对象。

4 基于“场”理论对语言现象进行观察时，“情节记述”所起到的具体效果请参照本书收录的另外两篇论文《从认知语言学到“场”语言学——全新语言学范式的展开》（岡智之）、《“场”的涉身性与交际》（河野秀樹）。除此以外，关于“情节记述”的实践性研究还可以参考河野秀樹（2018）。

5 参与性调查是一种间接主观地对现象进行把握的研究方法，通过这种方法获取的数据包含了观察者个人的主观印象或解释，进而存在随意性或个人偏见并因此而受到批判。鯨岡峻（2005）提出了“読み手の了解可能性”（解读者的了解可能性），并以此来保证所得数据的一般性和普遍性。所谓“読み手の了解可能性”，即在记述情节过程中，

解读者根据自身经验作出令人信服的、大多数人都可以接受的阐述。因此调查者通常作为解读者，需要不断审视间接主观的体验是否掺杂了个人偏见。

6　图 7–1 所示的调查对象均为笔者的家人。为了保护个人隐私，此处的家庭成员关系图以及文中提及的人名均使用了假名。

7　在日语的方言体系中，“和歌山方言”属于“近畿方言”。“和歌山方言”具体还分为“北部方言”“中部方言”和“南部方言”。本研究的调查地点使用“南部方言”中的“平地方言”。（久野マリ子，1983）

8　“ちゃん”在日语中通常用在女性或儿童的名字后面，是一种较为亲密的称呼。这种称谓形式在汉语中往往以“小……”“阿……”来体现。译者注。

9　“忍者乱太郎”为日本 NHK 电视台于 1993 年开始播出的动漫作品，主角是三名见习忍者。“乱太郎”是主角之一。

10　单词“鱿鱼”和寒暄用语“我要开始吃了”的第一个假名均为“い”，发音是 [i]。译者注。

11　据《日本国语大辞典》（2001）中的记载，“すけ”（汉字对应“助”，译者注）作为后缀接在名词后面可以将该名词变成人名。

12　根据推断，八重说出的“トトロ”（TOTORO）指的是吉卜力工作室（スタジオジブリ）制作的长篇动画电影“となりのトトロ”（龙猫）中的角色名。在会话（4）中，由于绫说了“とろい”（愚钝），八重可能受到了触发（“愚钝”的日语发音和 TOTORO 的发音相近，译者注），开始重复念起了“トトロ”（TOTORO）。

参考文献

[1]　BROWN R，MARGUERITE F. Address in American English[A]//Dell Hymes（ed.）Language in Culture and Society，New York：Harps & Row，1964.

[2]　藤井洋子 . 日本人のコミュニケーションにおける自己観と「場」: 課題達成談話と人称詞転用の分析より [A]// 藤井洋子，高梨博子 . コミュニケーションのダイナミズム: 自然発話データから . 東

京：ひつじ書房，2016.

[3] 井出祥子 . グローバル社会へのウェルフェア·リングイスティックスとしての場の語用論：解放的語用論への挑戦 [J]. 社会言語科学，2016（18–2）.

[4] 井出祥子 . 場の語用論：西欧モデルを補完するパラダイム [A]// 井出祥子，藤井洋子 . 場とことばの諸相 . 東京：ひつじ書房，2020：1–35.

[5] 小森由里 . 自称詞にみられるスタイル異変：親族の事例より—[J]. 英米文学研究，2008（43）：1–20.

[6] 小森由里 . 親族間で用いられる対称詞：基本的用法とスタイル異変 [J]. 日本語·日本語教育，2011（1）：47–61.

[7] 河野秀樹 . 集団参加型イベントにおける「場」的原理による関係生成様態：一人称的記述の実践事例からの考察 [J]. 異文化コミュニケーション論集，2018（16）：65–81.

[8] 鯨岡峻 . エピソード記述入門：実践と質的研究のために：[M]. 東京：東京大学出版会，2005.

[9] 鯨岡峻 . なぜエピソード記述なのか：「接面」の心理学のために：[M]. 東京：東京大学出版会，2013.

[10] 久野マリ子 . 和歌山方言 [A]// 平山輝男 . 全国方言辞典 . 東京：ひつじ書房，2020：1–35.

[11] 日本国語大辞典第二版編集委員会小学館国語辞典編集部 . 日本国語大辞典 [M].2 版 . 東京：小学館，2001.

[12] 清水博 . 場の思想 [M]. 東京：東京大学出版会，2003.

[13] 鈴木孝夫 . ことばと文化 [M]. 東京：岩波文庫，1973.

[14] 田窪行則 . 日本語の人称表現 [A]// 田窪行則编 . 視点と言語行動 . 東京：くろしおし出版，1997.

第 8 章　“场”的形态变化与日语的语法形式——以复合动词“～込む”为例

小柳昇

8.1　引言

8.1.1　“场”语言学与研究立场

近年来，以认知语义学为理论框架的词汇语义扩展研究和句法网络研究十分盛行。这些研究主要聚焦于意象图式、隐喻、转喻等认知主体的主观识解对词汇与句式理解所产生的影响。认知语义学的理论框架的确具有一定跨语言性，但是这种以西方语言为范本的理论框架无法还原个别语言的全貌，同时也无法针对语言类型学意义上的识解方式差异作出完整而合理的解释。

小柳昇（2015）从识解的层面对日语自他动词的句法交替现象进行了分析。在以往的研究中，“スル型语言[1]”（池上嘉彦，1981）的识解基础被认为是“物”与“物”之间的因果连锁 / 使役连锁（Langacker，1991），然而小柳的研究重点则侧重于“‘物’与‘场’之间的概念化识解”过程。在小柳昇（2015）的论述中，“场”不仅是“物”的位置变化背景，同时“场”本身也成为研究对象，尤其是“场”从“无物状态”变为“有物状态”的这一识解方式变化更值得重视。

从牛顿力学到量子场论，从“个体物与因果关系的范式”到“场中事物相互作用的范式”，物理学经历了一系列的演变。岡智之、大塚正之、井出祥子等（2013）以物理学的演变历程为线索，将最新的关于“场”的研究方法定义为“场理论”。“场理论”为“场语言学”的研究确立了方向。

本章将在小柳昇（2015）的基础上从"场中事物相互作用的范式"这一观点出发，通过探讨日语复合动词"～込む"的语义多样性，进而揭示"场"的形态变化与日语语法形式之间的关联性及研究意义。

8.1.2 日语复合动词"～込む"

所谓复合动词，就是像"取り出す"（拿出、取出）、"押し倒す"（推倒）这种由一个动词（即"前项动词"，后文中以"V1"代替）的连用形2与另一动词（即"后项动词"，后文中以"V2"代替）结合起来的动词形式。动词在日语的词汇体系中占有重要地位。森田良行（1978）对日语国语辞典的词汇表进行了统计，结果表明动词占词汇总量的近4成。收录在日本国立国语研究所《复合动词词汇集》[3]里的复合动词共2 756个，其中"～込む"复合动词的词量高达255个，位居第一。第二、三、四位分别是"～上げる"133个、"～出す"132个、"～付ける"99个。"～込む"的词量远远超过了第二位以后的复合动词，这点十分引人注目。

日语的复合动词大致被分为两种：第一种以"書き留める"（写下）为代表，在这种复合动词中，V1和V2的结合受词汇本身所限，复合动词条目连同其语义都被收录在辞典中；第二种以"書き始める"（开始写）为代表，这种复合动词中的V2是功能性动词，可以比较自由地与各种V1相结合。前者被称为"词汇型复合动词"，后者被称为"句法型复合动词"（影山太郎，1993）。"～込む"属于前者，即词汇型复合动词。一些词汇型复合动词的语义可以从V1和V2的语义中推测出来，如"駆け上がる"（跑上去）；另一些词汇型复合动词则难以从V1和V2的语义中推测出动词整体的含义，如"震え上がる"（发抖、哆嗦）。那么作为V2的"～込む"与V1结合时又有哪些语义呢？《明镜国语辞典》收录了"～込む"作为V2时所表达的语义，如例（1）所示。"～込む"在其他辞典中的释义和例（1）中内容近似。

例（1），"～込む"与其他动词的连用形结合成复合动词时所表达的语：

①进入其中。"海に飛び込む"（跳进大海中）、"攻め込む"（攻入）/"怒鳴り込む"（到对方那边大吵大闹）/"転がり込む"（滚入）。

②使……进入其中。"誘い込む"（引入）/"追い込む"（赶入）/"詰

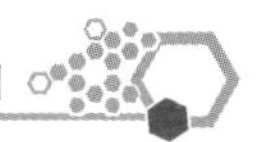

め込む”（塞进）。

③彻底地做某件事，并保持其状态。“座り込む”（坐下不动）/“黙り込む”（保持沉默）/“ふさぎ込む”（抑郁）、“老け込む”（苍老）。

④反复做某事。“教え込む”（谆谆教诲、灌输思想）/“煮込む”（煮透）、“使い込んだ万年筆”（用惯了的钢笔）。

通过以上对“～込む”的释义，可以将“～込む”所表达的语义大致归为位置变化和状态变化这两类。位置变化具体指“向内部移动”，状态变化具体指“强调程度”。单从语义上讲，“～込む”并非是一个难以理解的复合动词。然而这仅限于日语母语者。对日语学习者来说，“～込む”的习得并非易事。松田文子（2004）对此进行了相关调查，其结果为：高级学习者造出的句子中，有近 4 成的例句被日语母语者认为是“不自然的”，属于“低容忍度”范畴；对于不自然的日语例句，近 9 成日语母语者能指出其存在问题，而高级日语学习者中仅有一半的人可以做出和母语者同样的判断。

在日语母语者中，很少有人会注意到“～込む”是出现频率最高的复合动词。日语母语者有时不使用单动词“相手の背後に回る”（绕到对方背后），而使用复合动词“相手の背後に<u>回り込む</u>”（<u>悄悄潜入到</u>对方背后），对此我们应该如何理解呢？仅凭“内部移动”或“强调程度”似乎难以对上述问题做出合理解释。因此从日语学习者的角度出发，看似普通的“～込む”实际上却难以习得。与“～込む”结合的 V1 数量众多，是导致这一问题产生的直接原因。“～込む”作为 V2 时虽可以与很多动词相结合，然而结合后的 V2“～込む”所表达的语义却发生了多种变化，这是一个十分矛盾的现象。对此我们又该如何理解呢？本章设定了两种观察世界的基本类型，通过一系列论证进而对上述两个问题做出解答。

8.2　先行研究与问题点

8.2.1　基于认知语义学的分析

第 8.1 节介绍了“～込む”在辞典中的含义，并将其含义大致归为了

内部移动和状态变化这两类。在对复合动词的研究中，姬野昌子（1999）最先将“～込む”的语义进行了归纳，将其分为了“内部移动”和“程度发展”。但是与“～込む”语义相近的“入る”（进入）/“入れる”（放入）却无法作为表示“内部移动”的代表性 V2，这点在姬野的研究体系中未能得到合理解释。虽然也存在“押し入る”（推入）、“放り入れる”（放入）等以“入る”（进入）/“入れる”（放入）为 V2 的复合动词，但其数量却不足“～込む”的一半；甚至在这不到一半的复合动词中，有将近 7 成的词汇存在着 V2 可以被“込む”替代的情况[4]，如“押し入る”（塞入、塞进）可以被“押し込む”（塞入、塞进）替代。只有当“～入る / ～入れる”表达其他不同语义时，“～入る / ～入れる”才会与“～込む”并存。除此以外，如果“～込む”取“内部移动”之意，那“入る”（进入）作为 V1 时与其结合成的复合动词“入り込む”（进入其中）又表达出了哪些含义呢?

松田文子（2004）尝试使用认知语义学的核心图式来解决上述问题。松田文子将位置变化的意象进行了图式化，“～込む”的核心图式如图 8–1 所示：向着“通常领域（X）”及“难以逆向领域（Y）”的内部进行移动（“通常领域”部分的移动为“α”，“难以逆向领域”部分的移动为“β”）。

按照图 8–1 所示，“入る”（进入）/“入れる”（放入）所表示的内部移动仅限于“α”；而“～込む”所表示的内部移动同时包含了“α”和“β”。这就是“入る”（进入）/“入れる”（放入）和“～込む”的区别。

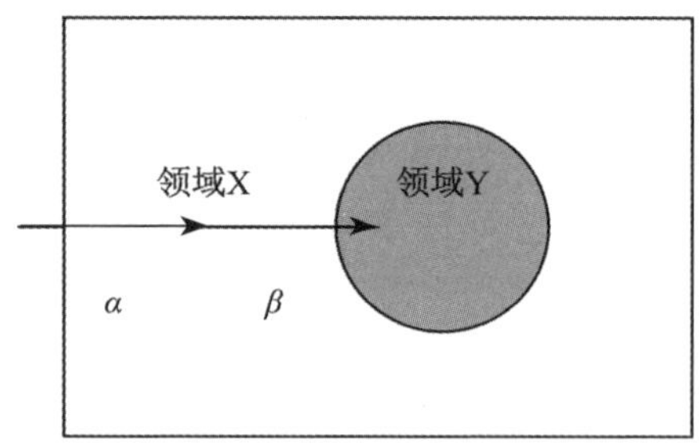

图 8–1　“～込む”的核心图式（松田文子，2004）

认知语义学的分析方法可以更好地对图式中要素的焦点化、抽象化以及语义扩展（语义上的区别）进行说明。松田文子将“～込む”的用法分

为以下四类：A 类，如“投げ込む”（投进）、“流れ込む”（流入）等，在这类动词中“α”被焦点化；B 类，如“植え込む”（种入、植入）、“埋め込む”（收进）等，在这类动词中“β”被焦点化；C 类，如“冷え込む”（气温骤降、身体受凉）、“眠り込む”（熟睡）等，在这类动词中，移动领域被抽象化，进而表示状态；D 类，如“十分に走り込む”（跑得十分充足）等，在这类动词中，隐喻发挥了作用，“位置变化”意象转变为“累计”意象，向领域 Y 的移动转变为向目标状态移动，通过动作反复发生进而达成某种目标状态。

8.2.2　新的问题点

松田的分析方法准确捕捉到了“～込む”的某些语言特征，并直观地反映出了“～込む”的语义扩展情况，因此十分便于理解。但是此处产生了一个新的问题：图式中为何存在“难以逆向领域（Y）”？松田文子将领域（Y）解释为“不存在具体语义，而存在于最基本层面的语义的意象”（松田文子，2004）。那么领域（Y）的存在，又是基于哪些认知基础呢？松田文子认为领域（Y）的语义特征是“固定”的，然而却无法说出其原因。意象图式作为容器，包含了“上－下”“周围－内部”“入口－深处”等概念。由于存在“偏下方”“偏内部”“更深处”等领域，因此如果将领域（Y）理解为领域（X）的“偏内部”领域，那么“难以逆向领域的存在是固定的”这一说法就合乎情理了。

那么，表达上述概念的领域（Y）为何没有选择其他动词，而是需要“～込む”来进行语言化呢？作为单动词的“込む”（拥挤、费事）原本并不具有“向更深处、向内部移动”的语义[5]。如果对此不能做出合理说明，那么就需要重新审视“难以逆向领域”这一设想了。

另外，“难以逆向领域”的存在以及“固定”的语义特征是否对“～込む”的语义多样性及习得产生影响也值得探讨。姬野昌子（1999）对于“～込む”的语感进行了解释说明，如例（2）所示。而松田文子（2004）则将例（2）中的用法归到了 B 类里。

例（2），“～込む”的语感（松田文子，2004）：

①整体彻底地进入到深处的感觉：物を水に<u>漬けこむ</u>（将物品<u>泡进</u>

水里）。

②一旦进入后就不动了，产生固定感：家に上がりこむ（进到家里面）。

③意料之外的事物进入后，产生抵抗感：泥棒が教室にに入りこむ（小偷钻入教室）。

④当表示人的行为时，该行为具有强烈主观意志或目的性：会社に泊まりこむ（住进公司）。

笔者认为，（2）①、（2）②中体现出来的“进入到深处”“固定感”与“难以逆向领域”以及“固定”的语义存在联系；相对地，（2）③体现出来的“抵抗感”以及（2）④体现出来的“主观意志、目的性”与“难以逆向领域”“固定”的语义不存在直接联系。另外，在C类状态变化的用法中，的确存在“老け込む”（苍老）这种动词，其语义没有“重返青春”这种逆向的状态变化。但是像“冷え込む”（气温骤降、身体受凉）和“眠り込む”（熟睡）这类动词却有所不同，气温在回暖和降温之间反复变化的状态也可以使用“冷え込む”来形容，人在清醒状态和沉睡状态之间反复切换也依然可以使用“眠り込む”来表达。因此，设置“难以逆向领域”、使用“固定”的语义来解释“~込む”能否有效准确地反映语言事实呢？笔者对此存疑。同时，以内部移动为基础的分析难以解释“相手を抑え込む”（压住对方）和“申込書に名前を書き込む”（将名字写到申请书上）这种不存在内部移动的语言现象。另外，对于“冷え込む”（气温骤降、身体受凉）和“老け込む”（苍老），也不能通过“难以逆向领域”和“固定”的语义对温度下降的程度以及衰老的程度做出说明。

松田的分析以“物”与“场所”的对立为前提，观察“物”的位置变化，认为其变化经历“向更深处移动→难以返回→固定下来”的过程，位置变化通过隐喻的作用进而发展为状态变化，进而“程度进一步加深→固定下来”。这种分析方法直观且便于理解，同时能够正确捕捉到跨语言事实中的某个侧面现象。但是，将“物”与“场所”相割裂的分析方法仍然存在着局限性。下一节将通过其他识解方式来分析“~込む”并论证其合理性。

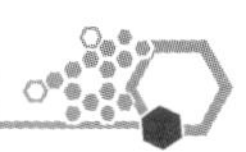

8.3　基于“场理论”的分析

8.3.1　观察世界的两种模型

上节中的分析方法从认知语义学角度出发，如图 8–2 所示：将“物”与“场所”互相分离，在均匀的时间流逝中把握“物”的因果连锁，从外侧观察事件。本节将这种物（X）被凸显、场所（p）作为背景的识解方式称为“类型Ⅰ”。

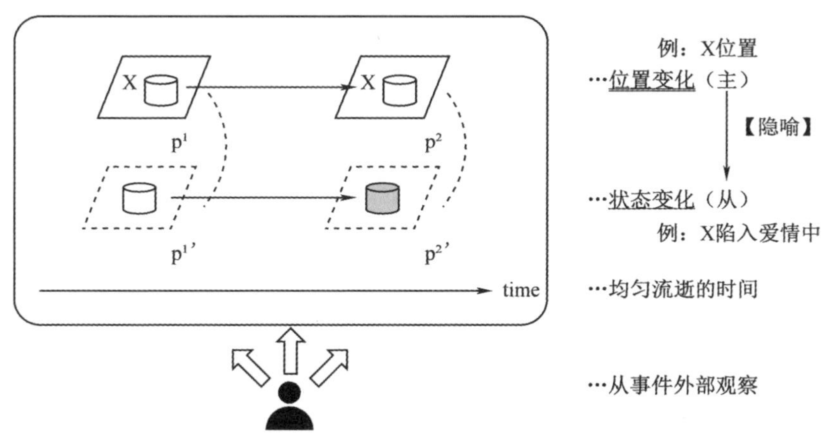

图 8–2　观察世界的方式　类型Ⅰ

类型Ⅰ是一种比较基本的观察世界的方式，具有跨语言性，日语中也有基于这一模型的语言表述方式和句式。例如，“男が穴に落ちる”（男人陷入坑中）体现了一种位置变化现象，而“男が恋に落ちる”（男人陷入爱情中）则是通过隐喻表达了一种状态变化。

本文为了探寻“～込む”语义的本质，遂提出了另一种观察世界的模型，即“类型Ⅱ”。在类型Ⅱ中，位置变化和状态变化的主从关系发生了逆转[6]。其中，作为中心（主）的是：物（X）与场所（p）融为一体，互相影响（图中的←→）导致状态变化（图中的▸▸▸▸）。

“物”由于置身于某一场所，所以受到了该场所的影响；同时，又由于“物”的存在，导致了“场所”也受到相应影响。位置变化只不过是引起上述变化的原因之一。观察者置身于“场”中（图中的圆柱体），进而把握“＜场＞的形态”（下节将对此做详细论述）变化。例如，在图 8–3 中，观察者位于“此时此处”来观察＜场＞的变化，此时，“太郎が隣の部屋に入る"（太郎进入隔壁房间）这一位置变化成为 < 场 > 发生变化的原因。据此,"太郎が隣の部屋に入り込む"（太郎进到隔壁房间里去）才得以实现。太郎位于 p^1（移动前的场所）时本身并不具有的特征，在移动至 p^2（隔壁房间）后获得，这就是"物"与"场所"相互作用以及相互为对方带来特征进而产生的状态变化。一些语言表述诸如"太郎的到来并未得到欢迎"等也会随之产生。

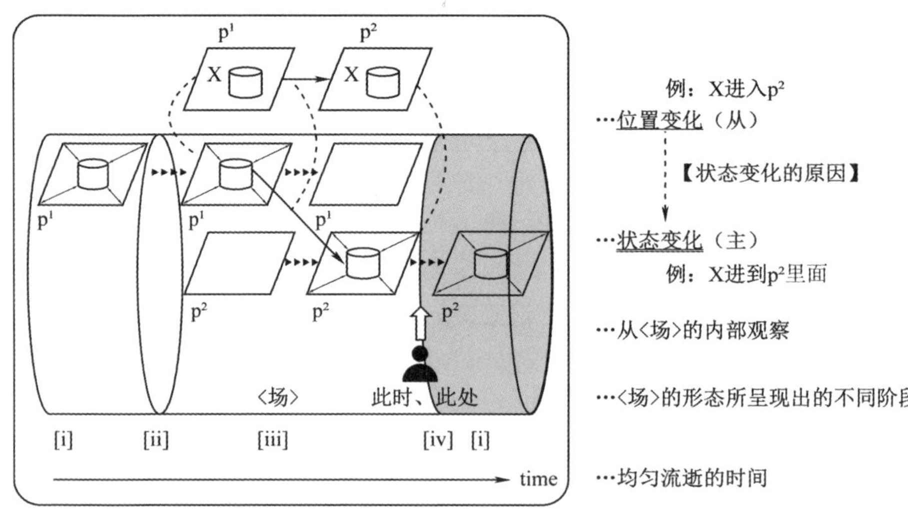

图 8–3　观察世界的方式　类型Ⅱ

世界的存在方式不断发生变化，其中，图 8–3 所示的"i"至"iv"阶段尤其需要我们重点把握。这 4 个阶段大致分为两类：存在阶段"i"和动作阶段"ii""iii""iv"。动作阶段又具体分为始动阶段"ii"、中途阶段"iii"和完结阶段"iv"。存在阶段是动作阶段的结果。

8.3.2　< 场 > 的定义与 < 场 > 的形态

在对类型Ⅱ进行分析前，首先需要对本文中出现的"场所""< 场 >"以及"< 场 > 的形态"进行说明。为了避免和日常用语中的"场"发生混淆，本章使用 < 场 > 这种表达方式来加以区分。

例（3），< 场 > 的定义：

人们对"事"（状态、事件）进行概念化时，通过内部视角对其进行

观察并互相关联，从而产生的各种信息（=语义、含义）的总体。

“通过内部视角观察”是指对事物进行概念化的人处于<场>中，以“此时、此处”的视角向着事件参与者（=被观察之物）靠近，进而对<场>进行描述。通过这一视角而获得的互相关联的信息如例（4）所示。

例（4），从<场>的成立过程中所获得的信息：

①观察者将自身所经历的时间空间信息与现在的状态进行联系而获取信息。

a. 主体、对象：“谁、什么”（作为参与者的“被观察之物”）。

b. 场所：（参与者所处的场所）[7]。

1）“在哪里”（存在的<场所>、事件的<场所>）；

2）“在什么样的<活动>中”；

3）“在什么样的<环境>中”。

c. 样态：“什么样的”（事物的存在样态、动作的样态）。

②将与 a 相邻的时间空间信息和现在的状态进行联系而获取信息。

②–1 后续的时间空间信息。

d. 目的、意图推论：“为了做……”。

e. 目标、结果推论：“为了能够……”“为了达成……状态”。

②–2 先行的时间空间信息。

f. 起因推论“因~而起”、背景推论“以~为背景”。

③连接①与②的信息

g.“时间”（何时）（=时间轴上的位置）。

明确了<场>的定义后，就可以对图 8–3 所示的类型Ⅱ进行详细说明。任何语言都可以通过任意形式将例（4）中所列出的 7 种信息表达出来。在类型Ⅱ这一观察世界的方式中，最重要的是<场>作为相互影响的信息的总体，它的变化需要被关注，因为它能够反映出以谓词的语法形式为主的各种语法形式。

我们又该如何把握<场>的变化呢？请尝试在脑海中想象以下场景：在马拉松比赛中，有一名选手在冲过终点线时倒下了。我们将这个倒下的

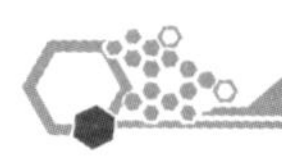

瞬间单独切分出来，并在脑海中生成"一名选手在终点处倒下了"的场景。对此，所获得的上述7种信息可以大致概括如下：首先，在马拉松比赛的"场"中，存在着跑步的目的、跑步过程中遇到的困难、跑步的策略等，这些都以"世界知识"[8]为基础。同时，我们还会基于世界知识而作出种种推论，如"倒下的选手已经拼尽全力了吧""选手在到达终点后已经累得跑不动了吧""选手会被人搀扶下场吧"等。在选手从"跑步"变为"倒下"的状态变化中，位于终点位置的观察者不仅捕捉到选手的身体姿态变化，还会感知到"选手出于何种目的跑完了全程、最终取得了什么结果才倒下的"等信息，这些信息已经成为一个变化的整体。这些变化取代了选手倒下去的同时而冲过终点线的身姿[9]。作为其结果，"一名选手在终点位置倒了下去"这一描写性语言表述孕育而生。基于世界知识的推论以及人的五感而获得的信息，形成了一种心理形式上的变化，这就是<场>的变化。本章将这种心理上的形式称为<场>的形态[10]。

而身处<场>中的观察者，又该如何把握<场>的形态呢？对此，这里以马赫的自画像 *visual ego* 为例进行分析和说明。图 8–4 描绘出了左眼视野范围内的景象，其中包含该房间的部分场景、自己的鼻子左侧、左手、还有向前伸展出去的双脚。Gibson（1985）指出："人在感知环境的同时感知自我。"换言之，周围的事物会根据我们自身所处位置不同而改变样貌，同时还反映了我们（以何种形式）身处何处。因此观察者具有两面性：观察者在描述世界的同时也在对发话者自身（观察者）进行描述。这也从侧面证明了位于<场>中的观察者（发话者、我）始终具有"此时此处"的属性。更进一步讲，位于"此时、此处"的观察者融入<场>中而不自知。如此，作为观察对象的"物"和作为观察者的"人"在<场>中融为一体。

另外，Uexküll（ユクスキュル·クリサート，2005）还提出："我们人类存在的、由动物的周围延伸出来的环境（Umgebung），以及由动物自身创造出来的、充斥着动物所感知事物的环世界（Umwelt），二者在任何维度上都处于根本对立。"本文对此持支持态度。本文认为，基于外部视角的类型 I 对应环境（Umgebung），而对<场>形态进行把握的类型 II 对应环世界（Umwelt）[11]。

图 8–4 *visual ego*（ギブソン，1985）

8.3.3 佐证类型 II 模型的论据

本节将介绍支持类型Ⅱ模型的一些语言现象及心理实验。在日语表述中，使用“形”一词来描述事件的阶段（体）是十分普遍的，如（5）①、（5）②。而英语也可以存在类似表述，但在使用频率上远低于日语。如例（6）所示，下画线标记内容被翻译成英语时没有使用“形”。（下画线为文章作者标记）

例（5）：

①いい形でスタートした。（以一个很好的形式开始了。）／いい形で進んでいる。（以很好的形式在进行中。）／いい形で終えた。（以一个很好的形式结束了。）

②なんとか見られる形になった。（总算变成可以示人的形式了。）／こちらが謝る形になってしまった。（变成了我们道歉的形式。）

③欲望は様々な形をとって現れる。（欲望通过各种形式膨胀。）
Desire expresses itself in various forms　（《会話作文英語表現辞典》）

例（6）：

①それどころか、先方のお母さまにひとり暮らしをさせるわけにはいかず、私が勝沼家に嫁いでいく形になってしまったのでございます。（宮元輝《錦繍》1985 年新潮社）（而且他不会让他的母亲一个人过日子，结果就变成我嫁到沼胜家去的形式了。）

② He could not very well leave his mother living alone, much less consider adoption into the Hoshijima family, so I ended up marrying into the Katsunuma family.（Roger K Thomas. 2005. Kinshu: Autumn Brocade.）

Masuda 等（2001）以日本和美国的大学生为对象，实施了关于“物”与背景的认知心理实验，实验结果值得深思。实验的具体过程是：通过电脑画面为受验者展示鱼的图像，随后将被展示过的鱼和未被展示的鱼排列出三种组合（共六种），让受验者判断其中哪些是被展示过的鱼。第一种组合（A）为“鱼、与当初展示鱼时相同的背景”；第二种组合（B）为“鱼”；第三种组合（C）为“鱼、与当初展示鱼时不同的背景”。实验结果表明，美国大学生的回答不存在显著差异；另外，日本大学生对（A）（B）两种组合的回答正确率均具有显著差异，而组合（C）的有意差则并不显著。这一结果表明日本大学生更关注有形物（组合 B 的回答正确率高），同时有意识地认知“物”与背景的组合（组合 A 的实验结果具有显著的有意差，而组合 C 的实验结果却不具有显著的有意差）。上述实验进一步表明“场所”不单是“物”的存在背景，它还具有更深层次意义。“场所”与“物”相互作用，这种识解方式与类型Ⅱ是相通的。

8.4　从单动词“込む”到复合动词“～込む”

8.4.1　<场>的形态变化与语法形式的联系

位于<场>中的人物在把握<场>的形态变化时，<场>的形态变化是如何通过日语被语言化的呢？这是以“场理论”为基础的“场语言学”研究课题之一。在“体”的语法范畴下，存在着将事态不断放大、观察整体的视角，以及聚焦于事态发展的内部结构的视角，这两种视角的区别在完成体和非完成体上得以体现。日语的完成体通过“ル形”（例如，食べる）表示，非完成体通过“テイル形”（例如，食べている）表示。时态的表示也有所区别，通常情况下，完成体的过去式以“食べた”形式体现，非完成体的过去式以“食べていた”形式体现（工藤真由美，1995。非完成体也被称作持续体）。以图 8–3 所示的类型Ⅱ为基础，与事件在均匀流逝

过程中的“た”（时态）相比，本文更重视事态发展阶段中的“た”（体）。

图 8–5 是图 8–3 的简化版，并为“i”至“iv”阶段标出了相应的语法形式：“た”与【A】【B】对应、“ている”与【C】【D】[12]对应、复合动词“～出す”与【E】对应、复合动词“～切る”“～抜く”“～通す”与【F】对应。这些语法形式均处于“场语言学”的研究范畴内[13]。图中标出的级别 1、2、3 分别关注了事态内部结构中的不同部分。这里以动词“走る”（跑）为例对图 8–5 进行说明。

在级别 1 中，与【A】【B】所对应的“～た”关注的是＜场＞形态在切换时的成立过程。与【A】对应的“～た”是“始动体”的“～た”，用在“（看到之前一动不动的猫跑了起来后）あ、走った”（啊，跑了）等场合中；与【B】对应的“～た”是“终结体”的“～た”，用在“（完成长跑后）やった！ 10 キロ走った”（太好了！跑了 10 公里）等场合中。此处暂且将【A】简称为“始动体”，其关注的焦点为“跑”这一动作从“无”到“有”的变化阶段，是一种起动状态。在日语语言学领域里，一些研究认为“～た”具有表达情态的功能（寺村秀夫，1984），例如，“ほら、バスが来たよ”（看，公交车来了）、“あ、ここにあった！”（啊，在这儿！）里的“た”表示实现了某种期待；“ああ、疲れたな”（啊，真累啊）、“お腹すいたな”（肚子好饿啊）里的“た”是一种感情的体现。这些都是事态和感觉的表征，是从“无”（看不到、意识不到）到“有”（看到、被意识到）的状态变化，与＜场＞的形态变化相通。与【A】对应的“～た”和上述这些用法具有关联性。

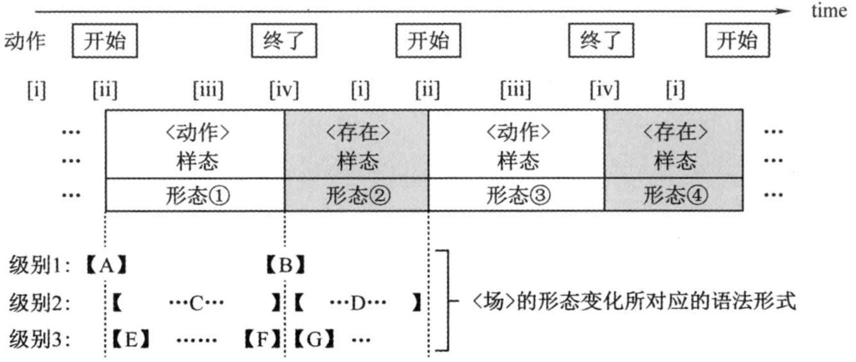

图 8–5　类型Ⅱ框架下的＜场＞形态变化与语法形式

“～た”还可以表示作为发话时间点的<现在>。在“时态”和“体”的研究中，都分别对这种语言现象进行了分析，然而本文则更加关注<场>形态的切换是如何成立的。与【B】所对应的“～た”表示终结，这似乎与前文中表示开始的论述相矛盾。但是如果从<场>的形态变化立场出发，二者则存在共通之处。如类型Ⅱ中的观察方式所示，当置身于<场>内部来观察事件的发展推移时，就会发现<场>形态的切换是【A】【B】中“た”的最基本用法。

在级别2中，与【C】【D】对应的“～ている”所关注的是<场>形态在切换后的持续状态。前者【C】“走っている”（跑着）表达的是“跑”的动作正在进行；后者【D】既可以表达动作完成（完成体），如“（他已经）走っている”（跑好了），也可以表达经验经历，如“（他之前曾有一次）走っている”（跑过）。另外如果以表示变化的动词举例，如“倒れる”（晕倒，倒下），“倒れている”首先表达了变化后的结果状态（倒下的状态）。同时“倒れる”和“走る”一样，既可以表示动作的完成（完成体），如“（他）もう倒れている”（已经晕倒了），也可以表达经验经历[14]，如“（他曾经有一次）倒れている”（晕倒过）。总之，日语的“～ている”语法形式不仅表示“动作正在进行”，还表示“变化后的结果状态、完成、经验经历”。在英语中，前者以“be + 现在分词（V-ing）”形式体现，后者以形容词等状态性谓词或“have + 过去分词”等形式体现。如果只将英语的语言现象作为判断基准，那么“动作进行”和“变化后的结果状态”则需要通过不同的语法形式表达出来。但是如果我们将这两者都视为<场>形态在切换后的一种持续状态，那么像日语这样通过一种语法形式来表达不同语法含义的语言现象就显得合情合理[15]。【A】之后便是“动作开始后的样态持续（＝动作正在进行）”；【B】之后便是“动作、变化完成后的（结果）样态持续”，而样态的抽象度会分成几个不同阶段：通过眼睛所观察到的形式、作为记录或经历而保存下来的形式、作为记忆而保存下来的形式等。

级别3的【E】【F】【G】对应复合动词。阶段3与阶段1、2一样，都与形态切换相关，但是更加注重其中的样态。【E】对应的是“走り出す”（突然跑起来）中的“～出す”，聚焦于<场>形态切换的始动样态。比起表达近似含义的“～始める”，“～出す”在与语感上具有“突然”或“非意图性”。这是由于“～始める”只关注“物”本身，并以开始、持续、

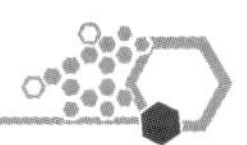

完成这一整体过程为前提，采取中立态度对事物进行描述。相对地，“～出す”是一种关注＜场＞的变化，关注“物”与＜环境＞相互作用的语言表现。通俗而言，即只要使用“～出す”来表示事物的变化，那现场的状态就一定会发生改变。

【F】对应复合动词“～切る”“～抜く”“～通す”，聚焦于＜场＞形态切换的终结样态。以上复合动词虽然都有“直到最后、彻底做……”之意，但在语感上存在着些许差异。“～切る”表现出了在动作完成前的时间区间中，心理上处于一种被拉伸的状态，呈现出“…还差一点…还差一点…达成”状态。“～抜く”“～通す”体现了完成过程的样态和完成的样态相重合。“～抜く”呈现出“…突破壁垒 1…突破壁垒 2…（突破壁垒 x）…达成”状态，而“～通す”则呈现出“…通过地点 1…通过地点 2…（通过地点 x）…达成”状态。无论在哪种场合下，上述复合动词所呈现出的样态都是从＜场＞的内侧不断接近并观察而被认知的。

最后是本章的研究对象“～込む”，它对应级别 3 中的【G】，关注＜场＞的形态在切换后的存在样态。“走り込む”（跑好了、跑够运动量了）表示的是动作结果，即动作主体处于何种存在状态下，是一种关注形态变化的语法形式。从情态的立场出发，观察＜场＞的形态变化与语法形式之间的关联性，就会发现“～込む”在情态的体系框架中占有重要的一席之地。

8.4.2 场所整体的变化与“込む”

那么单动词“込む”与场所整体的变化又存在哪些关联呢？单动词“込む”又是如何对复合动词“～込む”产生影响的呢？本节将针对这两个问题进行探讨。在现代日语中，单动词“込む”被收入进《明镜国语辞典》中的语义主要有两项。其他辞典的收录情况也大致相同。在例（7）①中，双下划线表示将焦点置于“物”的存在样态上，是单上划线所表示的“内部移动”语义的前提。

例（7），自动词“込む”的语义（上划线为作者标记）。

①ある場所に人や物や仕事などが集まって、いっぱいになる。混雑する。また、負けが重なる。「通勤通学で電車が—」「日程が—」「負けが—」（人或物或工作聚集在某个场所，场所被充满。混乱繁杂。还可以表示反

复失败多次。“上下学、上下班期间电车很拥挤”“日程安排很满”“失败次数变多”）

②仕組みや細工が複雑に入り組む。「手の込んだ仕事」
（结构或手工等十分复杂。“复杂细致的工作”）

在古日语中，“込む”也是该动词的终止形，具有自动词（四段活用）和他动词（下二段活用）的用法。这两种用法分别被现代日语中的自动词“込む”（五段动词）和他动词“込める”（一段动词）所继承[16]。根据上述历史事实，我们不难发现复合动词“～込む”不仅包含了“込む”的语义，还具有“込める”的语义[17]。《明镜国语辞典》收录的“込める”语义如下所示。

例（8），他动词“込める”的语义（《明镜国语辞典》）：

①銃器に弾丸をしっかりと収め入れる。装填する。詰める。

（将弹药仔细装入枪械内。装填。塞入。）

②その中に十分に注ぎ入れる。注入する。また、ある事柄に感情や情熱を注ぎ入れる。「仕事に精魂を—」「満身の力を—·めて投げる」

（充足地将……灌注其中。注入。还可以表示对某件事投入感情和热情。“对事业倾注热情”“倾注全身的力气投出去”）

他动词的用法体现出了内部移动语义。但是，例（8）①中“弾を込める”（装填弹药）和“弾を入れる”（放入弹药）在关注点上存在不同，使用“込める”则更加注重“装填后的结果存在样态”。作为结果，弹药虽然都处于同样的场所位置，然而使用“込める”则表现出了枪械中装好弹药可以使用的语义。例（8）②中语义更为抽象，除了表达一种感情、热情和力量在场所内部移动的语义，还更加注重其结果的存在状态，即充满整个场所并起到某些效果。如果将上述被辞典收录的语义以“物”和“场所”的关系为线索进行梳理，就能总结概括成图 8–6 及图 8–7。

图 8–6 表示了自动词“込む”的语义（例（7）①）中“物”与“场所”的关系：物（X）向场所（P）移动，X 在场所中不断累积（P’）。在这一阶段中，“物”作为图式（前景）被关注，“场所”则作为背景。然而随着“物”不断在“场所”内集中，如 P” 所示，场所整体的样态发生了变

化并被感知。这就是“物”与“场所”相互为对方带来特征的体现。因此在现代日语中，一些表示场所的名词可以成为“込む”的主语，如“道路が（車で）込む”（道路拥堵）、“電車が（通勤客で）込む”（电车拥挤）。图 8–7 表示了他动词“込む”（现代日语为“込める”）的语义（例（8）①）中“物”与“场所”的关系：P 中原本不存在的 X 被充填到（P’）中，于是场所（= 移动终点的“物”）和 X 互相给予对方特征，进而整体上变成了可以发挥出某些功能的一种状态（P”）。单动词“込む”就如上面分析所示，以在物理、心理上的封闭空间（内部空间）内移动为前提，“物”与“物”存在的“场所”互相为对方带来特征，进而带来场所整体的变化[18]。

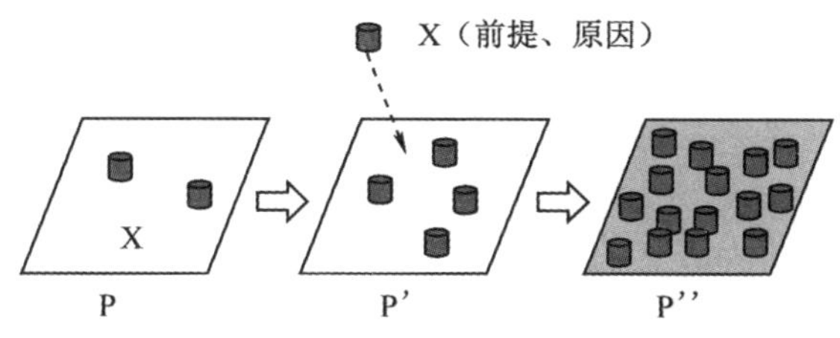

图 8–6 “込む”语义①意象图

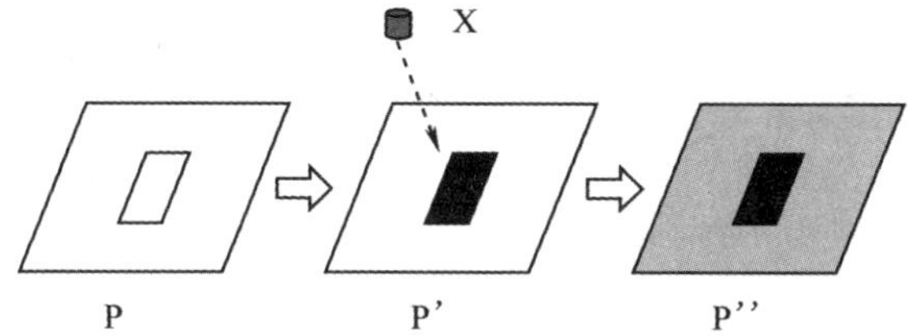

图 8–7 “込める”语义①意象图

8.4.3 ＜场＞的形态变化与复合动词“～込む”

如图 8–8 所示，在类型Ⅱ的视角下，复合动词“V1+ 込む”继承了“込む”的语义。首先，“V1+ 込む”解读了引起＜场＞发生形态改变的原因事象 V1[19]。据此，＜场＞的形态发生了变化（向着图中带有阴影的圆柱体部分发生改变）。

在图 8–1 中，虽然 V1 为表示位置变化的动词，但是类型Ⅱ所关注的焦点是形态变化，所以 V1 代表的原因事象不必包含移动。因为只有当“物”

的有无带来了 < 场 > 形态上的差异时，位置变化才会成为典型的原因事象（由状态变化所引起的情形在 8.5.2 中进行阐述）。

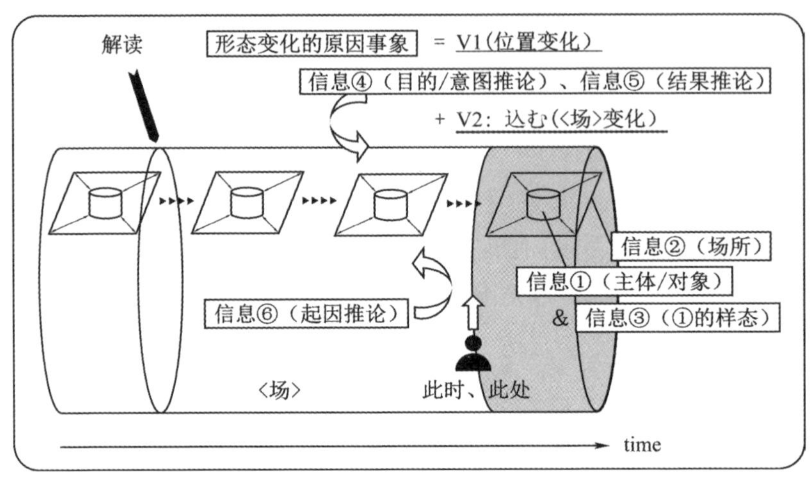

图 8–8　“V1+ 込む”体现出的 < 场 > 形态变化（V1 表示位置变化）

“～込む”体现的变化不单是物与人的位置变化或状态变化，还包括图 8–5 的级别 3 中 < 场 > 的形态变化。本章将其称为进入“込む”模式。哪些变化进入了“込む”模式呢？对此，回答并非是唯一的。我们在路上行走时没有注意到高低差而摔倒，这种情况不说“倒れ込む”（倒下不起）；进入自家卫生间里过了很长时间也不说“入り込む”（进入其中）。“事”的成立与信息①至⑦相关，这些信息通过何种形态被认知是以母语者自身经验为基础的，有代表性形态，也有边缘性事例。是否进入“込む”模式，并非是程度上的问题，而是需要以母语者之间的共感为基础，当多数母语者都能感受到 < 场 > 的形态发生了变化，则说明进入了“込む”模式。因此单纯以内部移动对现象进行说明，或是使用一些程度副词“非常に”（非常）、“何度も”（多次）以及样态副词“ずっと”（一直、……得多）、そのまま”（持续那样地）来代替复合动词时，则难以达到相应表达效果。这就是母语者之间存在共感的一种体现。陳奕廷 等（2018）在对日语复合动词进行分析时指出：“框架”这一概念以及母语者间共享的百科知识语义是十分重要的。本章虽对这一观点持支持态度，但是认为存在着更为基本的观察世界的方式，它依存于“场理论”，体现为观察者通过内在视角

感知<场>的变化。下一节将通过举例来进一步解明“込む”模式。

8.5　“込む”模式的类型

根据引起<场>形态变化的原因事象不同，“込む”模式大致分为位置变化和状态变化两类。本节将按照以上两大原因分别通过 2 组不同的组合共计 4 组来对“込む”模式进行分析。

8.5.1　位置变化（作为契机）引起的形态变化

1.“込む”模式 1

在复合动词“V1+込む”中，“走り込む”（跑好了、跑够运动量了）、“流れ込む”（流进）等自动词以及“押し込む”（塞入、塞进）、“投げ込む”（投进）等他动词里的 V1 并不表示内部移动，而是表达了移动的样态和手段。在上述动词中，“込む”承担了内部移动语义，类似这种的复合动词大量存在。按照前文中松田文子（2004）的分类标准，这些动词都被归为 A 类。第 8.1 节也介绍了“～込む”在辞典中的语义，并一同引入了“～に入る”“～に入れる”的相关说明。然而在第 8.2 节的论述中则指出了上述观点的局限之处，即难以对“～込む”的语义多样性以及“～込む”在习得过程中的难点作做合理解释。

如图 8–8 所示，“物”与“场所”的相互作用引起了<场>的形态变化，其基础是某物（X）通过位置变化进而存在于某场所之中。其中，如果需要推论才能得出向内移动之意，就是模式 1；如果移动之意通过 V1 来表达，则是模式 2。移动是单动词“～込む”语义的前提，它通过推论得到语用强化，逐渐成为一种语言习惯，继而出现了表达内部移动的用法[20]。

在模式 1 中，信息④“目的 / 意图推论”、信息⑤“结果推论”以及信息⑥“起因推论”对事态整体的解释是时强时弱的。以“飛び込む”（跳进）为例，可以表达现实中的位置变化，如“川に飛び込む”（跳进河里），也可以表达抽象概念，如“演劇の世界に飛び込む”（一头扎进戏剧的世界中）。两个例子都表达出“被置身场所（河 / 戏剧的世界）赋予特征，通过‘跳’的样态进入场所中”之意。当“飛び込む”（跳进）表达了“从陆地到水中这一现实中的位置变化”时，或许难以体现出信息④⑤⑥。但

是当"飛び込む"（跳进）表达"从普通世界移至戏剧世界"这一抽象语义时，信息④目的推论（致力于……）作为对事态的解释被体现了出来。在使用复合动词"駆け込む"（冲进）时，一般会搭配"警察、医院、洗手间"等场所名词。这体现了处于场所外侧和进入场所内部时<场>的形态作用在"物"上并被显著化。从"痛苦"转为"安心"的形态变化同样体现出了对信息④⑤⑥的解读。在"授業開始ぎりぎりに教室に走りこむ"（临上课前跑进教室）这一语言表达中，信息⑤（按时等）被解读，是否迟到这一特征将作为<场>的形态反映到"物"上。以上就是与类型Ⅰ使用单动词"駆けて/走って~に入る"（跑着进入~）的不同之处。

2."込む"模式 2

在模式 2 中，动词主要表达以下三种含义：①向内部移动；②在内部发生；③阻断内外部。其中，以"发生"或"阻断"为原因事象进而引起较大位置变化的情况也被归类在此模式下。在该模式中，对信息④⑤⑥的解释与模式 1 有很大区别。具体表现为："V1 的行为确保了移动物在移动目的地呈现出发挥某些功效或机能的样态"或"V1 的行为使其呈现出可以发挥（功效或机能）的样态"。

在表达了含义①的"プラグを差し込む"（插入插头）、"チップを埋め込む"（植入芯片）例句中，前者意为"为了达成通电的样态而插入"，后者意为"为了使芯片呈现出可以发挥某些作用的样态而被植入"，因此两者皆表达出"'物'与'场所'相互作用融为一体进而呈现出发挥了某种机能的样态"之意。这与以"物"为中心来把握移动的类型Ⅰ（"プラグを差す"（插插头）、"チップを埋める"（装芯片））有所区别[21]。在含义②的场合中，如"申込書に名前を書き込む"（在申请书上填入姓名）、"記念のリングに日にちを書き込む"（在纪念用的指环上刻入日期），前者意为"使申请书呈现出完整的样态"，后者意为"使纪念的回忆呈现出永远留存的样态"，原文中强烈体现出了对以上种种信息的解读。在表达了含义③的"相手を床に押さえ込む"（把对方紧紧压在地板上）、"パンで肉と野菜を挟み込む"（用面包夹住肉和蔬菜）中，前者"両者が一体となり相手が動けない様態に"（两人融为一体呈现出一动不动的样态）信息和后者"両者一体となって食べられる様態に"（两者融为一体被一

起食用的样态）信息被解读。与<込む>模式相关的世界知识通过我们的经验被我们归纳习得，其中就包含“固定”“固有”“难以逆向性”（松田文子，2004）等语义特征。成为其基础的便是“物”与“场所”相互作用导致的形态变化。进入自家卫生间一般不说“トイレに入り込んだ”（进到卫生间里去了），但是如果换作陌生人，那么该语言表达就比较自然，这种现象也是世界知识发挥作用的体现。另外在例句“可燃物持ち込み禁止”（禁止携带易燃物入内）和“（考试时）辞書持ち込み可”（可以携带辞典入内）中，“持ち込む”（携带……入内）并非单纯表示“拿着某物进入某处”，而是表达了“（无论好与坏）‘物’本身在某场所（外部）所具有的潜在意义和价值，通过移至其他场所（内部）被显在化（发挥效果）”之意。

8.5.2　状态变化（作为契机）引起的形态变化

1. 位置变化与状态变化的区别

在<场>的形态发生变化时，作为被读取的核心信息①②是“物”与其存在的“场所”，信息③为“物”的样态。换言之，原本相互独立的“物”与“场所”融为一体，作为“事”的整体变化被理解把握。

在类型Ⅱ中，当位置变化成为原因（契机）时，“物”与“场所”相互作用并赋予对方特征。相对地，当状态变化成为原因（契机）时，“物”与其周围<活动（空间）><环境>相互作用并赋予对方特征（图 8–9）[22]。以上就是<场>的形态变化在此模式下中的体现。

与 8.5.1 节中根据 V1 是否表达移动而区分出来两个模式一样，当“物”的状态变化作为原因事象被解读时，V1 本身既有表示状态变化的场合，也有不表示状态变化的场合。本文将分别对这两种情形进行考虑，分析“物”与<环境>是如何相互作用并赋予对方特征的。

2.“込む”模式 3

在模式 3 中，V1 表示状态变化。是何种状态（成为契机）引起<场>的形态进入了“込む”模式的呢？本节将以模式 3 与模式 1、2（位置变化作为原因）的关联性为线索进行分析。

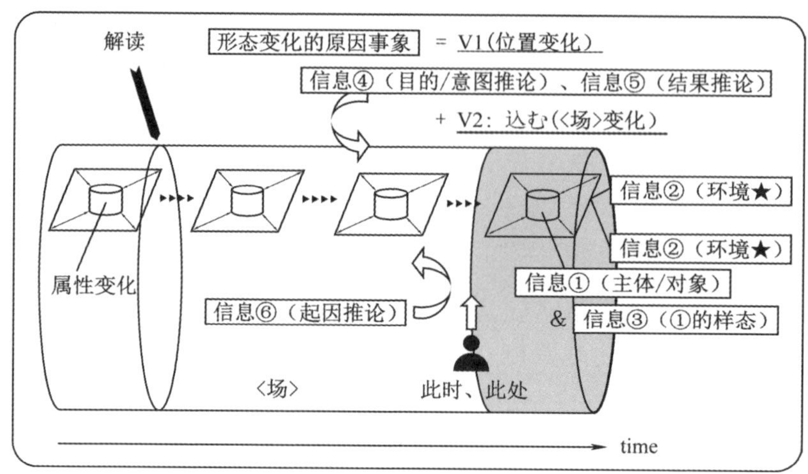

图 8–9 "V1+ 込む"体现出的 < 场 > 形态变化（V1 表示状态变化）

首先，我们对具有反身性的内部移动导致的形状变化进行分析。例如，"くびれる"（缩紧、收缩）、"（上部）落ちる / 沈む"（陷落 / 下沉）所表达的外形变化是一种自身某部分向内部移动的现象（姫野昌子，1999）。换言之，即全体产生缩小变化。在复合动词"くびれ込む"（凹陷）、"（上部）落ち込む / 沈み込む"（陷入 / 沉入）中，与 < 环境 > 相互作用的这一信息被解读出来，表达了"发生变化而呈现出形状缩小的样态，导致难以或无法达成……"之意。"めくれ込む"（卷入）、"曲がり込む"（凹进去、弯曲）等词汇同样包含了默认的形状发生缩小之意，因此也可以归到这类里。虽然这些形状变化往往带有负面评价，但是也存在着"竿がしなやかに曲がり込む"（竹竿平滑地弯曲）"深く沈み込みリラックスできるソファ"（可以深深地陷入其中进行放松的沙发）等包含正面评价的表述。这些解读都体现出了物体本来的机能和价值等与 < 环境 > 的相互作用，导致形态发生了某些变化。

这些物品上的形状变化通过隐喻发生语义扩展，进而对人的身形进行描述，成为一种缩小的姿势变化。非意图性的复合动词"座り込む"（坐下不动）/ "かがみ込む"（蜷缩）/ "しゃがみ込む"（蹲下）/ "倒れ込む"（倒下不起）都以我们的经验知识为基础进而对原因、背景信息进行了解读，导致"坐下"/"蜷缩"/"蹲下"/"倒下"时的样态进入"込む"模式，如"因为疼痛出现了暂时无法行动的状态"。换言之，与物体

的形状变化相同，表达了“发生变化而呈现出形状缩小的样态，导致难以或无法达成……”之意。在面对因为系鞋带而蹲下以及因为腹痛而蹲下这两种场面时，通过客观视角所观察到的或许是同一种姿势；在面对跪着倒下以及跑完马拉松后累倒这两种场面时，我们所观察到的或许也是同一种姿势。但是，由于和<环境>相互作用的信息被解读，其结果就导致了进入到“込む”模式的是“腹痛でしゃがみ込む”（因腹痛而蹲下）以及“完走後に倒れ込む”（跑完全程后倒下不起）。

不同于上述非意图性的状态变化，当有意图地将关注焦点放在变化结果的持续上，如在“座り込んで抗議する”（坐下不动表示抗议）中，“座り込む”（坐下不动）包含了对外界阻碍的抵抗态势，因此对于行为者来说包含了一种正面评价。

第一，上述的物或人发生的形状形态变化，会通过隐喻使语义发生扩展，从“缩小”之意衍生出“不活性化”之意，并以此来表达人的心理状态或生理状态发生质的改变。这类复合动词有:“沈み込む”(沉入、失落)、“落ち込む”（陷入、意志消沉）、“黙り込む”（缄默、陷入沉默）、“弱りこむ”（不知所措）和“困りこむ”（十分为难）等表示心理变化;“老け込む”（苍老）表示身心方面的变化;“寝込む”（熟睡、昏睡）则表示卧床不起之意。即上述动词都含有“发生变化而呈现出人的不活性化样态，导致难以或无法达成……”之意。“寝る”（睡）在表示由清醒到入睡的状态变化时，通过与<环境>相互作用，使得“即便做了……也不会清醒的样态被呈现出来”这一形态变化被认知。

第二，物与物或者物与“场所”融为一体的位置变化方式，也可以被视为一种状态变化。这种变化还体现出以下倾向：非刻意地变化往往带有负面评价，有意图地引起某种变化则往往带有正面评价。例如，他动词“漬け込む”（腌渍）、“炊き込む”（将菜肉和米饭一起蒸熟）、“煮込む”（炖煮）就属于后者。另外，“混ぜ込む”（混合）、“溶かし込む”（溶合）表示两种物质无法区别时体现了正面评价。相反地，自动词“混じり込む”（混入、混进）、“混ざりこむ”（混入、混进）属于前者，在表达了无法区别的语义时包含着负面评价。“（ギャンブルに）漬かり込む”（沉浸在赌博中）也同样体现了负面评价[23]。

第三，位置变化发生了语义扩展，衍生出所谓的“据点变化”。在“泊

り込む”（留宿、过夜）、“住み込みで働く”（住进公司办公）的用法中，并非表示定期往返或通勤，而是表示在一定的期间内停留过夜或通过留宿而引起了质的状态变化。有意图地将这种状态变化持续下去，这一形态被反映到了“物”（人）之上。通过与<环境>相互作用，被雇佣者的状态进而体现出“可以更加紧密地、细致地进行应对”这一质的变化。无论是在哪种场合中，信息④到⑥都被解读为“在何种状况下出于什么目的又进行了何种行为”，这些以母语者之间所共享的世界知识发挥了作用。

第四，V1在一些场合中具有反身性位置变化的语义。其行为带来的人的形态被视为一种正面的、质的变化。例如，“何枚も服を着込む”（穿着许多件衣服）、“ハレの日にスーツを着込む”（在重要的日子里穿着西服）、“めかし込む”（精心打扮）、“しゃれ込む”（打扮讲究）。

第五，在一些场合中，不侧重对“物”的描写，而是将相互作用的<环境>所发生的变化作为描写的对象。在“朝晩冷え込む”（早晚时气温骤降）中，针对白天的温暖而强调早晚气温“下降”幅度大，而对于究竟下降到何种程度，单凭“冷え込む”（气温骤降）一词是无法做出客观评判的。通过<环境>与“物”的相互作用，导致了气温下降带来的不活性化形态（心理上的形式发生了萎缩）反映到“物”（人）上面。于是，人们为了相互确认这种世界知识是否被共享，进而产生了使用寒暄语“今朝は冷え込みますね”（今早气温骤降啊）的情况。当语义扩展为形容二者之间的关系时，就出现了“2人の関係/両国の関係が冷え込む”（两人/两国间的关系陷入低谷）的语言表达。

3.“込む”模式4

模式4是指：根据推论，V1被认为是引起“物”状态变化的原因。首先，我们要尝试理解“场所”从“物”的存在空间转变为一个抽象的“思考空间”。由“考える”（考虑）、“思う”（想、思考）和“決める”（决定）等思考动词作为V1进而分别构成复合动词“考え込む”（沉思、苦思）、“思い込む”（深信、确信）和“決め込む”（认定、断定）时，表达“人被想法、思绪所充斥，进而呈现出受到了影响的样态”这一变化。从与<环境>相互作用的观点出发，可以将这种形态视为向着“难以受到外部活动影响”的方向发生变化。

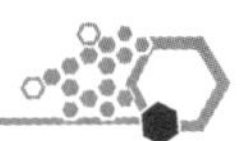

接下来我们将视线转移到“活動”（活动）这一抽象空间。正如“活動中”（活动中、进行中）的字面含义所示，“活動”（活动）可以被理解为一种空间。“物”在活动空间中被凸显是类型Ⅰ对世界的观察方式。在类型Ⅱ的观察方式中，“物”与活动空间融为一体而呈现出其形态，即“没入”（沉入、沉浸）。“話し込む”（聊天聊得入神、深聊）、“遊び込む”（畅玩）等反映出来的是通过“没入”（沉入、沉浸）使主体和活动融为一体的形态。“没入”一词原本带有消极印象，包含着一种难以应对外部影响的语义特征，但是通过“提前做好准备”等积极态度或者通过和活动空间的各种要素相互作用也会产生积极印象[24]。

最后，在“～込む”的用法中，有一种扩展语义被认为是最晚出现的，这种用法并不多见[25]。这种用法的具体表现为：V1 表示某种有意图的行为，通过重复这种行为，引起带有正面评价的、质的状态变化，从而进入“込む”模式。信息④的目的、意图对其产生强烈影响。最初表现为人的能力变化，如在“投げる”（投、投掷）行为中，投掷的主体和投掷的对象都不包含引起状态变化之意。但是，当棒球投手需要提升控球能力或速度时，会反复练习投球，我们以此为前提进行想象。仅凭一次上述的练习行为，我们是无法达到提高能力的效果的，但是通过反复投掷就可以达到目的，这一点通过日常的经验并不难理解。此场合中，在投手反复投掷的样态基础之上，与<环境>相互作用的信息被解读，反映出了“为了能够达成……而做出行为”这一形态。这就是“ピッチャーが球を投げ込む”（投手把球投进了球）所表达出来的语义。同类型的语言表达还有“ランナーが走り込む”（跑者跑了足够的运动量）、“スケート選手が滑り込む”（滑冰选手滑进终点）、“ゲーマがゲームをやり込む”（玩家将游戏玩到极致）、“役者が台詞を読み込む”（演员充分地咀嚼台词）、“奏者が譜面をさらい込む”（演奏者反复温习乐谱）等。

接下来我们对以下变化进行分析：由人的影响导致“物”的质的变化产生正面评价。在这一场合中，同样是信息④⑤⑥被解读，并与<环境>产生相互作用。例如，在我们的经验中，当持续地使用某一物品时，这个物品终究会变得老旧，直到不能使用而被我们丢弃。相对地，也存在着越使用越能提高其价值的物品。“手帳を使い込む”（用惯了记事本）、“使い込まれた手帳”（惯用的记事本）就表达出了上述变化。这是一种通过使

用者与对象物品之间的相互作用而被创造出来的价值，具有较强主观性的同时也被母语者在日常经验中所共享。其中包含着“長く使い続ける”（长时间持续使用）这种带有客观尺度的语言表达无法传递出来的质感。同类型的语言表达还有“長く着込んだ革のジャケット”（长期穿惯了的夹克）、“長年はき込んだジーンズ”（常年穿惯了的牛仔裤）、“日々磨き込んだ真鍮のランプ”（每天都擦拭锃亮的铜灯）等。

前文中的例子都是物品发生了质的变化，对于受到影响的人来说，其形态发生了变化的“～込む”也是存在的，如“教え込む”（灌输）、“叩き込む”（灌输、植入思想）。其表达了“通过反复教授，使得接受一方的能力与＜环境＞相互作用进而可以达到某些成效”之意。

8.6 内部观察视角

在类型Ⅱ的观察方式中，如图8–8、8–9所示，观察者（发话者）被认为是处于＜场＞的内部。这里以“乗り込む”（坐进去、坐入）为例来分析这种观察方式的意义。例（9）①表达了“通过乘坐这一行为，演员S从可视存在变为不可视存在（车中）”之意。通过身临现场的视角将焦点集中在事件上，进而依托话语表述传递出临场感。反之，在其他场合中如例（9）②所示，使用“乗り込む”（坐进去、坐入）的语言表述则不自然。另外在例（9）③中，使用“乗り込む”（坐进去、坐入）会产生一种向事件参与者一方接近的语感，因此可以感受到参与者的气息。这一表述体现出了话者的意图性被感知察觉。虽然一些先行研究曾经提出“～込む”有时会体现出强烈的意图性，但是这一观点也是以内部视角的存在为基础的。无论在何种场合中，“乗り込む”（坐进去、坐入）都不是一种对位置变化的客观描述。

例（9）：

①俳優Sが建物から出るとすぐに待たせてあった車に乗り込んだ。（演员S走出建筑物后立刻就坐进了等在路边的车中。）

②旅行プラン：8時の電車に｛乗って／？乗り込んで｝新宿まで行く。そして……（旅行计划：｛坐／？坐入｝8点的电车去新宿。然后……）

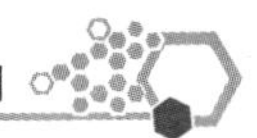

③電車が到着しドアが開くと、ホームで待っていた通勤客が一斉に乗り込んだ。（随着电车到站车门打开的瞬间，在站台上等待的乘客们一起涌了进去。）

8.7　总结与展望

本章对第 8.1 节提出的两个问题进行了探讨。首先，对于“在复合动词中，为何能够与‘込む’结合的 V1 最多”，这是因为观察世界方式的模型中存在着类型Ⅰ与类型Ⅱ，而“～込む”与关注<场>形态变化的类型Ⅱ关系密切。即，“～込む”透过从外界所把握的基本模型进而表示出抽象度较高的概念，因此可以和各种 V1 相结合。

其次，对于“为何‘～込む’难以习得”，这是因为与其密切相关的类型Ⅱ是不同于具有跨语言性的类型Ⅰ的。如果不熟悉类型Ⅱ中观察世界的方式，那么对“～込む”的理解将仅仅停留在表面。为了把握<场>的形态而对信息进行解读，在形态发生变化后也不使用副词等状语成分，而是通过复合动词“～込む”将其表达出来，这也是日语的特征之一。在“～込む”被概念化的语义中，事态整体的信息被解读的同时，其语义被推论、被阐述。比起单纯的内部移动（～に入って／入れて、そこにとどまる）、单纯强调活动或状态变化（非常に～する、長く～する、何度も～する）以及程度的发展，“～込む”具有更深层次含义。并且观察者通过从<场>的内部视角对事件进行观察，可以聚焦于事件本身，使语言表述产生一种身临其境感。从类型Ⅰ的观察方式出发所遗漏的语义正是“～込む”语义在本质上的体现。

究竟呈现出何种样态时，日语母语者才会在直觉上感受到进入了“込む”模式呢？这是“场”语言学的重要研究课题之一。本文认为，<场>的形态变化不单是由 V1 和“込む”的语义复合而成，也不能仅凭“固定”“难以逆向性”等语义特征进行理解。“人”处于<场>内部，被<场>解读的信息相互作用进而被感知才是形态变化的根本所在[26]。

类型Ⅱ关注“物”与“场所”融为一体的<场>，捕捉事态整体的变化；类型Ⅰ将“物”与“场所”相割裂，关注“物”与“物”之间的非对称性。二者的相同之处在于都创造出了人类最基本的观察世界的模型。然而目前学界更倾向于以类型Ⅰ为框架进行研究。本章以"～込む"为例进行了分析，目的在于论证类型Ⅱ的重要性，而不是讨论类型Ⅰ和类型Ⅱ孰是孰非。最后，研究类型Ⅱ与哪些语法形式相关将有助于我们获得新的见解。

注释

1 以英语为代表的"スル型语言"注重"谁做了什么"，而以日语为代表的"ナル型语言"则注重事态变化本身。对于同一事件，英语在谓词的选择上往往更倾向于使用类似"スル"的及物动词，日语则倾向于使用以"ナル"为代表的不及物动词（即日语中的"自动词"）。译者注。

2 日语动词、形容词的屈折（在日语中被称作"活用"）形态变化之一。译者注。

3 複合動詞レキシコン（Compound Verb Lexicon）。详见：https://vvlexicon.ninjal.ac.jp/。译者注。

4 在国立国语研究所《复合动词词汇集》中，以"入る"（进入）为V2的复合动词共46个，以"入れる"（放入）为V2的复合动词共74个，二者合计120个。通过与"～込む"进行对比，可以发现"～入る"的数量比重占"～込む"的67.4%，"～入れる"占"～込む"的73.0%。"～入る""～入れる"的总数量占"～込む"的70.8%（85/120）。

5 西井辰夫（2018）对国字（日本自创的汉字，译者注）进行了研究，他指出"込"和"入"最初具有相同语义，之后"込"扩展出了"入"所不具备的其他语义。本文不对"込"的原始语义进行探讨。即便"込"和"入"的原始语义相同，但是在现代日语中，"込"发展出了"入"所不具备的语义，因此复合动词"～込む"才有了存在价值。这一侧面也反映出了国字"込"被创造出来的实际意义。

6 对此，Langacker（1990）提出了"Setting Subject Construction"句式。例如，在"Bees are swarming all through the garden."变为"The garden is swarming with bees."时，场所名词被凸显，并被提升至主语位置；相对地，原本的主语被降为前置词组中的成分。Langacker的分析以"物"与"场所"的对立性以及不对称性为前提，认为上述语言现象是一种"图

式－背景”的转换，没有进一步延申。因此 Langacker 的分析未能摆脱类型Ⅰ框架的束缚。而从类型Ⅱ出发的分析方法重视“物”与“场所”的相互作用，并将研究聚焦于二者相互作用所带来的整体状态改变。对上述两个句子中的格交替现象将在 8.4.2 节中做详细分析。

7　由于此处提及的“场所”“活动”和“环境”并非是通过外部视角而观察到的，因此用“< >”来表示。在后文中会出现“环境”和“<环境>”两种表达方式，也是为了进行区分而采取的不同标记方式。后文中的场所、活动则不再使用“< >”进行标记。

8　基于自身的经验，与经验互相关联而积累的知识。世界知识包含了“除自己以外的家人和朋友的相关信息等，有的信息在相对狭小的范围内被共享，有的信息在某些特定地区或国家是一种常识，其中还包括一些超越了人类想象的知识。”（町田健，2004）

9　用“事态”来替代作为对象的“物”，这一观点受到了野村刚史（1991）、木村敏（1993）以及坪本篤朗（2006）的启发。在对“物”与“事”进行的论述中，木村敏（1993）认为：在各种场面中出现的“事”都是极不稳定的。“事”无法像“物”那样在客观上保持稳定。对此，木村敏（1993）以“苹果从树上掉落”和“从树上掉落的苹果”为例，指出：“我们通过眼睛观察事物，从树上掉落的苹果以及掉落过程都可以通过眼睛被观察到。但是，我们无法对“掉落”本身进行观察。我们所能观察到的，仅限于苹果以及掉落过程。”正是由于这种不稳定性的存在，才需要我们进行区别对待。本章提出的“场的形态变化”呼应了这种观察世界的方式。坪本以“不良青年在店里转悠”和“在店里转悠的不良青年”为例，将后者称为“ト書き連鎖”（ト書き連鎖：在坪本的一系列研究中也被称为后置修饰连锁或 XP-NP 连锁。即原本作为修饰语的 XP 移至中心词 NP 的后方，成为状语等其他句子成分。译者注）。这种句式具有双重机能（“物”与“事”的双重性）：将中心词 NP（例句中的“不良青年”）显化、以 NP 为中心对事态进行描述。因此这种句式还具有<现场性>（坪本篤朗，2006）。从“场的形态变化”观点来思考的话，即“场”中的各种信息最终都会反映在作为对象的“物”上。这种顺应语序的思维方式是“ト書き連鎖”的一种体现。

10　此处“見え姿”（形态）一词的使用，参照了野村刚史（1991）关于助动词的相关研究文献。野村指出：搭配“見え姿”（形态）的谓词虽然是“見る”（看，观察），但“見え姿”（形态）并不限于视觉信息，还包括其他感觉器官所接收到的信息。

11　在本章的论述中，会将等同于“Umwelt”的词汇以例（4）①所示的“<>”进行标记。

12　这里需要对图中的“iii”阶段进行补充说明。此处的 < 动作 > 包含状态变化（静止状态除外），是动态的。然而图 5 是基于持续性动词（拥有时间性，接续“ている”表示动作正在进行的动词）而绘制的。而“消える”（消失）、“死ぬ”（死亡）等瞬时动词（状态变化会瞬间达成，接续“ている”表示动作结果的残留），其开始阶段“ii”和终了阶段“iv”是一致的，而“iii”阶段则没有时间上的幅度。本身就表示变化的一部分动词（“増える”（增加、增长）、“下がる”（下降、降低）等）则同时具有持续性动词和瞬时动词双方的特性。

13　这种对应不仅没有否定传统的“体”研究理论，还成为“场语言学”领域里“体”研究的基础。文中在选取“テ”形接续时（“テ”形接续：日语中连接两个动词时使用的一种常见接续方式。既可以连接两个实意动词，也可以连接实意动词和功能性动词。此处所举的例子均为实意动词接续了功能性动词。译者注。）虽然使用了“ている”形式，对于其他的“テ”形接续如“てある”“ておく”等也同样适用。在以往的研究中，“てある”“ておく”对应 < 准备 > 这一概念，而以 < 场 > 为中心的理论框架或许在今后的研究中会对上述语言现象做出更为合理的解释。在语序为 SOV 的日语中，复合动词不仅作为动词起到了词类划分的作用，还具有构成复杂谓语的功能。因此在对“体”的语法形式进行研究时，除了以往经常被提及的“～た”“～ている”，还应将复合动词也列入研究的体系中。至于复合动词与“语态”之间的联系，受篇幅所限在此不进行讨论。

14　作为持续性动词的“走っている”根据具体情况也会表达“动作主体变化后的结果状态”。如一个人在做足部按摩时，按摩师会根据所感受到的肌肉疲劳情况而说出“きょうもかなり走っていますね”（今天也跑了很久吧）等语言表达。

15 此处提及的“持续”具有更广泛的含义：包含变化在内的所有动作事态在成立后，作为判断其成立依据（痕迹）的样态是可以被观察到的。本文所使用的“持续”，既包含了通常情况下的动作进行阶段（持续体），又包含了可以被观察到的、动作开始（没有结束）时的样态。

16 “终止形”和注释 2 的连用形一样，同为日语的屈折（活用）形态变化。在古日语中，“四段活用”和“下二段活用”是动词的形态变化规则，“四段动词”遵循“四段活用”规则，“二段动词”中的“下二段动词”遵循“下二段活用”规则。“四段动词”对应现代日语的“五段动词”，“二段动词”则逐渐被现代日语的“一段动词”所取代。译者注。

17 收录在《复合动词词汇集》（国立国语研究所）的复合动词“～込める”共有 13 个。其中“立ち込める”和“垂れ込める”为自动词，其余均为他动词。与“～込む”的 255 词量相比，“～込める”的词量极少。从中也可以窥见单动词与复合动词的非对称性。

18 这是在普遍情况下以内部移动为前提的。例如，“力を込める”（用力）并非发生于外部，而是在内部发生，其表达了内部空间（＝自身）被某种状态充满之意。

19 组成复合动词的 V1 和 V2 之间存在着极为复杂的语义关系，这点已经被诸多先行研究所证实。例如，V1 可以表达手段或原因、附带情况、前置阶段和背景等（陳奕廷 等，2018）。本章主张 V1 是“引起形态变化的原因”，它包含了与此相关的全部语义关系，是与形态变化紧密相连的一种事象，和陳奕廷 等（2018）所提及的“原因”并不相同。

20 “暴れる”（活跃、胡闹）、“押す”（推、按）等动词本身难以或不能与“ニ格名詞句”（移动目的地）搭配使用，然而在复合动词中却存在着“（～に）暴れ込む／押し込む”用法。对此，多数研究认为“込む”存在内部移动语义，所以才能与场所名词构成“ニ格”关系。然而值得注意的是，“込む”原本是不能搭配“ニ格名詞句”来构成“（场所名词）に込む”这一结构的。对此，本章认为：由于“込む”在复合动词中位于 V2 位置，因此产生“V1 表达了内部移动的样态“这一推论，最终导致了“込む”可以与“ニ格名詞句”搭配使用。

21 这里的有所区别指的是：在把握理解事件时，对信息的解读程度是不同的。因此“プラグを差す”（插插头）并非不具备“通电”这一目的。

22　"物"通过与<环境>的相互作用而被赋予特征，这与心理学家詹姆斯吉布森提出的"affordance"（环境为动物提供的价值）概念有相同之处（佐々木正人，1994）。

23　这是一种整体上的倾向，但是在"有对动词"（形态上相对立的自动词和他动词）的场合中，当他动词存在正面评价语义时，与其相对的自动词同时也存在正面评价语义，这种情况是存在的。例如，"味がよくなじむように<u>漬け込む</u>"（为了更加入味而进行<u>腌渍</u>）→"よく<u>漬かり込んだ</u>野菜"（充分<u>腌渍过</u>的蔬菜）（正面评价）。

24　"話し込む"（聊天聊得入神、深聊）在使用时，并不存在一个客观的时间基准来判断交谈的程度是否达到了"話し込む"（聊天聊得入神、深聊）。当事态的观察者认识到了<场>的形态发生了切换，并且这一认识是被母语者所共有的即可。通过检索国立国语研究所开发的"Webデータに基づく複合動詞用例データベース：開発版"（基于网络数据的复合动词用例数据库：开发版），针对包含了"～分钟"的用例进行分析，得出结论为"話し込む"（聊天聊得入神、深聊）持续的时间从5分钟到2小时以上不等。

25　这是笔者对《日本国语大辞典（第二版）》和"日本语历史语料库"调查后的结果。《日本国语大辞典（第二版）》中收录的复合动词"～込む"共434个，其中属于模式4或出现其用法的动词有22个。根据出现年代的记录，除了"教え込む"（灌输）出自18世纪以外，其他动词均出现于19世纪以后。像"走り込む"（跑好了、跑够运动量了）这种既有模式1也有模式4用法的复合动词中，模式4的用法最晚出现。

26　母语者的世界知识并非时刻都保持一致。在一部分集体或者某些行业中，存在着作为行业用语的"～込む"。但是即便在这些场合中，使用"～込む"的动机和本章中的论述也并不矛盾。笔者在最初接触"遊び込む"（畅玩）时也感受到了些许不自然之处。但是这个复合动词在与儿童成长相关的游戏场合中是一种十分普遍的语言表达。例如，由Benesse在2016年8月30日公开的资料中，就出现了"幼稚園や保育園で'遊び込む経験'が多いほうが'学びに向かう力'"（在幼儿园或保育园中的畅玩体验越多，学习能

力越强）这一标题。资料来源为：https://berd.benesse.jp/up_image/publicity/20160830releasepaper_encyosa.pdf（引用内容的检索日期为 2020 年 10 月 18 日）。可能大多数人都对“鋤き込む”（翻耕）一词并不熟悉。查询后可以得知该词语义为考虑植物与土壤的相互作用，将土和腐烂树叶等翻搅使其呈现出合适的样态。资料来源为：http://log.engeisoudan.com/lngb/200704/07040027.html（引用内容的检索日期为 2020 年 10 月 18 日）。

辞典

日本国語大辞典（第二版）.2000—2002 年（小学館）
明鏡国語辞典（第二版）.2010 年（大修館書店）
広辞苑（第五版）.1998 年（岩波書店）
会話作文英語表現辞典 .1982 年（朝日出版）

网络数据

複合動詞レキシコン（国立国語研究所）
http://db4.ninjal.ac.jp/vvlexicon/
Web データに基づく複合動詞用例データベース：開発版（国立国語研究所）
http://csd.ninjal.ac.jp/comp/
日本語歴史コーパス（国立国語研究所）検索エンジン「中納言」
http://chunagon.ninjal.ac.jp/

参考文献

［1］　陳奕廷，松本曜 . 日本語語彙的複合動詞の意味と体系：コンストラクション形態論とフレーム意味論 [M]. 東京：ひつじ書房，2018.
［2］　GIBSON J J. The Ecological Approach to Visual Perception[M]. Boston：Houghton Miffin，1979.（ギブソン，J J. 生態学的視覚論 [M]. 古崎敬，古崎愛子，辻敬一郎，村瀬旻，译 . 東京：サイエン

ス社，1985.）

［3］ 姫野昌子 . 複合動詞の構造と意味 [M]. 東京：ひつじ書房，1999.

［4］ 池上嘉彦 .「する」と「なる」の言語学：言語と文化のタイポロヅーへの試論 [M]. 東京：大修館書店，1981.

［5］ 井出祥子 . グローバル社会へのウェルフェア·リングイスティックスとしての場の語用論：解放的語用論への挑戦 [J]. 社会言語科学，2016（18–2）：3–18.

［6］ 影山太郎 . 文法と語形成 [M]. 東京：ひつじ書房，1993.

［7］ 影山太郎 . 語彙的複合動詞の新体系 [A]// 影山太郎 . 複合動詞研究の最先端：謎の解明に向けて . 東京：ひつじ書房，2013：3–46.

［8］ 木村敏 . 時間の自己 [M]. 東京：中央公論新社，1993.

［9］ 工藤真由美 . テンス·アスペクト体系とテクスト [M]. 東京：ひつじ書房，1995.

［10］ LANGACKER，RONALD W. Settings，Participants，and Grammatical relations[A]//S L Tsohatzidis Meaning and Prototypes：Studies in Linguistics Categorization. London：Routledge，199：213–238.

［11］ LANGACKER，RONALD W. Foundations of Cognitive Grammar 2：Descriptive Application[M]. Stanford：Stanford University Press，1991.

［12］ MASUDA，TAKAHIRO，RICHARD E，et al. Nisbett. Attending Holistically Versus Analytically：Comparing the Context Sensitivity of Japanese and Americans[J]. Journal of personality and social psychology，2001（81）：922–934.

［13］ 町田健 . 日本語語用論のしくみ [M]. 東京：研究社，2004.

［14］ 松田文子 . 日本語複合動詞の習得研究：認知意味論による意味分析を通じて [M]. 東京：ひつじ書房，2004.

［15］ 森田良行 . 日本語の複合動詞について [A]// 早稲田大学語学教育研究所 . 講座日本語教育 . 東京：早稲田大学，1978（14）：69–86.

［16］ 西井辰夫 .「しんにょう」がついている国字：不思議な字「辷」

不死身な字「込」[M]. 東京：幻冬舎，2018.

［17］野村剛史 . 助動詞は何か：その批判的再検討 [J]. 国語学，1991（165）：38–52.

［18］岡智之 . 場所の言語学 [M]. 東京：ひつじ書房，2013.

［19］岡智之，大塚正之，井出祥子，等 . 場の言語学とは何か [J]. 日本認知言語学会論集，2013（13）：601–623.

［20］大塚正之，岡智之 . 場の観点から認知を捉える：主観的把握と客観的把握再考 [J]. 日本認知言語学会論集，2016（16）：40–52.

［21］小柳昇 . 日本語のモノと場の二者関係の概念化と自動詞·他動詞構文に関する研究 [M]. 東京：東京外国語大学 ,2015.

［22］佐々木正人 . アフォーダンス：新しい認知の理論 [M]. 東京：岩波書店，1994.

［23］清水博 . 生命知としての場の論理：柳生新陰流に見る共創の理 [M]. 東京：中央公論社，1996.

［24］寺村秀夫 . 日本語のシンタクスと意味Ⅱ [M]. 東京: くろしお出版，1984.

［25］坪本篤朗, 岡智之 .<語り>の認知意味論: 対称性言語学の試み [J]. ことばと文化，2006（9）：81–114.

［26］UEXKÜLL J. Streifzüge durch die Umwelten von Tieren und Menschen[M]. S. Fischer Verlag GmbH: Frankfurt am Main, 1970.（ユクスキュル·クリサート . 生物から見た世界 [M]. 日高敏隆 , 羽田節子，译 . 東京：岩波書店，2005.）

第 9 章　“场”的涉身性与交际

河野秀樹

9.1　引言——作为共创性原理的“场”的概念

在“场”的生成过程中，“涉身性”是如何同“环境与个人”“个人与个人”之间传递信息的及共享相关联的呢？探讨这一问题，有助于我们理解基于“场”原理的交际方式，并明确身体在其中所发挥的主要作用。本章的考察分析将从现象学的研究分析入手。

在论述“场”的涉身性具体发挥何种作用之前，首先需要对“场”这一概念进行梳理。与我们日常交际息息相关的“场”，在社会心理学领域里被定义为“影响我们的社会行为，是一种人与环境的动态关系的总和”（Lewin，1951）；在人类学领域里，“场”被定义为“个人所从属的、规定了个人行为动机和行为规范的社会集体”（中根千枝，1967）；在临床心理学领域，“场”被定义为“连接人与人之间感情的心理联系”（河合隼雄，1976）；在语用学领域则被定义为“语言交际中的场合以及具有文脉关联性的语境”（井出祥子，2006）；在组织经营学领域则被定义为“为了产生协同创造行为的空间和心理上的共享平台”（野中侑次郎 等，2000）。各个领域都对“场”做了不同释义。由于各自领域的研究对象有所不同，因此“场”的应用环境也不尽相同，但不可否认的是，在上述对“场”的诸多定义中，都存在着一个功能性前提：把个人囊括在内，不管出于何种意图，最终都会对个人的行为带来一定影响。而带来这种影响的根源之中，存在着某种原理，它超越了个人意志的层次，使认知和行为具有方向性。更重要的是，这种方向性是人与人之间所共有的一种集体特性。这种特性不在外部产生，而是从共享着“场”的个人之间的关系中产生。

清水博对于“场”的作用中体现出的集合性和自律的生成能力进行了体系化、理论化研究。在下一节中，将介绍清水博并归纳总结出以“场”

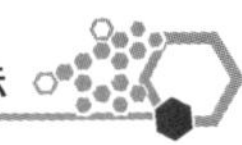

为基础的共创性原理，为后续论述共创过程中身体的作用奠定基础。

9.2　清水博的“‘场’理论”与共创性原理

9.2.1　基于生命要素的自律秩序的形成

清水博从生命科学的角度对“场”进行了论述，他认为：一切生命要素都存在着一种根源性特质，即一边保持着自身的个性，一边又与其他要素协调、统一地创造出各种行为表征（清水博，1996）。“场”所起到的作用便是将“共创”这一协同过程变为可能。

清水在一些早期研究中，曾尝试从自然科学的角度来探讨何为“生命”，《生命を捉えなおす》（重新审视生命）（清水博，1978）这部著作便是其早期代表性研究成果之一。清水博使用了一种名为“流动格”的装置进行实验，从中发现了生物体肌肉分子溶液产生了一种自律的回旋运动，他把这一发现详细地记录到了书中。清水博最终得出结论：在某个体系中，宏观秩序之所以能得以持续维持，是因为生命要素间“动态协同性”发挥作用，系统整体与要素之间互相影响并以此来维持生命系统的整体秩序。因此所谓生命，就是其自身能够形成生命秩序的一种能力（清水博，1978）。

这种“秩序”，既可以像肌肉运动那样，是一种整个系统的运动，有着具体的方向性；也可以像生物规律那样在系统中出现一种稳定的规律性运动。需要注意的是，“生命”系统中的秩序并非存在于某个生命要素之内，而是作为一种系统整体所具有的“整体”性质，自律地生成和维持[1]。例如，体积微小的细胞虽然是构成生命器官的要素，但是如果逐一研究这些构成眼睛和耳朵等器官的细胞，会发现这些细胞并不具有与眼睛和耳朵相同的功能。当我们重新审视器官与细胞的关系时，以上事实会显现出令人吃惊的一面。在活体组织或器官中，每个细胞自身并不存在某种高度思考判断能力，但是所有细胞都像事先商议过一样，会与其他细胞协同工作，自发地形成了由细胞所构成的身体器官的秩序（功能），且这一状态恒常存在。同样的，受精卵不断重复着分裂进而分化出各种细胞，并形成各种器官组织。在这一过程中，各个细胞并没有受到其他外部器官的统筹、指挥，却依然可以准确把握各自职责，就像每个细胞都共有同一份身体器官的设计图一样，每个细胞都与其他细胞一起构建身体的各个组织器官。

同时清水博还强调"生命"的一个系统特征便是具有下述能力：构成生命系统的每个生命要素，都会顺应相互的关系而改变自身状态，同时创造出生命系统整体的表征（功能）。这是一种互补的功能，即在上述过程中，各个细胞根据器官组织的不同作用而产生特有的性质，当细胞由于身体的某一部分受伤而进行再生后，再生的细胞可以和其他细胞协同工作，发挥细胞原有功能。

就像这样，生命要素依靠生命系统整体、系统内部其他构成要素与自身的关系，进而决定了自身的行为方式。清水博将这种生命要素称作"关系因子"。当个人置身于集体之中时，个人便会一边遵循与他人的关系而改变自我的行为方式，一边成为集体表征的一部分，与他人协同创造出集体氛围、文化等集体表征。在这一意义上，个人就是关系因子。

然而，由关系因子组成的集合，其自身所形成的秩序乃至集体表征的特点之一，便是关系因子之间的关系会在创造过程中不断变化。这层关系并非是物质间相互反应时稳定的、可以预测的关系，而是一种动态的、复杂的关系性结构。这是因为关系因子自身不断变化的同时也在使整个集体的整体构图发生变化。这种具有可变性的关系因子，是如何在与其他关系因子的关系中创造出自己的行为表征，又是如何构筑起系统秩序的？针对此问题，清水认为仅凭牛顿力学等线性理论是无法对这些问题作出合理解释的。那么，既然一个集合是由拥有无限变化可能性的关系因子所组成的，那么整个集合的秩序又是如何产生的？清水博对此解释为：关系因子位于自身所处的"场所"中，认知包含着自我在内的整体状态，并根据这一状态来约束自身行为举止[2]。关系因子在认知自身所处位置的同时，采取了使整体保持平衡的行为，自律地规范自我行为。换言之，关系因子创造出了约束自身行为方式的条件，并以此来保持集合整体的秩序。

9.2.2 作为约束条件的"场"与个人行为之间的关系

清水博得出了"关系因子自身所创造出来的'约束条件'正是'场'的本质"这一结论。每个关系因子都遵守约束条件，做出符合"场所"（状况）的行为。此时，每个关系因子都与其他关系因子的行为保持着"适当

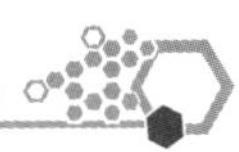

间距”，继而产生在整体上趋于稳定的集体表征。这种自下而上更新的集体表征为“场所”带来了新的状态，于是作为约束条件的“场”也随之变化。变化的结果，即发生变化后的“场”，又将新的“场”的信息以自上而下的方式传递给各个关系因子。清水博将这种信息的循环称为“全息循环”。通过这一循环，系统整体的秩序（表征）变得更精致，“场所”与关系因子行为间的整合度也得到了提升（图 9–1）。

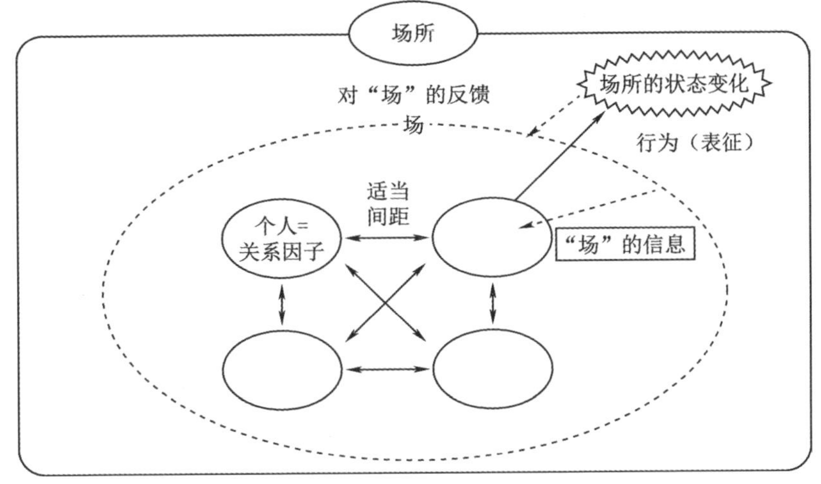

图 9–1　“场”“场所”与个人的关系图

参照以上论述，不妨相应地思考一下由人类所组成的集体。假设我们每个人都需要和一些陌生人在某个场所中聚会，如参加某项活动或是入学时进行的分班。即便事先知晓此行目的，但是我们依旧不知道在此场景下该采取何种具体行动。此时，我们只需要根据现场状况（场所）采取合适的行动即可。于是我们需要思考应该如何行动、以何种表情、做出何种程度的哪些行为举止等，其中最重要的是思考如何与其他人构筑关系。以上这些内容我们通过肉眼是无法观察到的。因此，我们筛选正确的行动选项就变得尤为重要，即便我们可以参考他人举止或事先派发的指导手册，我们的首选仍旧是参考整个空间的气氛氛围，这是一种漠然的“场所”信息。随后我们通过洞察周围的氛围，几乎完全凭借直觉做出我们的第一个行动。在安静的场合下，这个行动也许仅仅是沉默地站着；在适宜社交的氛围中，这一行动或许是和附近的人进行眼神交流并露出微笑。最重要的是，我们会通过他人不同的说话方式以及行为举止，寻找和自己意气相投的人，并最先和那人开口说话。此时我们依然会关注自己在“场”中是否过于显眼，留意自己的行为举止是否恰当得体。

于是我们的行动便会遵循自己所感受到的、在“场”中被允许的行为尺度，逐渐适应自身所处的“场所”。此时通过直接参与交际，我们不仅与很多人建立起了关系，还会感受到自己的行动在“场”中被顺利接受。这样一来，我们的归属感也逐渐增强。通过一系列的具体行为，我们与他人、与场所之间的关系并非是由某个个体所创造出来的，而是以个体为单位被共同构筑起来，这种关系就是整个集体的特征以及被集体所默许的规则。于是，这就成为我们未来行动的指针。我们洞察着“场所”的状态并以此为基础做出具体行动，同时还与“场所”中的其他人产生直接或间接关系，共同参与到了构筑集体的背景中去。最终，更为具象化的“场所”状态成为后续行动的判断依据，我们和“场所”就处于这种不断循环的相互作用之中。

9.2.3 共创的即兴表演模型

前文中提到关系因子会与其他关系因子保持着“适当间距”，同时共筑一种整合关系，进而创造出系统整体的秩序。那么，人类又是如何互相保持“适当间距”的呢？“适当间距”与空间、时间这两个维度相关联。对于“适当间距”与“场”的共创之间的关系，清水博（1996）引入了“即兴表演”概念进行了说明：确立好的秩序会从不存在的、没有限制的状态中，创造出自律的集体表征，在此过程中，每个人都成为即兴表演的演员。演员被赋予了某些个别表演方面的自由，然而为了保证表演整体的顺利进行，每个演员都要遵循表演的大致走向，并以此为前提来决定自己的具体表演内容。为此，演员之间需要共享一份虚拟剧本，这份暂时性的虚拟剧本就相当于前文中所提到的约束条件。

此时，每个演员都需要洞察剧场（场所）中自己的状态，进行相应表演，同时为了确保整个表演的顺利进行，还需要整合其他演员的表演内容。总之，演员不仅需要整合剧场的状态，还需要整合其他演员的表演内容。演员必须一边同时进行两方面的整合，一边即兴地、协同地展现剧本内容。对此清水指出，仅仅整合了剧场（场所）和演员，以及演员之间的集体表演，

还不能创造出整个集体的表征。为了创造出具有统一性的整体表征，演员之间整合后的关系需要“同时”产生，演员们“不能有任何迟疑，需要同时自发地开始行动”（清水博，1996）。清水博还强调，为了达成这一目的，演员的表演“间距”必须合拍。换言之，在演员进行表演时，为了使整体的表演在时间线上协同进行，演员之间需要构筑起一种时时互补的协调关系[3]。

在我们的实际生活中，“间距”合拍的具体表现是：如果是与他人对话，我们则需要考虑当时的气氛与状况，同时还要充分调动自己的特性，与对方一起构筑起共同的节奏和“趋势”；如果需要集体合作来进行某些球类运动，我们要和其他成员间保持一种绝佳的距离（间距），把握自己的位置，通过个人每时每刻所展现出的球技，以期达成进球这一全队的目标。

以上内容便是清水博对“‘场’的集体表征是如何被共创出来的”所作的简要介绍。至于在共创过程中“身体”是如何发挥作用的，会在下一节作出说明。下一节将继续依照清水的“场”理论梳理“身体”的含义，探讨在“场”的共创过程“身体”所发挥的作用。

9.3 “场所”与“身体”的关系

9.3.1 “场”的信息与身体

在清水博的“‘场’理论”中，个人就是具有不同且多样特性的关系因子，每一个人都会观察“场所”的状态，理解自己所处的物理状态与社会状态，并以此为基础决定自己的行为。正是因为每个人所洞察到的“场所”状态信息被集体所共享，所以个人行为才会互相契合，集体秩序才得以产生。换言之，每个关系因子所把握的状况不分自我而完全一致，因此即兴表演的剧本才会被关系因子所共享。将这一切变为可能的则是“场”的信息。

所谓“场”的信息，既包括了整个“场所”的状态、也包括“场所”内各个关系因子的位置关系，换言之，“场”的信息直接体现了关系因子与“场所”之间的关系。根据清水博的观点，“场”的信息本身是一种无法被对象化的操作信息，我们不能将“场”的信息本身进行意识化。换言之，“场”自身不能成为被认知的对象。但是清水博还指出，“场”的信息可以反映到我们的“身体”中，可以通过“场所”的方式被我们认知，从而被意识化。具体来讲，即"场"的信息作为一种和"场所"相关的非刻意印象被我们所认知。清水博对这种认知方式作了如下说明。

假设在一条近现代风格的街道上有一座中世纪教堂，我们推开教堂沉重的大门，步入其中。瞬间，一股震撼心灵的庄严气氛油然而生，这与之前明快轻松的街景完全不同，仿佛是两个不同的世界。然而只有在打开教堂大门的一瞬间，我们才会有如此感触。将这些传递给我们的便是"场"的信息。其特征是：在知晓场所的详情之前，新场所会给我们带来舒适抑或是厌烦的心情，这种心情会在一瞬间通过"场"的信息被传递出来。

（清水博，1996）

我们对"场所"形成的印象以及对"场"信息所感知到的意象，除了受心情好坏影响，往往还会伴随明亮、阴暗、爽朗等情绪方面的信息。清水博强调，这里的"场"信息成为意识的前提是"身体"的存在。如上所述，"场"的信息无法被对象化，若想使其被意识化，则"身体"这个容器必不可少。对此，清水博将其描述为"场所"的状态"反映"到身体之中，并作了如下阐述。

无法被对象化的信息只能通过自我察觉这条途径被认知。如果需要掌握信息的起源，必须从自己的内部进行观察把握。从自己的内部进行观察，导致了那些无法被对象化的信息成为从自己的身体内部观察的信息。换言之，被自我察觉的场所变为从内侧被观察的身体，身体作为场所的媒介，成为场所的一部分，将"场"的信息传递给意识。这就是场所被反映到了身体之中的含义。

（清水博，1996）

清水博所使用的"身体"一词，其含义不仅包括物理上的肉体，还包含了作为媒介的传递"场"信息的各种身体"机能"。"身体"既是接收"场"信息的容器，还是转换器，把伴随着感觉、情动、直觉的信息转换成具有意义的信息。以"场"信息为依据，在现实中将自我行为表现呈现出来，最终使自己的行为举止与他人的行为举止相契合，并把履行行为主体（演

员）的这一身份角色也托付给身体。

8.3.2　身体在“场”生成中的自律机能

在清水博提出的理论体系中，承担了传递“场”信息的身体还需要一个重要的前提，即身体能够自律地进行信息操作，如何理解这种功能性特质对进一步理解清水博的理论是十分必要的。据清水博（2000）所述，反映到身体中的“场所”的意象，也是一种“场所模型”的产生，它的产生条件是：与自我意志无关，通过身体自律地发挥作用，场所便会反映到（自己的）场所领域中去（清水博，2000）。

这一创出的过程，可以被理解为：通过身体来认知自己所处的场所状态时，不依靠刻意的分析推测等理性认知操作，而是通过亲自感受当时的气氛和印象，通过认知这些无法被记号化的感受来传递“实感”。身体与“栩栩如生的空间般”的“场所”直接进行交感作用。对这样的身体，莫里斯·梅洛 - 庞蒂等学者将其作为现象学的主题进行研究。在 20 世纪以后，这一研究主题成为迅速发展起来的自然写作(nature-writing)的研究原型(野田研一，2003），同时也成为以詹姆斯·吉布森为代表的生态心理学的理论前提。

以涉身性为基础的对“场所”状况的把握，在状况发生变化时，“身体”的状态也会随之产生变化。这是由于“场”发生的状态变化被认知，因此个人也要按照“场”的变化情况对新的行为进行相应整合。

9.4　“身体”作为主体的复权

前文中清水博所言及的传递“场”信息的“身体”，不仅指物理意义上的身体，还包括身体所发挥的“机能”，如支撑知觉的感觉、情动、直觉等心理机能。“身体”还是一个完整的主体，没有我们自主参与也能自律地发挥某些功能，将“场所”的意象带入到我们的意识中，成为共享“场”的基础。

应如何来看待作为“主体”的身体呢？这里需要提及身心二元论，即身体与精神分离。市川浩（1992）指出，以笛卡儿为代表的身体观，其代表观点就是将独立的意识看作“心”，并将“心”与作为“物体”的“身体”所分离。对于这种身体观，身体不过是一种包括自我在内的行为对象，可以被观察，其本身不具有主体性，不会对“心”产生影响。

20世纪以后，人们开始对这种将身体视为“物体”的机械主义身体观产生了怀疑。持不同观点的代表性学者便是莫里斯·梅洛-庞蒂。他认为，“心”和“身体”并非是两种不同的实体，而是两种不同格式塔的表象。本章不对这种身体观进行赘述，总而言之，莫里斯·梅洛-庞蒂认为，心（意识）是“通向世界的行动的构成契机”，是“对待世界的态度”、是“对待世界的方式”（木田元，1984），在这层意义上，莫里斯·梅洛-庞蒂认为心的机能是一种和“行为”相同的概念，不应与身体机能割裂。而且根据他的一些论述，广义上的身体在他人身上也会发挥同样机能，所以他人也具有主观性，可以成为认识的主体。因此他人的认识不等同于古典心理学中被定义的概念，即他人的认识并非是将自我的心理与体感方式与他人进行比较进而类推出其中的共性，也不是将他人的行为方式视作记号来进行解读，也并非将自我内在经验投射到他人的身体上（木田元，1984）。

日本的学者中，也有像市川浩这样的哲学家，通过现象学的视角对广义上的身体观进行探讨。在市川浩的研究中，“身体”概念并非被限定为物理意义上的肉体，而是同样被定义为“活着的身体”，是一种将身体包含在内的概念。因此，诸如“幻肢”等物理意义上不存在的、却会引起实际感觉的现象才能得到合理解释；平时习惯使用的道具被当成身体的一部分，即身体发挥了“扩大身体”的这种机能也可以得到合理说明。

市川浩还指出：发挥作用的身体各部分互相联动，改变着作用的距离和方向；不同于解剖学范畴的身体，身体还会向着内外两个方向扩展，进而形成了一种独自的“身体空间”。换言之，身体其实可以被视为一种“结构”。市川浩通过列举大量实例来说明这种作为结构的身体可以进行自我构筑，在不断将自身改造成各种形式的同时，还会与他人的身体相关联，创造出一种共有的身体。我们需要借鉴这种将身体视为“结构”的身体观，来考虑“场”中身体的本质和特征。在下一节中，本章会对相关具体概念进行说明，同时还会探讨“场”与作为结构的“身体”是如何互相关联的。

9.5 “场所”与联结自我的身体

9.5.1 赋予世界意义的同时也被世界赋予意义的身体

在市川浩将“身体”视为“结构”的身体观中，有一个核心概念：身体的双重结构。第一种结构是“志向结构”，它与有意识的身体机能相结合；另一种结构式叫作“向性结构”，它支撑着“志向结构”，与无意识的身体机能相结合。其中，“向性结构”与自律机能相关。在我们分析“场”的生成过程中，“向性结构”对于理解身体所具有的意义与机能起到了重要参考作用。

市川浩（1992）认为，一方面，“向性结构”有着自我作用的一面，起到了生理上的平衡作用，即“稳态”，并能发挥自律神经系统功能，这些都区别于人的意志，能够自主地发挥作用，是维持生命以及适应外部环境的基础。另一方面，在“向性结构”的外部作用方面，作为一种由外部刺激所导致的反射活动，会与行动意识层面中的目的性行动互补，在无意识中使我们做出准备、“招架”等行为，以此来应对将会出现的某些情况。在实际生活中，当我们实行一些简单行为，如行走等，此时需要调动一系列的肌肉运动，这些肌肉运动如果不在有意识的“向性结构”统筹下是无法顺利进行的。

我们的生存以及有意识的各种行为，都被这种拥有预判意识的身体机能所支持进而得以成立。市川浩认为这种“向性结构”也与我们的世界认知息息相关。我们在对事物进行认知时，会习惯于将其视为一个明确的对象。然而作为具有目的性的认知行为（意识），我们无法判断其本身究竟是世界中存在的实体，还是一种源自内心的状态。对此，市川浩提出应将情绪视作典型例证。情绪既不像知觉那样是一种外部事物，也不像情动那样是一种自我作用，情绪展示出的是一种关联性，关联着内外不分意义上的世界。这是因为情绪在很大程度上容易受到生理状态或天气等因素的影响（市川浩，1992）。

根据市川浩的相关论述，同时以内部及外部为志向的情绪，其最基本的机能是处于向性层次下的“身体”机能，这一机能的具体含义是：一方面，生物顺应环境使行动或身体状况发生改变；另一方面，环境顺应生物的行动或身体状况的变化而改变。换言之，被世界细分化的同时，还将世界进行细分化，这便是向性层次下的“身体”机能。总之，在意识（志向）层次中，与分辨外界及进行自我调节不同，我们的身体处于前意识（向性）层次，我们顺应自我内部状态而认识世界、赋予世界意义及价值；与此同时，在和世界的联系中，我们改变自己的存在方式，从而又被世界所认识。市川的观点不仅限于情绪，我们在通常情况下对事物进行认知时，根据程度上的差异也会受到向性层次的细分化影响。

对于这种既进行细分又成为细分对象的身体存在方式，市川浩（1993）通过“分身”（身分け）这一概念进行了更为详细的阐述。市川浩将“分身”状态下的特征描述成了一种“自我构筑”。即作为结构的身体即“身[4]”，在意识作用下自律地与环境达成某种关系，以一种适应环境的方式来组建起自我这一“结构”。因此，这种“自我构筑”并非以闭环的方式存在于个体内部，而是发生在和环境所构成的关系之中。

9.5.2 反映在“场所”中的身体实相

市川浩提出的“自律地将自我和环境相联系”的观点中，存在“身”的概念，这一概念又会给我们理解“场”中身体的意义带来哪些启示呢？前文中提到过，将“场所”状态传递给个人的“场”的信息，其本身无法被对象化，是一种潜在信息，只有“反映”到身体中，才能被意识化，这也是清水博所提到的身体机能。如果从市川浩的身体观来理解“反映”，我们可以将其看作是“分身”的受容过程。“分身”的受容过程，是一种根据外界的状态而对自己进行细分的过程。换言之，这一过程就是将周围环境状态反映到自己身体状态中的过程。被细分的“身”，以环境为线索，这个环境相当于与“场所”形成镜像关系的自我内部状态，通过包含知觉在内的行为，对“场所”（状况）起到了带有某种目的性的影响。此时，处于意识下的向性层次所产生的细分化为世界赋予意义，这种对外界的影响也将反映在个人的意识行为（表现）中，为共享着“场”的人与人之间的相互作用带来方向性。这种为“场所”状态带来的改变，将变成“场”的信息进而传递给个人。于是，“场所”和“身体”便会处于一种相互循环的细分化过程之中，这也就解释了两者结合后的关系性。

应该如何理解“分身”的受容过程呢？当置身于从未经历过的场景中，

我们会对周围的状况一边进行着理性分析，一边通过身体去感受“场所”的整体情况和氛围，并有意识地接收感觉感情方面的信息（具有意义的信息），这些信息包括心情好坏、美丑、好恶等。这就是受容过程。与受容过程相对的，表出过程则是以对“场所”的意象为基础，思考在“场所”中哪些行为举止最为得体，并将其付诸行动的过程。上述这些过程构成了一个循环，为“场所”的状态带来变化，使新的“场”的信息得以显现。

上述内容涵盖了清水的一些论点，即“场”的本质是一种自发产生的约束条件，我们自身会根据“场所”即自身所处状况而限制、规范我们的行为举止。“分身”产生了对环境的细分含义，也成为决定个人对外界影响方式的关键，在这一意义上，它起到了产生行为约束条件的功能。环境的细分认知是对行为进行限制的前提，身体的自律机能发挥作用，使自身的内部状态顺应外部变化。环境的细分认知并非是一种恣意的认知操作，它依存于身体的自律机能。这也印证了身体“在约束自身的限制中，世界的结构才得以显现”（市川浩，1992）。

上述这种自我塑造般的细分化与我们对世界的认知息息相关，这一点在现象学以外的领域中也有所体现。生态心理学者佐々木正人（1987）援引 Wallon 的观点，提出了身体的自律细分化（结构化）以它与环境的关系为基础，进而产生了意义生成作用，而“姿势反应”使其具现化。佐々木还认为，“意象”作为我们创造出来的内在表象，它“面向世界，是我们有意在其中主动探索对象全貌的表现”（佐々木正人，1987）。意象的产生与“姿势”有着密切关系[5]。“姿势”即身体各个部分相互作用而产生的细微动作。它有着“牵一发而动全身”的特性，难以从外部观察到。“姿势”作为一种自我塑造的动作，在创造出对外界的意象过程中起到了基础作用。佐々木强调，知觉不同于对象带来的直接刺激，它在很大程度上都依靠意象，而意象正是基于“姿势”这一身体要素产生（佐々木正人，1987）。

“姿势”究竟是如何对知觉产生影响的？对此，Wallon（ワロン 等，1983）做了如下说明。

即便是在儿童对事物进行认知的场合中，事物不仅带来了刺激这一实质，还会顺应当时儿童的需求与状态，在儿童的内部诱发某种“姿势”的产生。因此，我们可以认为儿童对事物的知觉最初来源于“姿势”。换言之，儿童会通过自己的“姿势”对外界现实进行认知。成人亦如此，当人们在内心中描绘某个场面时，也会逐渐形成某种“姿势”。正是因为这样，我们在清晰地对外界现实进行认知的同时，还能对自我进行认知。

（ワロン 等，1983）

“姿势”先于意识与表象而存在，并且是后者得以产生的重要原因。由于我们习惯认为“意识来源于知觉”，因此一时之间可能难以接受上述观点。但是，浜田美寿男（1983）指出：没有确凿证据能够支撑“意识来源于知觉”这一观点。浜田认为，意识处于条件反射等自动适应的领域之外，需要依靠“姿势 – 情动”发挥机能才得以产生，“姿势和情动诱发的兴奋在体内蔓延，顺应其形态的同时，对外部状况进行认知”（浜田美寿男，1983）。包含思考在内，我们意识中的表象是否仅凭“姿势 – 情动”这一体系而决定，对此姑且不论。总而言之，在日常生活中，我们时而心情高涨时而意气消沉，出现这种情况，不仅是因为物理上的“姿势”和支撑“姿势”的身体各部位之间的关系[6]发生了变化，更主要的因素是“姿势”本身的存在方式使意识高涨或冷静，进而使我们形成了顺应周围状况的不同意象。因此我们对外界状况的认知实际上是受到了“姿势”的影响[7]。

Wallon（ワロン 等，1983）认为，和知觉相关的这种意象包含着很多情意上的要素，也正因为如此，“意象根植于内心生活中，并体现在（类似条件反射或习以为常的）单纯的自发作用之中”（ワロン 等，1983）。实际上，“情动”能且只能是姿势活动的内心表现（浜田美寿男，1983），与受到外部刺激而直接作用于外界的、有意识的适应活动不同，这种“姿势 – 情动”体系的特征便是将身体所感受到的外部状况，以反映到自身内部的形式被体现出来。借用 Wallon 的观点，即“状况并非源于其自身被认知，而是通过状况所产生的兴奋被认知”（浜田美寿男，1983）。换言之，在“姿势 – 情动”体系中，作为主体的身体在接触到外界状况时对自身进行塑造，随着这种自身状态和情意的意象被意识化，形成对外界的认知。

于是，“外部世界的现实状态作为“姿势”最先出现在自己的身体之中”（佐々木正人，1987）。此时，“姿势 – 情动”体系“顺应状况的多样性而分化、细分，进而完整地反映出多样性”（浜田美寿男，1983）。其中，通过身体自律地对自我进行塑造，对认知世界起到了直接作用。这种作用

具体表现为：将世界进行细分的同时自我也被细分，进而赋予世界意义。前文中市川关于“分身”的观点就体现了这层含义。市川浩(2001)认为,“身”依照本身的状态对世界细分，同时“身”又基于世界的具体状况而被细分。“分身”的这两种相位“在主客分化以前处于共存状态”，是正反两个侧面。于是，构筑自我的身体与世界联动，与“场所”一体化，将自身状态反映于“场所”之中，其具体意象作为“场”与他人共享，共同书写故事的文脉，身体就这样成为一种根源性“主体”[8]。

9.6 身体作为主体与他人构建关系

9.6.1 与他人构建关系时的身体自律性

在上一节中，本章援引市川浩关于“身”的概念，阐述了身体发挥机能的机制。人与人在交际过程中共享着共创性的“场”，此时，“身体”又起到了哪些作用、同时又有哪些性质呢？本节将对这两个问题进行展开思考。

在前文中曾经提到清水的观点：系统（集体）为了产生秩序而进行自我构筑，每个成员都共享作为“约束条件”的“场”，各成员间还会共享“场所”状态的意象，通过集体的即兴表演勾绘出暂定的剧本。因此，每个人才能对整体的表演方向有了大致把握。为了成为集体表演中的一部分，个人与个人相互整合并构筑起了一种关系性，进而使得集体表演有序进行。换言之，作为约束条件的“场”之所以能够发挥作用，是因为“场所”不仅和每个成员结成了一种纵向关系，还同时整合了各个成员间的横向关系，这一过程复杂且必要。如果对上述关系进行深入思考，就能获得一个理解“场”的新视角：要素与要素所组成的一张关系网或形成的一个框架就是“场”，“场”在各要素协同工作以期产生集体秩序的过程中是不可或缺的。

由人类集体所形成的关系需要“场”这个容器来承载。“场”在形成时，我们不会刻意进行分析推测来构建与他人的关系，而是与他人保持适当间距，视具体状况需求而展开行动，这样一来就产生了集体感，个体与个体之间的关系也会变得和谐，并自发地形成一种合理的关系性，产生了秩序。对此，我们每个人都有深刻体会。虽然在实际生活中，我们所进行的社会

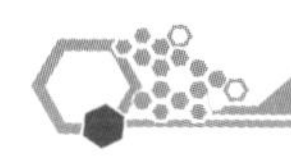

行为绝大多数都要依靠意识或个人判断，但是将自身行为与他人行为进行整合，进而产生整个集体的行为表征过程中，我们更习惯于通过感觉上的、直观上的认知来与他人保持适当间距。换言之，成为主体继而发挥机能的并非是基于理性判断，即统领个人或集体行动的并非“自我的自己”，而是“身体”。“身体”处在我们的意识无法触及的领域里，进行着自我构筑，与包含了他人在内的环境相关联，构筑起了一张超越了自我的、更为庞大的关系网。

9.6.2 身体的同步现象

由生命要素所组成的集体孕育出的集体表征就是共创。共创成立的机制至今还未得到科学论证（清水博，2000）。对此，清水提出了一个假说，认为共创与要素间发生的共鸣作用相关。具体来讲，这种共鸣与身体间发生的相互适应（Entrainment）现象类似，即各要素之间保持适当距离，产生协调统一的动作。所谓“适应”，是指“产生的节奏发生同步现象，创造出一种协调的状态”（清水博，1999）。如果拿人与人的身体层面来举例，Condon（1976）提出的“交际舞”便是很好的例证：在对话者之间，发话者所发出的音素级别的声音节奏会与受话者某些身体部位发出的动作同步。还有其他一些例证，如对话者的心率同步现象（渡辺富夫，大久保雅史，1998）、格斗对战类型的电玩游戏会使玩家间的肢体动作在节奏上互相影响（板井志郎，2009）等。

这些适应现象产生的前提，就是上文中所提到的没有意识参与的、与他人进行直接交际时所发挥作用的身体机能。市川浩（1992、1993）借用了“同步”现象来解释这一身体样态。根据市川浩的观点，在多数场合中，我们的身体感应到他人的动作时，会产生一种相应的同步反应，做出某些模仿他人的动作。市川浩也将这种现象称作“结构性同一化”（市川浩，1993），该现象是后文中主客不分的共生涉身性的基础。

市川浩（1992）指出，“同步”主要有两种形式：“趋同性同步”与“互补性同步”。前者以模仿对方动作的形式出现。例如，孩子在看到他人的悲伤表情时，自己也会浮现出同样的表情；在观看体育赛事时，观众会随着运动员做出的动作使身体紧张起来，并产生同样的动作姿势。“趋同性同步”是一种感应他人动作时产生的反应。与单纯的“模仿”不同，

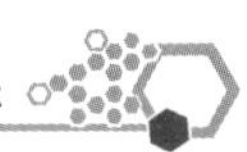

“趋同性同步”是一种预判对方的行为动作而提前产生共鸣的现象。一些生理学研究观点支撑了这种类型的同步现象，如近些年发现的“镜像神经元”：观察者在观察他人行为的同时，大脑会激发与该行为相关的部位（Rizzolatti et al.，2006）。

相对地，“互补性同步”则以呼应、回应对方动作行为的形式出现。“互补性同步”以潜在的“趋同性同步”内在化为条件而发生。例如，观众会将己方运动员的一些动作“趋同性同步”，进而将动作内在化；随后观众会依照对方运动员做出的动作，仿佛是己方运动员本身一样做出回应动作。这也是一种同步现象，即“互补性同步”。

在市川的观点中，上述两种同步方式循环发挥作用，使得更深层次的同步得以实现。例如，我们处于会话、合奏乐器、体育运动等需要团队配合的场景中，我们会基于他人的行为动作而产生潜在的“趋同性同步”。在此基础上，“互补性同步”继而发挥功能。这两种现象互相交替才能使同步成立，是一种“基于主体间性的场的生成”（市川浩，1992）。根据市川浩的观点，在理性的团队合作中，我们与他人相互协助，在此过程中理解自己的作用，并感应到他人的作用和行动，这种深层次机能不以感情带入、共情、同情为基础，是身体自律地产生的一种同步现象。

此时，我们发挥的作用不仅仅停留在个人作用的层面上，而是“在协同工作中完成并维持着不断发展的、整体的格式塔”的一种工作（市川浩，1992）。拿乐器协奏来举例的话，即每个人在关注自己演奏的同时，还会在集体协奏中寻找自我的归属感（木村敏，2005）。“同时包含集体和个人的‘身’所具有的双重意义结构”使这种体验得以实现（市川浩，2001）。

从以上这些围绕着“同步”所展开的论述中，我们可以得出的结论是：与他人的身体保持同步的身体，既维持了个体原有的特性，同时还与其他身体融为一体，成为创造集体表征的主体。此时的身体正如市川浩（1992）所阐述的那样，协同地设定“相互主观的场”（市川浩，1992）；同时，“场”逐渐被打开，构筑“个体”与“集合”的两种存在形态，来支持我们的协同行动。

清水博（2000）指出，包含我们自身在内的所有生命体都有两种存在形式：“局部的自我”和“普遍存在的自我”。“局部的自我”是一种以个体为主体的存在形式，“普遍存在的自我”则体现了主客不分的、与他人构成共同体的生命存在形式。“场”的信息以“普遍存在的自我”为依托而被共享，并通过“局部的自我”被传递。具有集体和个体双重意义结构的“身”，通过重复这两种自我的存在形式，进而发挥出与“身体”不同的机能。换言之，作为结构性身体的“身”既是固有的行为主体，还要作为与他人产生关系的主体而相互融合、相互协助，进而成为创造出集体表征的主体，此时的主体主客不分，同时支撑着“场”的形成。

这种与他人身体产生联系的身体同化现象，使“场”的形成得以实现。该现象又是以哪些原理为依据的？对此市川提出，这种身体与身体互相作用的同步现象，以涉身性层次中主客不分的“初始的共生”为基础（市川浩，1992）。市川还认为，作为结构性身体的“身”所发挥的自律机能中，既关联了与环境相互细分的关系，还拥有处于前意识领域中构筑与他人关系的能力。这样我们就不可避免地将他人视为具有主观性的主体而进行认知，即“身”自律地认知他人。如我们在看到别人的微笑时也会生出笑意，此时的我们自动地将他人的微笑视为一种主观表情，并同样以微笑来表达自己的主观性。我们的这种身体表现行为，正是因为相互主观的社交性有意识地发挥作用，我们的语言交际基础才得以形成（市川浩，1992）。

这种不依靠知性、在意识中将自我和他人结成主客不分的身体机能，正是莫里斯·梅洛-庞蒂的“身体间性”（Intercorporeality）（Merleau-Ponty 1959）所对应的概念。对此，还有学者（Brennan，2004；廣松涉，1991；木村敏，2005；河野哲也，2005；鯨岡峻，1997；山口一郎，2002；等）从身体的社会性进行论证。如 Wallon（ワロン 等，1983）指出，情动对他人具有极强的传染性，这是由于情动本身就根植于“姿势－情动”这一涉身性系统中，它还将个人之间的关系内在化，因此具有集合特性（ワロン等，1983）。对此，有一些很好的例证可以被用来支持这一观点：在包含人类在内的动物群体之间，一旦出现某种紧张情绪，这种情绪会瞬间在身体层面上进行共享（佐々木正人，1987）；山口一郎（2002）也指出，人在看到他人哭泣时，会情不自禁地流泪，这就是一种直接受到他人身心状态传染的现象；在学习武术时，学生通过练习而将师父的动作转移到自己身上等。这些现象都体现出主客区别并不明显的“隐性涉身性”发挥了作用，它不在意识中显现，而是在身体层次中的直接交际中显现（山口一郎，

2002）。

表演家竹内敏晴对这种超越了自我与他者境界的身体经验作了如下诠释。

过了几个月以后，我在授课时突然意识到了一件事：我的身体动作逐渐转移到了对方身上，进而产生了新的动作；对方的动作也向我身上转移，对方不标准的身体动作同样对我产生了影响。于是双方在这种激烈对峙中产生了一种微妙反应，进而引发了某些十分显著的变化。此时已经没有了自我与他者的区别，他者的动作与自我融为一体，而自我的呼吸又相应地给他者带来了生气。

（竹内敏晴，1988）

在这种共享身体的背景下，木田元（1984）进而作出了以下论述：仅在人类幼儿期存在的“前人称称谓时期”就是一种主客不分的时期，即便在成人后，在意识的基础上仍会保持着这种身体共同性；这种身体共同性的存在成为认知他人的前提，同时也是包括语言使用在内的高度社会行为成立的基础（木田元，1984）；我们“在最基本的意义层面上，是共同主观的、社会性的”（木田元，1984）。

9.7　如何记述以“场”原理为基础的关系构筑

在“场”的关系构筑与集体表征的共创过程中，我们参照了相关理论和先行研究，论述了“场所”和个人之间存在哪些关系、涉身性又带来了哪些影响以及涉身性的样态与机制。一方面，在论述“身体”的实相与“场”形成之间的关联性时，并未停留在概念领域里，而是将实践经验模式化（三輪敬之 等，2014；三宅美博，2012；等）；另一方面，通过与他人接触时的实际现象进行记述（河野秀树，2016；西子洋，三輪敬之，2016；等）。对于这些相关理论和先行研究，本章在此不进行赘述。不过笔者想从目前的研究课题角度，即记述“场”的关系生成过程所使用的方法论进行一些介绍。

在个人的关系性与集体表征的形成过程中，“场”起到了哪些功能和

效果是笔者目前的主要研究课题，其中也包含了对方法论的研究。如前文所述，"场"的信息作为"场所"的一种状态，通过个人的涉身性被感知（被反映在身体中）。具体来讲，"场"的信息以场所中的印象、氛围等形式出现，通过身体这一容器转变为意识，因此"在一般科学领域将现象进行对象化处理后再对其观察"的这种方式无法正确把握"场"的机能（参考第9.3节）。因此想要记述"场"所发挥的作用，必须要通过自己的身体将感受到的"场所"状态以及相关内容，也就是"场"发挥机能时的实际情况，以第一人称视角进行记述。

于是笔者尝试以当事人的视角对"场"发挥机能时的具体表现、人类集体内部自律地生成集体表征时的样态进行记述。笔者通过参加某些地区的集体性活动，观察参与者之间反复出现的交际方式及实际样态，将实际参加活动时的感受通过"情节记述"（鲸岡峻，2005）的方法进行记述实践[9]。

通过"情节记述"，不仅可以对观察到的行为事实进行记录，同时观察者的主观体验也会成为记述的对象。这些被记述的主观体验包括：置身其中的观察者"此时此处"所感受到的思绪及心情、交际对象特有的某些举止所带来的印象，以及现场酝酿出来的"栩栩如生感"和独特的气氛等。鲸岡峻（2005）提出，人与人"之间"存在的现象一定是观察者的切身感受，通过理解对方的所想所感，理解对方的生存方式，以观察者"我"的视角，通过"我"来进行诠释。通过这种形式来把握他人和现场状况，即通过"我"而主观地去理解把握他人的主观动向，这种方式也被称为"主体间性的把握"（鲸岡峻，2005）。

"场"在人与人的接触过程中即在"场所"中形成，本节以第一人称视角对"场"的特点、"场"所表现出的关系性、"场"的实际样态作了详细分析。以往的研究方法普遍是从外部对研究对象进行观察，因此往往会随机设定一些观察和分析的标准。然而这种客观意义上的研究方法无法对伴有情意的内部事实进行记述。对此，本研究中采用的记述方法很好地规避了上述问题。通过身体而感知"场"的样态，以一种可以引发读者共鸣的方式对"场"的样态进行揭示。

拥有不同背景文化的人类集体有着不同的协同方式，笔者以此为研究对象，致力于通过内在视角对跨文化间的"场"进行记述，明确"场"的样态以及"场"的样态是如何影响集体表征的。

9.8 结语

本章对比参考了现象学领域里的身体观，分析了在“场”的生成过程中，“场”的信息是如何传递给个人的；进而分析了与同样共享“场”的他人进行直接交际的主体“身体”具有哪些形态和作用。

在“场”的生成过程中，“身体”在事实上起到了重要作用，“身体”还经常会和“同步”“适应”“隐性知识”等概念一起被提及。然而从“场”的角度对身体的实相研究却鲜有人涉足。于是，本章尝试对“场”中“身体”的一部分实相进行了描述。

现代社会更倾向于通过记号来传递信息，以涉身性为基础的“场”的共创性概念引导我们重新审视现代社会的人际交往形式以及人类原本的共生方式。松尾正（1987）就是一个很好的例证。松尾作为一名神经科医生，他最初在与患者接触过程中始终沉默不语，这一实践活动其结果表明：治愈他人的行为能够为自身带来活力。“场”将不同文化背景的人们连接起来，其中，每个人都要发挥自身长处来面对诸多全球性问题。“场”为此提供了重要理论基础（河野哲也，2013）。

在与他人共享的空间中，我们与他人之间形成了“场”。本章对“场”的涉身性进行了相关论述。对此，清水博（2003）援引了地域社群或实践共同体（Lave et al.，1991）概念，这些社会集体拥有十分广阔的空间时间资源，“场”也存在其中。近年来，我们在实际生活中经常会看到一些以“场（所）创建”为主题的活动。在这些活动中，参加者们通过与他人分享自身的一些体验，来寻找自己新的归宿。活动通常会利用网络社交媒体作为联络工具，包括网络社交软件、活动策划服务等。人们在实际接触和参与活动的过程中，逐渐觉醒了同伴意识，并对活动空间有了归属感。于是，在活动的“场”中，即便会出现部分成员更迭的情况，然而集体的个性仍会伴随着时间的流逝而持续成长。

活动参与者们在“场”中进行交际时，交际活动虽然不能保证全员同时参与，但是活动整体的特点却能得以维持。这是由于“场”作为人类集体构筑关系的框架，其成立具有历时性。那么涉身性又如何与“场”相关联呢？这是一个十分值得考虑的问题。

笔者的主要观点总结如下：集体固有的文化及特征会随着成员更迭、

情况变化而发生变化并被继承和维持，新成员通过参加活动将集体的特征内在化。个人对一些行为模式进行观察和模仿，即学习其他成员之间普遍存在的行为举止和交际方式，吸收集体固有的特性到自我的身份中去。换言之，包括语言交际在内的所有人与人之间的相互作用，酝酿出集体固有的“气氛”，每个人都会将这种集体意象进行内在化，这就是涉身性过程（今田高俊，1986）。

通过以上分析及论述，具有历时性的“场”与身体之间的关系逐渐变得清晰起来。想必今后在设计社群的形式时，涉身性将成为重要参考。当下，人类社会中的文化多样性不断增加。因此，思考以身体为基础的“场”，既可以帮助我们跨越文化间固有的符号体系差异、摆脱本质主义文化观的束缚，又能为多元文化的沟通搭建桥梁。

注释

1 通过局部运动最终形成整体秩序的这种现象，在非生命物质中也能被观察到，如耗散结构（dissipative structure）的形成、化学激光现象等。对此，清水博（1999）认为，由生命要素所构成的系统在产生秩序时，它的本质特征是：系统自身会创造出对系统“有意义的信息”。换言之，系统自身会创造性地“演绎”自我。这种特性不同于单纯的物质反应，是一种能动性质（清水博，1999）。“有意义的信息”具体指系统能够维持运作的必要信息。这种由个体最终发展成整体的现象，在文中已经进行了具体阐述：承载着生命的身体器官进行着自我创建活动，人体为了维持生命又需要外分泌器官、内分泌器官等多个身体器官协同工作，顺应内外部环境而动态地保持身体的平衡。

2 清水博指出，“场”是一种原理或媒介，引导着关系因子的行为举止。“场”有别于共创过程中的“场所”，后者是一种集合了物理状况和社会状态的总体。

3 同样的原理，手、脚、身躯等身体各部位不仅需要协调动作方式、还要兼顾“间距”，即动作的幅度和时机。只有这样，整体的动作才会流畅（清水博，1999）。

4 此处原文中使用的日语术语是“身”，该术语也是身体之意。为了和

文中出现的另一个术语“身体”所区别，此处和后文中关于“身”的译词均选用了原文表述形式，即“身”。译者注。

5 通常来讲，意象是一种仅凭视觉信息而形成的表象。然而佐々木正人（1987）对此持怀疑态度，他认为身体动作带来的动作性情态也参与了意象的形成。人们能够仅凭手部在空中比划进而揣测出汉字等复杂的文字符号，失语症患者可以通过手指逐一随着文字移动来进行阅读等，这些现象都被佐々木正人（1987）用来支撑该观点。

6 对此，Wallon（ワロン，浜田美寿男，1983）使用了“tonus”的概念进行了解释说明。“tonus”是一种支撑并维持姿势的肌肉组织紧张状况。

7 关于“姿势对状况的印象形成产生影响”这一观点，市川浩（1992）援引了以下例证：张开手等扩展身体的动作普遍被视为一种包容的态度；而握拳等向内收紧的动作往往被认为是一种攻击型态度。

8 姿势反应作为意象产生的原理被其他人共享的这一事实，可以从下述现象中窥探其原型：以群居动物为例，代表着危险的信号会作为一种“身体波”在个体间被传递（佐々木正人，1987）。这种通过涉身性来共享认知的现象将在第 9.6 节中进行详述。

9 “情节记述”概念由发展心理学者鯨岡提出，它是一种以第一人称视角进行记录的研究方法。在人与人的交际现场中，现场的气息、当事者的想法、一些事件对当事者产生的意义等，这些内心动态都反映了“生命的实相”。而“情节记述”的对象就是这些发生在自我与他人身上的情动与心绪。“情节记述”要求研究者将自我代入到观察者视角中，感受现场的气氛，感受参与者间的情感交流。这种通过自身来感知、共享现场气息节奏的观察者同时也是参与者（鯨岡峻，2005）。

参考文献

［1］ BRENNAN T. The Transmission of Affect[M]. NY：Cornell University Press，2004.

［2］ CONDON W S. An Analysis of Behavioral Organization[J]. Sign Language Studies，1976（13）：285–318.

［3］ 浜田美寿男 . 解説 [A]// ワロン / 身体·自我·社会 .[M] 浜田美寿男，

编译 . 京都：ミネルバ書房，1983：208–267.

［4］ 廣松涉 . 世界の共同主観的存在構造 [M]. 東京：講談社，1991.

［5］ 市川浩 . 精神としての身体 [M]. 東京：講談社，1992.

［6］ 市川浩 .< 身 >の構造：身体論を超えて [M]. 東京：講談社，1993.

［7］ 市川浩 . 身体論集成 [M]. 東京：岩波書店，2001.

［8］ 井出祥子 . わきまえの語用論 [M]. 東京：大修館書店，2006.

［9］ 今田高俊 . 自己組織性：社会理論の復活 [M]. 横浜：創文社，1986.

［10］ 板井志郎 . 身体行為のリズム表現によるエントレインメントと間合いの創出に関する研究 [D]. 東京：早稲田大学，2009.

［11］ 河合隼雄 . 母性社会日本の病理 [M]. 東京：中央公論社，1997.

［12］ 木田元 . メルロ＝ポンティの思想 [M]. 東京：岩波書店，1984.

［13］ 木村敏 . あいだ [M]. 東京：筑摩書房，2005.

［14］ 河野秀樹 . 文化的多様性への関係論的アプローチ：場的視座からの考察 [J]. 国際理解教育，2013（19）：62–71.

［15］ 河野秀樹 . 多文化状況での自律的文脈性生成プロセスの一人称的記述の試み [J]. 日本認知科学会研究分科会間合い—時空間インタラクション 第 6 回研究会予稿集（Web 版），2016.

［16］ 河野哲也 . 環境に拡がる心：生態学的哲学の展望 [M]. 東京：勁草書房，2005.

［17］ 鯨岡峻 . 原初的コミュニケーションの諸相 [M]. 京都：ミネルバ書房，1997.

［18］ 鯨岡峻 . エピソード記述入門: 実践と質的研究のために [M]. 東京: 東京大学出版会，2005.

［19］ LAVE J，WENGER E. Situated Learning：Legitimate Peripheral Participation[M]. New York：Cambridge University Press，1991.

［20］ LAVIN K. Field Theory in Social Science：Selected Theoretical Papers[M]. New York：Harper & Brothers，1951.

［21］ 松尾正 . 沈黙と自閉：分裂病者の現象学的治療論 [M]. 東京：海鳴社，1987.

［22］ MERLEAU-PONTI M. Le Philosophe et Son Ombre [J]. Signes,

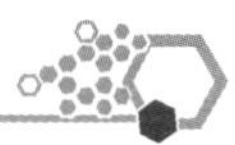

1959：195–220.（メルロ＝ポンティ，M. 哲学者とその影 [M]. 木田元，译 . シーニュ 2，東京：みすず書房，1970.）

［23］ 三輪敬之，栗栖広明，上原拓也，等 . 集団の共創表現における場の計測·評価に関する研究：ファシリテータに着目した身体性表現活動における位置計測 [J]. ヒューマンインターフェース学会研究報告集，2014，16（3）：27–30.

［24］ 三宅美博 . 共創的コミュニケーションと『間（ま）』：リズム運動とその同調を内側から支援すること [J]. バイオメカニズム学会誌，2012，36（2）：97–103.

［25］ 中根千枝 . タテ社会の人間関係 [M]. 東京：講談社，1967.

［26］ 西洋子，三輪敬之 . 被災地での共創表現と共振の深化：このフィールドは、何を語りかけているのか [J]. アートミーツケア，2016（7）：1–18.

［27］ 野田研一 . 交感と表象：ネイチャーライティングとは何か [M]. 東京：松柏社，2003.

［28］ 野中侑次郎 , 紺野登 . 場の動態と知識創造：ダイナミックな組織知に向けて [A]// 伊丹敬之，西口敏広，野中侑次郎编 . 場のダイナミズムと企業 . 東京：東洋経済新報社，2000：45-64.

［29］ RIZZOLATTI G，CORRADO S. So quell chef ai：Il cervello che agisce e i neuroni specchio [M]. Milano：R. Cortina，2006.（リツォラッティ，J，シニガリア，C. ミラーニューロン [M]. 柴田裕之，译 . 東京：紀伊國屋書店，2009.）

［30］ 佐々木正人 . からだ：認識の原点 [M]. 東京：東京大学出版会，1987.

［31］ 清水博 . 生命を捉えなおす [M]. 東京：中央公論社，1978.

［32］ 清水博 . 生命知としての場の論理：柳生新陰流に見る共創の理 [M]. 東京：中央公論社，1996.

［33］ 清水博 . 生命と場所：創造する生命の原理 [M]. 東京：NTT 出版，1999.

［34］ 清水博 . 共創と場所：創造的共同体論 [A]// 清水博 . 場と共創 . 東京：NTT 出版，2000：23–178.

[35] 清水博 . 場の思想 [M]. 東京：東京大学出版会，2006.

[36] 竹内敏晴 . ことばが裂かれるとき [M]. 東京：筑摩書房，1988.

[37] WALLON H. Rapports affectifs: les emotions[J]. WALLON H.（ed.）La vie mentale. Vol. VIII L'encyclopédie Francaise，1956.（ワロン，浜田美寿男，译.H. ワロン / 身体自我社会 [M]. 京都: ミネルバ書房，1983.）

[38] 渡辺富夫，大久保雅史 . コミュニケーションにおける引き込み現象の生理的側面からの分析評価 [J]. 情報処理学会論文誌，1988，39（5）：1225–1231.

[39] やまだようこ . 共振する身体 [A]// 菅原和孝，野村雅一 . コミュニケーションとしての身体 . 東京：大修館書店，1996：40–70.

[40] 山口一郎 . 現象学ことはじめ：日常に目覚めること [M]. 東京：日本評論社，2012.